일본 민속예능 춤추는 神 연구

남성호 지음

어문학사

일본 민속예능
춤추는 神 연구

남성호 지음

어문학사

책머리에

필자가 연극과 관계를 맺게 된 것은 고등학교 시절 동아리 활동에서 시작되었다. 고등학교 시절 동아리 자축행사로 시작한 연극이 대학 입학 후 극예술연구회 활동으로 이어졌고 중앙대학교 대학원 연극영화학과에 진학하는 계기가 되었다. 고교 시절에는 아무것도 모른 채 시작했지만 시간이 갈수록 자신도 모르게 빠져들었고 대학 졸업 즈음에는 왜 이토록 나를 빠져들게 하는 것일까. 그 근원 알고자 하는 욕구에서 본격적으로 연극을 탐구하고픈 욕심이 생겼다.

내 생해 처음 공연한 작품이 아라발의 〈싸움터의 산책〉이었다. 부조리연극이 무엇인지도 모르고 무턱대고 했다. 대부분 서양의 번역극이었다. 여배우는 금발의 가발을 쓰고 콧대를 세우는 분장을 했고 사투리를 전부 표준말로 고쳐야 한다면서 대사를 한 음절 한 음절 끊어 읽는 것부터 시작하였다. 연극이라면 서양극을 당연시 하던 분위기였다. 1980년대 들어 변화가 조금씩 일기 시작했다. 전통극의 부활이라는 바람이 불면서 마당극 운동이 일어나고 한국 전통연희에 대한 관심이 고조되었다. 연극에 전통연희를 응용하기 위해 탈춤이나 민요를 배우기도 하였다. 그러면서 한국 연극은 어떤 것이며 어떠해야 하는가에 대한 해답을 찾기 위해 고민하던 시절이었다. 그런 가운데 한 가지 의문이 들었다. 아버지나 할아버지 세대에게 연극이란 무엇이었는가. 연극이 그들에게 어떤 존재였는가라는 생각이다. 적어도 필자의 할아버지에게 연극은 너무나 멀고 낯선 존재였다. 평생 동안 연극이라는 것을 단 한편 보지 않고 살았다. 그렇다고해서 삶이 풍요롭지 않았다고는 할 수 없었다. 연극이 없어도 삶에는 지장이 없는 것이다. 연극이 인생에 있어도 그만, 없어도 그만인 존재였다. 적어도 필자의 할아버지에게는.

그래서 한때 연극이란 소위 끼가 있는 사람, 특별한 사람에게만 필요한 것인가라고 생각했는지도 모른다. 황금같은 대학시절 대부분의 시간을 연극에 빼앗겨 버린 필자로서는 도저히 납득할 수 없었다. 연극이라는 용어 자체도 근대적인 산물이다. 한국에서 연극이라는 용어가 처음 등장하는 것은 필자의 관견으로는 유득공의 『경도잡지』가 아닌가 한다. 이 고문에서 연극에는 산희와 야희가 있다고 하여 이는 오늘날의 꼭두각시놀음과 탈춤을 지칭하는 것이었다. 그러나 일상적으로 연극이라는 용어는 사용되지 않았으며 주로 놀이나 짓거리와 같은 유사 용어들이 있었을 뿐이다. 그러니까 연극이라는 용어가 없었던 시대에는 연극이 없었다고 해도 과언이 아니다. 그런 측면에서 연극은 삶의 필요충분조건을 갖춘 존재가 아니었다고 할 수 있다.

하지만 연극이라고 명명하지는 않았지만 오늘날 연극과 비슷한 그 무엇은 있었을 것이라는 사실을 깨닫게 되었다. 연극이 아니어도 좋다. 놀음, 짓, 혹은 연희, 산대희 등으로 일컬어졌지만 연극적인 어떤 것이 분명 존재했다는 사실을 인식하게 되었다. 할아버지 세대는 연극 한편 보지 않았지만, 정월보름이나 한가위 혹은 결혼식이나 환갑잔치에 풍악을 치고 춤을 추었으며, 혹은 풍년을 기원하는 마을 굿이나 가내 평안과 행복을 기원하는 굿을 했다는 사실에서 연극과 비슷한 그 무엇이 존재했으리라는 결론에 이르게 되었다. 그것은 마을축제일 수도 있고 무당굿일 수도 있다. 그 이후 굿에 관심을 가지게 되었고 환갑잔치나 결혼잔치와 같은 개인적인 축제에서 풍물패나 마을 동제를 눈여겨보게 되었다. 연극은 현장성이라는 생각은 여전히 남아 있어 대학원에 진학한 후 극단에 입단하기도 하였다.

그런데 하나의 전기가 생겼다. 대학원에서 당시 서울대학교를 정년퇴임하시고 중앙대에서 객원교수로서 강의를 하셨던 이두현 선생님을 만나게 되었다. 수업은 선생의 자택에서 이루어졌다. 수업과목은 한국연극사 연구로 대여섯 명 정도의 학생이 일주일에 한번 씩 석관동 이두현 선생님댁에 수업을 받기 위해 찾아갔다. 첫 강의시간이었다. 선생님께서 말씀하시기를 가능하면 좋은 성적을 줄 테니 이 분야, 즉 연극분야를 전공으로 할 생각은 절대로 하지 말라는 의외의 말씀이었다. 그러면서 선생님께서 심혈을 기울여 쓴 한편의 논문에 관한 이야기에서 시작되었다. 오래전 평생 논문을 써오신 노교수가 스스로 최고의 논문이라고 자부할 정도의 논문 별쇄본을 여러 학자들에게 우송하셨다고 한다. 며칠 후면 여러 곳에서 훌륭한 논문이라고 찬사가 쏟아질 것으로 은근히 기대하고 계셨다고 한다. 그런데 이게 웬일인가. 한달이 지나고 두달이 지나도 아무에게도 반응이 없는 것이다. 처음에는 반신반의하다가 이윽고 선생님 자신의 논문이 잘못되지 않았나 의심할 정도였다고 한다. 거의 6개월이 지나 어느 정도 잊어버릴 때 즈음 모교수로 부터 선생님의 논문을 읽고 눈이 확 뜨이는 것 같았습니다 라는 한통의 전화가 걸려왔다. 이 말씀을 들은 선생님은 너무나 기뻐서 펄쩍 뛸 정도였다는 것이다. 아마 주위에서 다른 사람이 보았으면 노교수가 아이처럼 기뻐 좋아하는 모습에 의아하게 생각했을지도 몰랐다.

결국 학문은 이렇게 고독한 세계이니 여러분은 절대로 이 고독한 세계에 접어들지 말았으면 좋겠다는 말씀이었다. 특히 연극학(전통연희연구) 분야는 더욱 그러하니 절대로 전공으로 할 생각을 하지 말라는 취지였다. 필자는 그 순간 인생이 바뀐 느낌이었다. 선생님께서 당부하신 말씀과는 반대로 이것이 나의 길이라는 느낌이 막연하지만 확고하게 들었다. 극단에 입단한지 채 6개월이 되지 않아 그만 두고 이 세계의 길로 들어서게 되었다. 선생님을 따라 굿판에 따라 다니기도 하면서 연극공부를 본격적으로 하게 되었다. 그 후 일본으로 유학을 가게 된 것도 한국연극사을 공부하기 위해서는 일본연극사를 알아야 한다는 선생님의 추천이 있었기 때문이기도 하다. 필자는 한국연극사의 정립이라는 거창한 테마를 가지고 유학을 결심한 것은 아니었다. 그저 태고적부터 인간과 함께 했던 연극, 아니 연극이 아니더라도 선조들이 느꼈던 연극적인 그 무엇을 찾기 위해서였으며, 개인적으로는 필자가 연극에 빠져 보내온 시간이 아까워서 자기 변명을 찾고자 하는 보상심리도 작용하였다. 그리고 일본의 산골짜기를 찾아다니며 마츠리라는 축제 속에서 그들이 느끼는 연극적인 그 무엇을 찾고 싶었다.

10여 년 동안 일본 마츠리 현장을 찾아다니면서 체험했던 것이 토대가 되어 박사학위를 받게 되었다. 본서는 박사학위논문을 바탕으로 번역하면서 최근 3년간의 연구를 축적하여 이루어 진 것이다. 학위논문의 지도교수인 후루이도 히데오(古井戸秀夫) 선생님을 비롯하여 와타나베 노부오(渡邊伸夫) 선생님, 그리고 고인이 되신 지도교수였던 이치가와 미야비(市川雅) 선생님께 감사드리며, 우치야마 미키코(內山美樹子), 다카야마 시게루(高山茂), 고지마 토미코(小島美子) 선생님께 감사드린다. 특히 학문의 길로 인도해 주신 이두현 선생님께 못난 글의 부끄러움과 함께 감사의 예를 올리고 싶다. 그리고 마츠리 현장에서 따뜻하게 맞아 주신 많은 분들이 스승이었으며 그 분들이 없었으며 이 책은 나오지 못했을 것이다. 진심으로 고마움을 전한다. 마지막으로 일본유학 기간 중 영면하신 세상에서 가장 존경하는 아버님께 이 책을 바치고자 한다.

2010년 6월

남성호

일러두기

1. 일본 지명·인명·신명은 한글로 표기하고 ( )안에 한자를 병기하였다.
   예) 다카치호초(高千穂町), 오리구치 시노부(折口信夫), 아마테라스 오미가미(天照大神)

2. 신사(神社)·사찰 명은 한글과 일본어를 병기하였다.
   예) 이나리신사(稻荷神社), 료잔사(兩山寺), 하치만궁(八幡宮)

3. 일본어 한글표기는 기본적으로 외국어 한글 표기법에 따랐다. 단, 민속용어의 경우 현지 발음에 가까운 음으로 예외적으로 표기한 것이 있다. 예) 마츠리, 나나츠바시

차 례

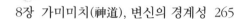

1장

서장

1. 연구 목적

일본에는 팔백만(야오요로즈) 신이 있으며 한국에는 팔만팔천의 신들이 있다고 한다. 물론 산술적인 수치라기보다 모든 만물에 정령이 깃들어 있다는 애니미즘 사상에서 비롯된 것이며 다신적인 신 관념을 나타낸다. 신들이 인간의 눈에 보일 리가 없겠지만 신의 존재를 믿으려고 하며 신들을 표상하는 다양한 장치들을 고안하여 신들과 접촉하고자 한다. 그것이 바로 축제이며 마츠리이다.

축제현장에서 신들이 어떻게 표현되며, 어떠한 방식으로 표상화되는지, 표상화 방식에 정해진 규칙이 있는지 없는지, 신들마다 표상화 방식이 같은지 아니면 다른지, 신들 세계에도 계급이 있는지 없는지, 어떤 신은 매우 구체적으로 표현되며 어떤 신은 그 성격이 불분명할 정도로 애매하기도 한데 왜 이러한 현상이 생긴 것인가 등, 끊임없는 질문이 꼬리를 문다. 결론부터 이야기 하자면 축제현장에 등장하는 다양한 신들도 인간계와 마찬가지로 계급이 있는 것으로 여겨져 왔다. 즉 큰 신과 작은 신(정령)[1]이 존재한다. 또 이러한 신들의 모습을 드러내는 방식도 다양하다. 신들의 세계에서도 상위신과 하위신이 공존한다. 이러한 신들 가운데 매우 구체성을 띠면서 그 모습이 표상화되는 신이 있는가 하면, 애매하여 구체적으로 표현되지 않는 신들이 있다.

---

1) 折口信夫,「巫女と遊女と」,『折口信夫全集』二一巻, p.190. 神社に於いて主座の神が大神であり、そこに配合せられている小さな神が末社である。

예컨대 가구라(神樂)에 흔히 등장하는 일본의 건국신화인 암굴신화(岩戶神話)에는 많은 신들이 등장하지만 주신인 아마테라스 오미가미(天照大神)는 표면에 등장하지 않는다. 물론 최근에는 거울을 손에 들거나 거울이 달린 왕관[寶冠]을 쓰고 암굴에서 나와 간단한 춤을 추고 퇴장하는 장면이 연출되기도 한다. 하지만 암굴신화를 재현한 절차에서 춤의 중심은 아마테라스 오미가미가 아니라 그를 밖으로 나오게 하기 위하여 그 보다 하위의 신인 아메노우즈메노 미고토(天鈿女命·天宇受売命)가 춘 춤이다. 즉 아마테라스 오미가미는 암굴 앞에서 거행되는 제의의 주신(主神)이지만, 춤의 중심은 직능신(職能神)인 아메노우즈메노 미고토이다.

제의의 중심대상은 존위신(尊位神)이지만 예능의 중심적 존재는 직능신이거나 혹은 진혼(鎭魂)되어야 할 대상인 잡귀·잡신(精靈, モノ)들이다. 민속학자이자 문학자인 오리구치(折口信夫)의 예능론을 계승한 이케다(池田彌三郎)는 신과 대립하는 정령은 신의 영락한 모습이며 마레비토(외부에서 일정한 기간에 찾아오는 신들, 손님이라는 뜻)가 분화하여 발생하였다고 전제하고 축제의 중심 예능은 정령의 자격을 갖춘 존재들에 의해 진행된다고 하였다[2].

한편 오가사하라(小笠原恭子)는 '마나부(흉내내기)'에 대한 논고에서 성스러운 존재를 눈으로 확인하는 것은 신성에 대한 취할 도리가 아니며 오히려 삼가는 마음에서 흉내내기가 발생하였다는 배경을

---

2) 池田弥三郎, 「まつりの中の芸能」, 『民俗芸能－伝統と現代』,伝統芸術の会編, 学芸書林, 1969, p.98.

설명하고 있으며 인간이 연기를 통한 변신은 소단위 공동체의 조상신 혹은 그 중개자의 범위에 한정되어 있다고 언급하였다[3]. 존위신에 대해서 표상화시키는 자체가 신성을 무시하는 행위로 조심스러워하는 경향을 보이기도 한다.

또 이와 관련하여 노무라(野村伸一)는 한국과 중국, 대만 등의 가면회에 등장하는 정령에 주목하여 예능의 중심적 존재는 존엄한 신보다 초대받지 못한 손님(モノ)[4]이라고 지적한 바 있다. 요컨대 축제의 현장에 등장하는 다종다양한 신들 중에는 춤추는 신이 있는 반면 춤추지 않는 신이 병존한다. 본서의 제목인 '일본 민속예능: 춤추는 神 연구'에서 춤추다의 의미는 무용으로서의 춤만이 아니라 신들이 표현되는 구체적인 행위를 포함한다. 즉, 춤추다는 것은 신의 모습으로 분장하여 춤추거나 신의 가면을 쓰고 등장하여 연행하는 동작을 포함하는 넓은 의미에서 '춤추다(舞)'라는 용어를 사용하기로 한다.

일본에서 민속연구는 야나기타(柳田國男), 오리구치(折口信夫)와 같은 학자들에 의해 시작되었다. 야나기타가 1910년 향토회(鄕土會)를 주재하면서 일본 민속학은 본격적으로 시작되었다. 그 후 많은 학자들 특히, 지방의 재야 민속학자들에 의해 기록과 수집이 이루어져 수많은 민속자료가 정리되었다. 하지만 그로부터 1세기가 지난 오늘날에도 자료의 기록과 정리에 많은 정력을 쏟고 있다. 민속학에서 필

---

3) 小笠原恭子, 『芸能の視座―日本芸能の発想』, 桜楓社, 1984, p.21.

4) 野村伸一 「はじめの仮面戱」 『仮面と巫俗の研究―日本と韓国』 鈴木正崇·野村伸一編 第一書房, 1999. 柳田国男 『日本の祭』 弘文堂書房 1942.

드워크는 아무리 강조해도 지나치지 않는다. 하지만 야나기타가 말한 것처럼 후세에게 맡겨진 민속학의 보편성, 세계성[5]이 오늘날 어떠한 방향을 향하고 있는지를 고려한다면 학문적으로 크게 진전되었다고 보기 어려운 것도 사실이다.

오리구치는 예능사론의 측면에서 민속예능 연구의 선구적인 역할을 해왔다. 지금도 오리구치의 예능사론을 등한시하고는 민속예능 연구의 진전을 생각할 수 없을 정도이다. 특히 오리구치에서 시작한 일본 민속예능 연구는 크게 두가지 흐름이 있다. 즉 고쿠가쿠인(國學院)대학, 게이오(慶應)대학을 중심으로 오리구치와 그의 제자들에 의한 민속학적인 연구와 와세다(早稻田)대학을 중심으로 한 오데라(小寺融吉), 혼다(本田安次), 군지(郡司正勝)로 이어지는 예술학(미학)으로서의 민속예능 연구이다. 민속학적 연구라 하더라도 고쿠가구인의 경우는 국학을 배경으로, 게이오대학의 경우에는 문학을 배경으로 하고 있다는 점에서 차이를 보인다.

민속예능을 연구대상으로 하는 학회—민속예능학회—가 생긴 지 오래되었지만 민속예능 연구가 학문으로 성립하는가라는 질문은 오랫동안 고민해 온 문제이다. 즉, 민속예능 연구는 국문학, 역사학, 민속학, 종교학, 예술학 등 다양한 분야에서 관심대상으로 삼아왔지만 독립된 학문으로서 성립할 수 있는가라는 문제이다.

본서는 그 방법의 하나로서 연극학으로서 민속예능을 다루고자 한다. 다시 말하면 연극인류학이라고도 할 수 있을 것이다. 연극의 개념

---

5) 柳田国男『日本の祭』弘文堂書房 一九四二年.

을 고려할 때 크게 두 가지 방향이 있다. 하나는 서양적인 연극개념으로 갈등의 구조로 파악하고자 하는 측면이다. 갈등하는 인물을 묘사하는 것을 연극의 본질이라고 일컫는다. 근·현대에 들어오면서 인간의 내면적인 갈등을 중심으로 나타나는 경향이 있다. 또 하나는 내용보다는 배우가 등장인물로 변신하는 것에 초점을 맞춘 연극개념이다. 아시아, 아프리카 등지의 축제에 제의 담당자가 신으로 분장하여 신역할을 하는 광의의 개념으로서의 연극이다. 물론 제의에서 거행되는 선신과 악신의 싸움 등을 보이는 부분도 적지 않지만 오히려 선신, 악신으로 변신하는 그 자체에 연극적 속성을 찾는다. 일본의 대표적인 민속예능인 가구라를 연극학적 방법으로 접근하여 민속예능의 본질적 측면을 탐구하는 것이 본서의 목적이다.

2. 연구 방법

민속예능학이라는 학문이 성립할까라는 질문으로 다시금 돌아가보자. 민속예능은 단지 다른 학문의 보조적인 자료에 불과한 것인가. 예능은 우선 구체적인 모습에 대한 조사에서 시작하지 않으면 그 실체를 탐색할 수 없다.

예능연구는 예능사적 연구에서 시작된다고 오리구치는 지적한 바 있다. 또 예능은 구체적인 실연이라는 의미의 일본어 게이타이[藝態]의 태(態)의 글자에서 아랫부분의 마음 심(心)이 제거된 것이 능(能)

이라는 어원적인 설명을 하였다. 예능은 일순 사라져 버리는 시공간적 제약을 받기 때문에 실제 구체적인 실연을 문헌에서 찾기란 한계가 있다. 그러므로 예능사(藝能史)는 민속학이 되지 않으면 안 된다는 것이다.

한편 예능사 연구에서는 실연에 관한 문헌이 희소하기 때문에 민속예능을 설득력 있는 자료로서 활용하고 있다. 또 거꾸로 지방전승에 관한 연구에서는 중앙에 남겨진 문헌자료를 사용하여 그 전파나 변용의 역사를 구체적으로 밝히는 방법[6]이 사용된다. 하지만 예능 연구는 역사가 아니라 실연[藝態]에서 시작하지 않으면 본질을 찾기가 매우 어렵다. 민속예능을 역사의 통시적인 것으로 파악하고자 할 때 문헌자료와 이를 보충하는 수단이 무엇보다 유효할 것이다. 하지만 외국인으로서 일본을 연구하는 필자의 경우 지금까지 보고된 자료를 읽고 이해하는 것에도 한계가 있음을 인정하지 않을 수 없다.

이 연구는 지금까지 보고된 자료를 중심으로 검토하면서 확인이 필요한 경우에 한해서 필드워크라는 방법을 선택하였다. 여기에서 인용되는 자료들 중 일부는 이미 선학들에 의해 정리 보고된 것들이다. 저자의 능력적인 한계도 있지만 기존의 보고를 이용함으로써 보다 객관성를 확보하고자 하는 의도도 포함되어 있다.

민속이라는 콘텍스트에서 탄생된 다양한 예능은 신앙을 배경으로 한다. 예능이란 구경꾼들에게 항상 새롭고 진귀한 것을 보이고자 하는 행위이므로 많은 변화가 있었음을 짐작할 수 있다. 하지만 신앙을

---

6) 山路興造の解説, 五来重, 『芸能の起源』, 角川書店, 1995, p.187.

기저로 하고 있는 민속예능은 변화를 금기시 할 정도로 보수성이 강하다. 한국과 일본은 한자 문화권이라는 동일 문화권 속에서도 중국의 한족과는 또 다른 종족이었다. 수년 전의 보고이긴 하지만 일본의 시즈오카현 주위에 사는 사람들의 미토콘드리아 DNA를 조사한 결과 말레이시아, 베트남 등 동남아시아의 주민, 중국의 한족은 물론 홋카이도(北海道) 아이누족, 오키나와 류큐족 보다 한국 서울에 사는 주민과 가장 가까운 종족이라는 놀라운 결과가 발표된 적이 있다. 언어학적으로도 한국어와 일본어는 가장 근접한 어족에 속한다. 그리고 한국과 일본은 같은 한자 문화권에 속하면서 한자를 수입하여 변용했다는 점 등 다른 지역에 비해 공통성이 많다. 만요슈(萬葉集)의 해독에 한국의 고대어가 매우 유효하다고 하는 지적은 널리 알려진 사실이다.

한편 오키나와는 예부터 일본예능의 보고라고 일컬어지고 있다. 일본 본도에서는 이미 없어졌거나 혹은 해석할 수 없는 부분을 오키나와의 민속을 실마리로 풀어가고 있음도 사실이다. 하지만 민속적인 측면에서 오키나와는 일본 본도의 그것과 상당한 거리를 보이고 있다. 역사적인 측면에서도 일본화되기까지 상당한 시간이 소요되었던 것이다. 그럼에도 불구하고 오키나와의 문화를 일본문화의 원류 혹은 그에 준하는 것으로 취급하여 주목해 왔던 것이다.

민속적인 측면만을 생각하자면 오키나와나 아이누의 민속보다 더 가까운 것이 한국과 일본의 민속이다. 일본과 마찬가지로 한국도 서양문물을 받아들여 전통문화의 단절과 변용을 겪어 그 잔재만이 남아 있는 상황이다. 한국의 민속과 문화를 연구하고자 할 때 일본 민속, 일본 문화는 많은 참고가 된다. 사정은 일본 역시 마찬가지라고 할 수 있다.

이상과 같은 이유로 일본 민속예능과 한국 민속예능을 연구대상으로 동시에 필자의 시야에 넣고 탐구하고자 한다. 물론 양국의 역사가 다르고 지리적 환경도 다르기 때문에 민속이라는 콘텍스트의 세세한 부분에 들어가면 상이한 점이 많다는 것은 말할 나위 없다. 아울러 본서는 문화의 원류를 찾기 위한 비교연구가 아니라 양국의 민속적 표현양식에서 공통 요소를 탐색하고 해석되지 않는 민속예능의 구체적인 사실을 확인하기 위한 방법으로써의 비교연구이다.

그런데 민속예능은 오랫동안 시대 흐름 속에서 다양한 요소가 중첩되어 성립되었으므로 본래 모습을 찾는다는 것은 매우 어렵다. 다른 한편에서 민속예능은 신앙을 기초로 하여 전승되고 있기 때문에 그 신앙의 작용으로 인하여 가능하면 과거대로 전승하지 않으면 안된다는 보수적인 사상도 내포되어 있다. 요컨대 모든 것이 시대의 변화에 따라 변하듯 민속예능도 변천해 왔다. 어디까지가 변화된 부분이며 어디까지가 옛것 그대로인지를 천착하기란 매우 어렵다. 또 같은 예능에서도 쉽게 변하는 부분과 그렇지 않은 부분이 있을 수 있다. 시대적 사회정치적 변화, 전승자의 사고 등의 요인에 의해, 혹은 우연에 의해 민속예능이 변화한 것도 당연히 있을 수 있다. 그리고 규칙적인 변화의 기준이 있는 것도 아니기 때문에 민속예능의 역사적인 연구에는 추측 혹은 직감이 개입될 여지가 있는 것이다. 이러한 추측이나 직감이 시대와 시대의 연계를 보충하는 유효한 실마리가 되는 것도 사실이다. 역사학에서 실증적인 증거가 없으면 인정하지 않는 경향이 있지만 그렇다고 하더라도 민속적인 자료를 버릴 수는 없다. 오히려 민속예능은 인간이 창조해낸 소산이며 시간이 쌓이고 쌓여 생성된 것이기 때문에 자료만큼이나 직감이나 상상력이 크게 작용한다는 점도 무시할 수 없다.

3. 본서의 구성

축제, 일본어로는 마츠리(祭り)라는 개념도 시대에 따라 변용되어 왔다. 마츠리라는 말은 한국어의 '마지(맞이하다)'와 동어원에서 출발했다는 설이 있다. 부여의 영고(迎鼓), 고구려의 동맹(東盟), 예의 무천(舞天), 삼한의 농경의례와 마찬가지로 추수감사제가 거행되었다. 삼국지 위지동이전과 후한서에 그 기록이 보인다. 음력 정월에 하늘에 제사를 지내는 국중대회가 열려 연일 음주 가무하였는데 이를 영고라고 하여 형벌과 투옥을 중지하고 수인을 해방시켰다[7]고 한다. 영고(迎鼓)는 마지굿으로 신을 맞이하여 음악을 연주하였다는 사실을 문자적인 해석에서도 추측할 수 있다. 현재 거행되는 일본의 축제(마츠리)도 신맞이(迎神), 신놀이(娛神), 신보내기(送神)의 구조로 되어

---

7) 『三国志』, 「魏志東夷伝」, 以殷正月祭天 國中大會 連日飮食歌舞 名曰迎鼓 於是時 斷刑獄 解囚徒.

있으며 그중에서 신맞이가 가장 큰 비중을 점하는 것으로 보아 신을 맞이하는 것이 얼마나 중요하였는지를 알 수 있다.

최근에는 온천 마츠리, 상가의 신장개업 마츠리, 백화점의 특별세일 마츠리 등에서도 마츠리라는 말이 사용되고 있지만 이러한 마츠리는 제의성이 누락된 마츠리이며 마츠리 요소 중에서 소란스럽고 화려함만을 강조하여 상품의 구매성을 높이고자 하는 의도에서 마츠리의 부분적인 측면만을 강조 확대한 것에 지나지 않는다. 본서에서는 이러한 상업적인 이벤트성 마츠리는 제외한다.

마츠리는 신을 맞이하여 인간과 함께 즐기고 마지막에 돌려보내는 시스템으로 되어 있다. 앞에서 언급했듯 한국이나 일본의 축제에서는 많은 신들이 등장한다. 하지만 신들의 등장에도 신의 종류에 따라 다르다. 춤(행위)를 통하여 등장하는 신이 있는 반면, 춤이나 가면과 같은 표상적인 구체성이 없이 신명(神名)만 등장하는 신도 있다. 즉 크게 춤추는 신과 춤추지 않는 신으로 분류할 수 있다. 이러한 신들을 대하는 담당자도 구분되는 경향이 있다. 한국의 굿에서 춤추는 신은 남성 즉 남무(男巫, 覡)가 주로 담당하며, 춤추지 않는 신은 여성 즉 무녀(巫女)가 담당하는 경향이 있으며, 일본의 마츠리에서는 춤추는 신은 일반인(氏子) 이 담당하며 춤추지 않는 신은 전문적인 신직(神職)이 담당하는 경향이 보인다.

또 신의 가면과 같이 마츠리에 등장하는 신의 표현수단도 신들에 따라 다르게 나타난다. 마츠리에서 예능적인 부분은 작은 신, 하위신, 즉 춤추는 신이 중심이 되고 있으며, 엄숙하게 거행되는 제의의 대상은 주로 큰 신, 상위신, 즉 춤추지 않는 신임을 알 수 있다. 물론 제의로서의 예능(神事藝能), 예능으로서의 제의(藝能神事)가 된 것은 제의의 역사적 변천을 무시할 수 없다. 본래 제의의식(神事)만 있었던 것에서 나중에 사루가쿠(猿樂)와 같은 예능을 삽입시켜 제의를 화려하게 확대시켰다는 역사적인 사실도 무시할 수 없다. 하지만 춤추는 신과 춤추지 않는 신의 존재, 춤추는 자와 춤추게 하는 자의 분리라는 내재적인 배경이 있었기 때문에 예능사적 변용이 생겼다고 할 수 있다.

본서의 제목을 '일본 민속예능 춤추는 神 연구'이라고 한 것은 이상과 같은 이유에서이다. 예능으로서의 마츠리, 마츠리로서의 예능의 위상을 확인하는 작업의 일환이다. 보이지 않는 존재인 신들이 마츠리의 현장에서 어떻게 표상되는가, 소위 신의 표상화 구조야말로 예능의 원점이라고 할 수 있기 때문이다.

본서는 9장으로 구성되어 있다. 제1장은 서장이며 제2장은 일본 민속학 특히 민속예능 연구사의 검토이다. 일본민속학의 탄생에서 민속예능 연구가 독립하게 된 이유와 배경을 살펴보고 민속예능 연구의 앞으로의 전망을 제시하였다. 제3장은 예능의 기원담론에 대한 재고이다. 기존의 '제의에서 예능으로'라는 담론은 예능사나 연극사의 앞부분에 기술된다. 이것은 예능의 시발점을 찾는 기원론이자 예능의 본질을 찾고자 하는 원론적인 언급이다. 실제 민속의 콘텍스트에서 '제의에서 예능으로'라는 일방적인 흐름뿐만 아니라, 그 역방향도 충분히 고려할 필요가 있다. 따라서 여기에서는 제의란 무엇이며 예능이 무엇인가라는 개념 정의에서부터 출발하였다. 본서에서 사용코자 하는 용어에 대한 개념을 정의한 후 '예능에서 제의로'라는 역방향이 어떤 식으로 전개되는지를 논한다. 예능과 제의는 동일 차원의 개념이 아니라는 점에서 언령신앙의 형성, 제의화된 과정을 보여주는 오키나(翁) 등을 통해 '예능에서 제의로'의 담론을 뒷받침하는 사례를 들었다.

제4장에서는 가구라의 정의와 분류 등 일반적 사실들을 개관하고 가구라의 원형이라고 일컫는 궁정의 미가구라 성립과 그 모습을 살펴본다. 그리고 미가구라 성립에 지대한 영향을 끼쳤다는 소노·가라 신제(園韓神祭)를 한국의 무속의례와 비교하면서 제의절차의 의미를 찾아본다. 궁정의 미가구라는 대상제(大嘗祭)때 세이쇼도(淸署堂)의 금가신연(琴歌神宴), 가모(賀茂) 임시제의 환입 미가구라(還立の御神樂), 진혼제, 헤이안궁 안에서 거행되는 소노카라신에게 제사를 지내는 소노·가라 신제 등의 영향 하에 성립되었다고 한다. 미가구라가 정례화된 것은 금가신연과 환입 미가구라와 같은 제의가 끝나고 난 후 여흥(餘興)의 성격을 지니고 있었다는 점에서 '예능에서 제의로'를 보여주는 사례이기도 하다

제5장은 마츠리, 특히 가구라에 등장하는 신들의 성격을 규명하여 그 표상의 방법이 상이하다는 점에 주목한다. 일본 샤마니즘 현상이라고 할 수 있는 무속과 슈겐도의 신들림 현상들을 살펴본다. 신들림은 신과 인간의 직접적인 교류 방식으로 인정되고 있으며 일본의 민간신앙의 뿌리를 형성하고 있다는 점, 그리고 신들림의 작법이 신들

의 표상화로 나타나며 나아가 예능으로 전개되는 과정을 파악하고자 한다. 제6장에서는 마츠리 현장에 등장하는 신들을 상위신과 하위신으로 나누고 다시 상위신은 춤추지 않는 신으로, 하위신은 춤추는 신으로서의 특징을 도야마 마츠리(遠山祭)를 통해서 살펴본다. 일본의 시모츠키 가구라(霜月神樂)와 한국 무속의례의 이원적인 구조를 검토하여 신들림의 주신인 존위신보다는 악령, 정령, 잡귀잡신과 같은 초대받지 못한 신들이야 말로 예능의 중심적인 존재임을 지적한다. 즉 제의의 주 대상인 고위 신은 구체적으로 표현되지 않는 경향이 강한 반면 그 권속신이나 하위신은 가면이나 촌극 등을 통해서 구체적으로 표상화되는 경향을 검증한다.

제7장에서는 한일 양국의 신 관념을 살펴보고, 가구라의 진혼의 문제와 연결되는 신격화의 전 단계라고 할 수 있는 죽은 자(死靈)와 관련된 예능에 대하여 언급한다. 죽음 직후에 장례식과 함께 거행되는 장제(葬祭) 가구라와 사후 몇 년 만에 거행되는 영제(靈祭) 가구라로 분류하여 각각의 특성들을 살펴봄으로써 가구라에서 진혼의 의미를 탐색한다. 제8장에서는 신의 표상 방식 중에서 신의 길(가미미치)에 초점을 맞추어 경계의 개념으로 해석한다. 연극인류학적 입장에서의 접근이다. 마지막 제9장에서는 일본예능의 발생 원리로 일컬어지는 모도키에 대해 언급한다. 민속예능에서는 흉내내는 모도키, 조연(와키)로서의 모도키, 어릿광대역(道化役)으로써의 모도키로 분류하여 그 특징을 검토한다. 특히 니노 눈축제(新野雪祭り)나 니시우레 덴가쿠(西浦田樂)에서 볼 수 있는 모도키를 아악(雅樂) 쓰가이마이(番舞)

체제와 대비시켜 민속예능에서 찾아볼 수 있는 대립적인 양부 체제와의 관련성에 대해서 문제제기를 한다. 모도키는 규범(本物: シテ)의 고귀함에 비하여 서민을 대변하는 역할이다. 즉 제의에서 가장 중요한 부분은 주인공(시테シテ)에게 맡기고 그에 대하여 비판을 하거나 새로운 해석을 하는 조연(와키 ワキ)로서의 역할을 담당한다. 말하자면 춤추는 자에 대하여 춤추게 하는 자로 보았다.

제의는 신들림이라고 하는 방식을 통해서 무자(巫者)에 의한 신탁을 얻는 것이 주요 목적이라고 할 수 있다. 신들림 현상이 없어지게 되면 제의의 구조도 변하며 담당자도 바뀌게 된다. 주요한 담당자인 무자에서 사령자(司靈者)로 바뀌는 경향이 보이는 것도 그런 사실을 증명하고 있다고 하겠다. 더욱이 사령자가 제의의 주담당자가 되면 신들림이라는 방식보다는 일방적인 기도 이외에 악령의 강제적인 진혼 방식으로 바뀌게 된다[8]. 춤추는 신이야 말로 예능의 중심적인 존재이며 춤추는 자보다는 춤추게 하는 자에 의해 예능이 발달하여 왔다고 할 수 있다.

8) 岩田勝, 『神楽源流考』, 名著出版, 1983, 岩田勝, 『神楽新考』, 名著出版, 1992.

2장

일본 민속학의 연구동향

—일본 민속예능 연구를 중심으로

1. 머리말

현대 학문의 특징은 주체자의 입장에서 보았을 때 크게 두 가지의 흐름으로 나눌 수 있다. 첫째는 학문의 대중화 경향이라 할 수 있다. 학문이 전문적인 학자의 몫이라는 입장에서 일탈하여 누구나 접근할 수 있고 이를 향유할 수 있다는 것이다. 둘째는 학문이 오히려 거대화 전문화되어 감으로써 대중이 접근할 수 없는 방향으로 추진되고 있다는 사실이다. 누구를 위한 학문인가, 학문의 주체자가 누구인가에 대한 물음은 일찍부터 제기되어 왔다. 일본에서 대학의 아카데미즘은 정통적인 학문담당자라고 규정할 수는 없으나 통치자 중심의 이데올로기를 축조시키는 데 크게 이바지 하였다고 해도 과언이 아니다. 그 대표적인 학문이 기존의 사학이라 할 수 있다. 이는 일본의 경우 천황을 중심으로 한 통치자를 둘러싼 관학으로서의 역사이다.

한편 근대에 들어오면서 계급의 붕괴와 함께 서민들의 생활 속에는 오히려 보다 풍부한 역사와 함께 인간 삶의 진솔한 모습을 찾을 수 있다는 사고가 움트기 시작했다. 아카데미즘에 대립되는 민간학의 성립이라고 할 수 있다9). 민속학은 근대사회의 형성과정과 함께 체계를 갖춘 학문으로 성장하였지만 관학 아카데미즘이나 학교교육에서 시작되지 않았다는 점에서 민간학의 범주에 포함시킬 수도 있는 것이다. 물론 여기에는 많은 우여곡절이 내포되어 있지만 일본 민속학은

---

9) 민간학에 대해서는 가노 마사나오 지음, 서정완 옮김 『근대일본의 학문―관학과 민간학』 소화, 2008. 5를 참조(鹿野正直, 『近代日本の民間学』, 岩波書店, 1983).

이러한 흐름 속에서 태어났다.

일본 민속학의 성립에 다대한 공을 세운 야나기타 구니오(柳田國男 1875-1962)는 관학 아카데미즘의 범주와 거리가 있는 인물로 알려져 있는데 이는 일본 민속학이 일본 역사의 주류를 이루었던 관학사학에 대비되는 민간사학의 한 분야로서 출발하고 있음을 알 수 있다[10].

이 책의 첫 장에서는 일본 민속학의 태동에서부터 특히 민속예능에 관한 연구가 시작된 연구사적인 흐름을 파악하고, 일본 민속학의 한 분야이자 다소 지엽적인 분야로 취급받고 있으며 민속학연구의 한 계파를 형성해온 민속예능의 연구사적 검토를 통해 일본 민속학의 전체적인 동향과 어떻게 맞물려 있는지를 살펴보고자 한다.

2. 일본 민속학의 탄생

일본 민속학이 학문으로서 시민권을 획득하기까지는 상당한 시일이 요구되었다. 근대에 들어오면서 무사계급의 몰락과 서민들의 성장 등을 통해 새로운 패러다임이 형성되기 시작한 것과 무관하지 않다. 즉 관학아카데미즘 영역에서는 소외되고 멸시받은 민간학으로 선을 보인 민속학은 그 개념이 정착하기까지는 많은 변화를 거쳐 왔다.

---

10) 야나기타가 식민지적 이데올로기로부터 독립되었다고는 할 수 없지만 본인을 비롯하여 그의 추종연구자들의 표면적 이력으로 보아서는 민간학자로서 구성되어있음을 알 수 있다.

일본 민속학의 목적이 자국의 문화를 되돌아보고 그 의미를 되새겨 보는 데 있다고 한다면 그 시발은 고대의 『고사기』나 『일본서기』에서 이미 민속학의 선행적 흔적을 찾아 볼 수 있다[11]. 하지만 민속학이라는 학문의 장르가 생기고 실질적인 민속학이 시작된 것은 근대 이후이며 본격적인 민속학은 근대라는 시대적 조류와 함께 발생한 것은 틀림없다. 즉 근대적인 이데올로기라고 할 수 있는 탈 고풍(古風), 탈 전통(傳統)의 조류 속에서 고풍스러움과 전통의 소박미를 지키려는 움직임에서 시작하게 되었다는 아이러니 속에서 일본 민속학은 출발하였다. 일본인으로서의 자각을 예스러운 습속에서 찾고자 하는 일본 민속학의 흐름은 근세 후기 일본 국학자들에게서 시발점을 찾을 수 있다[12]. 근세 후기에 이미 고풍의 민속이 쇠퇴하고 있다는 상실감에 기초하고 있음은, 오늘날 고도성장을 통한 사회적 변화가 일본 민속의 소멸에 대한 상실감에서 민속에 대한 관심이 고조되고 야나기타의 붐이 일어난 사실과 유사성이 발견된다.

관찰을 통한 경험주의에 입각하고 인간의 사상을 실증적인 사례로 파악하고 해석하려는 태도에서 민속학의 싹을 발견할 수 있다면 일본 민속학의 시조로 모토오리 노리나가(本居宣長 1730-1801)를 들 수 있다. 그는 『고사기(古事記)』 등의 고전적인 기록을 실증적인 사실로서 인정하고 해석하려고 시도하였다. 특히 그는 고전의 파악이나 해석에

---

11) 植松明石,「明治以前の民俗研究」,『日本民俗学のエッセンス－日本民俗学の成立と展開』ぺりかん社, 1979, p.16.
12) 岩田重則「日本民俗学の歴史と展開」『講座日本の民俗学 1 民俗学の方法』雄山閣 1998. p.238.

있어서 언어의 중요성을 강조하고 평생을 고전훈고(古典訓詁)에 전념했지만 현실에 존재하는 민속(習俗)에서 실증적인 사실을 찾고자 했던 점에서 일본 민속학의 맹아가 모토오리에서 시작되었다고 할 수 있다.

　아직 민속학이라는 용어가 생성되기 이전인 에도시대(1603-1867) 말기에는 여행기를 집필하는 흐름이 있어서 기행기 속에 민속적인 자료들이 소개되곤 하였다. 40여 년간 여행으로 인생을 보내면서 각 지역의 민속을 관찰하고 기록한 스가에(菅江眞澄 1754-1829), 여행지에서 본 생활습관을 관찰하고 기록한 후루카와(古川古松軒 1726- 1807) 등이 있으며, 스즈키(鈴木牧之 1770-1842)의 『북월설보(北越雪譜)』와 같이 자신이 살고 있는 지역의 생활체험과 관찰을 통해 민속을 기록한 저작물 등이 출간되었다. 또 영주의 지배 하에서 정책의 일환으로 민속적 현상을 기록하기도 하였다. 특히 막부의 명령에 의한 편찬사업의 자료 수집을 위해 소위 앙케이트조사—風俗問状, 風俗問状答—를 실시하기도 한 야시로(屋代弘賢 1758-1841)는 계획적인 민속조사라는 의미에서 선구적이라고 할 수 있다[13]. 그 외에도 게사쿠(戱作)라 부르는 고소설의 작가나 호사가들에 의해 민속자료를 관찰 기록한 것들이 남아있어 오늘날 민속의 역사적 변천 연구에 중요한 자료를 제공하고 있다.

---

13) 古川古松軒『東遊雑記』『西遊雑記』.
　　菅江眞澄『眞澄遊覧記』.
　　鈴木牧之(1770-1842)『北越雪譜』『秋山紀行』.
　　赤松松宗(1808-1862)『利根川図志』.
　　屋代弘賢(1758-1841)「風俗問状」와「風俗問状答」『秋田風俗問状答』.

일본의 메이지 시대(1867-1912)로 시작되는 근대에는 도쿄대학을 비롯한 학교 교육체제를 갖추게 되었지만 아직 자생적인 민속학적 흐름은 포함되지 않았다. 관학사학에서 역사학으로서의 민속학은 무시되고 대상 외로 취급되었기 때문이다. 이에 반발하여 민족문화의 기초구조를 민속에 찾고 편중된 역사를 서민(상민(常民)이라는 새로운 개념을 형성함)의 생활 속에서 역사성을 발견하고자 하는 흐름이 생겨났다. 결국 일본 민속학의 출발은 기존 사학에 대하여 의문을 제기하면서 시작되었으며 시기에 따라 민속학의 개념 및 목적이 조금씩 수정 변화되면서 오늘날에 이르고 있다.

종래의 사학이 서민의 역사에 대해서 추적하지 않은 것에 대해 유감으로 생각하고 시대에 관계없이 역사적 인물이나 정치사에 국한되지 않고 취재의 영역을 보다 새롭게 하여 비교연구를 거듭함으로써 문자의 혜택을 받지 못한 평범한 서민의 역사를 묘사하는 것이 중요하다는 시각이 민속학의 새로움이었으며 이로 인하여 일본을 보다 잘 이해할 수 있는 가능성이 열렸다고 받아들여졌다.

최근 민속학 자체에 대한 자성의 소리가 높아지고 있다. 즉 민속학이란 무엇이며 민속학에서 밝히고자 하는 것은 무엇인가. 민속학만이 할 수 있는 영역은 무엇인가. 그리고 기존 민속학의 연구대상이던 전통과 고풍스러움에 관한 민속현상이 시대와 함께 변화하고 있음에도 기존의 연구태도나 방법에 대한 한계를 느끼고 소멸된 민속을 그대로 붙잡고 있어야 하는가에 대한 반성이 일어나게 된 것이다. 이에 대한 방법으로써 사회학이나 인류학과의 학제적인 연구가 진행되고 있는 형편이다. 이러한 반성은 일찍부터 있어 왔지만 그 성과가 드러나기까지는 좀 더 시간이 소요될 듯하다.

현재로서는 일본 민속학에서 문제시되고 있는 민속학의 개념이나 범주는 시기별로 다소 차이를 보이고 있지만 대표적으로 일본 민속학의 개념과 관련한 문제의식은 다음과 같이 정리할 수 있다[14].

① 민속학을 역사학의 하나로 볼 것인가.
② 사회과학 혹은 문화인류학의 하나로 볼 것인가.
③ 민족이 지닌 기본적 발상법, 사고방식을 추구하는 정신사학으로 볼 것인가.
④ 민족문화의 기초구조를 파악하고자 하는 학문으로 볼 것인가.

위와 같은 민속학의 범주구분이나 이에 대한 의문은 곧바로 일본 민속학의 성립과정에서 다다른 현재적 문제의식이라고 할 수 있다.

3. 야나기타 구니오의 민속예능 연구

야나기타가 1910년 지방민중의 생활 속에 전승되는 민속에 관심을 가지고 연구의 교환을 시도하자는 의도에서 향토회(鄕土會)를 주재하면서 일본 민속학은 시작되었다. 그 후 많은 학자들 특히, 지방의 재

---

14) 和歌森太郎, 『新版 日本民俗学』, 弘文堂, 1953, pp.130–131.

야학자들에 의해 민속자료의 수집과 정리가 이루어져왔으며 한때 많은 비판이 일기도 하였지만 그의 사후 1960-70년대의 고도성장과 함께 야나기타의 붐이 일어날 정도로 일본민속학은 야나기타 한 사람에 의해 구축된 학문인 것처럼 인식될 정도였다. 하지만 야나기타가 말했듯이 그의 후배들에게 맡겨진 이후의 민속학이 담보하는 보편성과 세계성15)이 과연 오늘날 어떠한 방향으로 향하고 있는가를 생각하면 크게 진전되지 못한 것도 사실이다.

특히 일본 민속학에서 민속예능에 대한 관심과 연구는 다소 소원하다. 요컨데 사회전승이나 경제전승, 의례, 신앙전승 등의 비중이 높은 반면 '예술'이나 '오락'은 주변적 민속, 즉 자료로서 가치가 있으면 채집하지만 예능에 초점을 맞춘 연구는 크게 매력이 없는 것으로 취급되어 왔다. 민속학의 학문대상으로서 '예술' '오락'이라는 분류개념은 편의적이고 표면적인 분류정도에 지나지 않으며 내실 있는 개념으로 높일 필요가 없을지도 모른다16)고 언급할 정도로 민속학계에서 '민속예능'에 대한 관심도는 매우 낮은 편이다.

야나기타 역시 민속자료를 유형문화, 언어형상, 심의표현이라는 세 분야로 나누고 춤(舞, 踊), 동희(童戲), 동사(童詞) 등이 유형문화에 속하지만 소위 민속예능은 주변적 민속으로 여력이 남으면 자료를 채록하는 정도로 그다지 매력이 없는 것으로 여겼다.

---

15) 柳田国男, 『日本の祭』, 弘文堂書房, 1942.

16) 小松和彦, 「総説 芸術と娯楽の民俗」, 『講座日本の民俗学8 芸術と娯楽と民俗』, 雄山閣, 1999, p.6.

그러나 초기에는 야나기타도 민속예능(예술)에 대한 관심을 표명했었다. 1911년「춤의 현재와 과거(踊の今と昔)」를 집필하였으며 또 향토무용과 민요의 모임(郷土舞踊と民謡の會) 등을 주재하면서 전국 각지의 민요와 향토무용을 공연하는 데 기여하기도 했다. 1927년 '민속예술의 모임'(民俗芸術の會)을 발족(1927)하고 1928년에는 기관지 『민속예술(民俗芸術)』을 간행하였다. 그는『民俗芸術』의 창간호 발기문에 민속예술의 취지를 다음과 같이 밝힌 바 있다.

(전략) 먼저 눈앞에 보이는 풍부한 사실을 확실히 기록하고 그것을 가능한 많은 사람들이 그 지식을 공유하고자 합니다. 그리하여 자료의 정돈과 비교에서 자연히 밝혀질 공통의 현상에 기초하여 만약 있다면 이 세상의 법칙이라는 것을 추출해 보고자 합니다.

(중략) 각 지방을 걸으면서 예부터 전해온 종교행사를 보고 자료를 모으고 모아진 자료들을 관련된 여러 동지들과 담화를 나누기로 하였습니다. 이러한 기록을 보존하기위해, 또 이것을 널리 알리고 여러분들의 고견을 듣기위해 더욱이 전국에 조사의 손을 뻗히기 위해 이 잡지를 간행하게 되었습니다. 따라서 자료의 범위는 이미 우리들 손에 들어온 것에 제한하지 않고 널리 그리고 보다 깊이 천착하고자 합니다. 우리들은 단지 동정어린 여러분들의 후원에 의해 새로운 경지를 확장해 나갈 수 있을 것으로 확신하며 더욱이 이 거대한 문화 사업이 장래 우리들의 젊은 독자의 손에 의해 완성되기를 기대합니다[17].

---

17) 柳田国男,「創刊のことば」,『民俗芸術』創刊号, 1928. 1.

그런데 여기에서 예능에 대한 언급은 거의 보이지 않는다. 『민속예술』의 창간취지라기보다 민속학 일반에 대한 언급으로 일관하고 있으며 민속예술이라고 하더라도 예로부터 전해오고 있는 종교행사와 관련된 자료로서 취급하고 있음을 알 수 있다.

즉 야나기타는 민속예능에 관심을 가지기는 했지만 민속예능 자체보다 민속예능의 배경이 되는 종교적 행사로서 의미를 부여했던 것이다. 왜 그가 이러한 태도를 가지게 되었는지에 대한 질문은 민속예능의 속성을 이해하는 데 일조할 뿐만 아니라 일본 민속예능의 현재적 모습을 이해하는데도 시사하는 바가 크다.

결국 그가 민속예능(민속예술)에 관심을 표명한 것은 예능 자체가 아니라 예능의 담당자에 관심이 있었기 때문이다. 이러한 태도는 「춤의 현재와 과거(踊りの今と昔)」 「사자춤 고(獅子舞考)」 「쌍방 춤(掛け踊り)」 「쓰쿠춤에 대해서(ツク舞について)」 등에서 찾아볼 수 있다.

그의 최초 저서라고 할 수 있는 『도노이야기(遠野物語)』에 사자춤에 대한 언급이 있다. 하지만 사자춤 자체보다는 사자춤을 출 때 부르는 노래에 관심을 가지고 이를 기록하고자 하였으나 결국은 그 지역에 남아있는 문서를 번각한 자료를 게재하는 데 그치고 있다. 그리고 또 곤겐(權現)사마라고 불리는 도호쿠지역의 대표적인 사자춤에 대해서도 예능적인 측면보다는 신앙적인 면을 중심으로 기술하고 있다. 그리고 『人類學雜誌』에 연재한 「춤의 현재와 과거(踊りの今と昔)」에서는 예능의 담당자들이 일반인이 아니라 특정집단 혹은 특정가계

로 이루어지며, 특히 예능이 뛰어난 사람이 나타나면 예능의 주요 부분만 특정집단 혹은 특정가계가 담당하게 되다가 결국은 예능가계가 단절되기도 하기 때문에 야나기타는 예능은 전문인에 의해 전승된다는 관점을 피력하고 있다.

야나기타는 스스로 '예능은 민간전승이 아니라는 의견을 실제 지니고 있었다'라고 언급할 정도로 예능을 민속연구의 대상으로 삼는 것에는 부정적이었음을 알 수 있다. 가계제도나 특정집단 혹은 뛰어난 개인이라고 하는 폐쇄된 공간에서 전승되는 것이 예능이라고 규정하고, 민간전승을 통해서 민족문화를 밝히는 것이 민속학이라는 정의에 의하면 예능은 적절한 연구대상이 되지 못하는 것이다. 그리고 이러한 특정집단, 특정가계의 후손들은 특수한 집단(부락민: 피차별민)이라고 여겼다. 이들은 일정한 시기에 마을을 돌아다니면서 종교 수단으로 노래를 부르고 춤을 추며 신을 즐겁게 하는 기술을 가진 유랑예인으로 보았으며 정착민으로부터는 기피당하는 존재로 보았던 것이다.

결국 야나기타가 민간전승의 범주에서 예능을 제외시킨 것은 특정가계(家元)와 같은 특정개인이 예능을 관리하고 통제한다고 여겼기 때문이다. 즉, 민속학은 일반인(=상민18))의 공동성(共同性)을 다루는 학문이지만 민속예능(민속예술)은 민간에 전승되고 있는 각종 예능으

---

18) 인민, 민중, 국민과는 다른 독특한 개념이다. 상민은 민간전승을 지키고 유지하는 계층을 말한다 일본어에서 평민이나 서민이라고 하면 귀족이나 무사에 대립어로 여겨지며, 인민, 대중, 민중이라는 말은 정치적 어감이 동반되기 때문에 이 새로운 신조어가 사용되었다. 일정한 사람들로서 인간이 상민으로서 비상민과 구별되는 실체개념으로서 이해되어야 한다.(『民俗學辭典』1951).

로 종교적 기원에서 출발한 것이 많다고 정의하고 있다. 이와 같이 야나기타 자신이 감수한『민속학사전』의 정의에 비추어볼 때 민속예능에 대하여 전혀 등한시 했다고는 할 수 없다. 또 민속예능 담당자 중에는 산인(山人)과 같은 존재가 있으며 이는 일본 선주민의 모습으로 여기고 관심을 가지기도 했던 것이다. 산인은 산에 거주하는 사람으로 마을의 농민과 생업 형태나 신앙 습속이 다른 집단이다. 이러한 산인에는 탁발승이나 비구니 유랑종교자가 있어서 이들이 각지에 염불춤(念佛踊り)과 같은 예능을 전파하였던 유랑예인들이라고 생각했던 것이다.

초창기 예능에 관심을 표명했던 야나기타는 이러한 특수집단이나 개인에 의해 좌우되는 민속예능은 그가 수립하고자 했던 민속학의 보편성(공동성)과는 거리가 있는 것으로 보고 오히려 피차별민의 범주에서 주로 다루었으며, 나중에 예능은 민속학의 범주 밖에 있는 것으로 민속학에서 취급하진 않는 것이 좋다고 할 정도로 민속예능 연구에서 멀어지게 된다. 또 다른 이유로 민속예능은 일상적인 생활이 아니라 특수기간 즉 '하레(ハレ)'기간이라고 하는 일상과는 다른 차원의 환경에서 연행된다는 측면에서 일상의 민속과는 거리가 있다[19]고 여겼으며 민속학의 상민개념이 도입되면서 일반 민속의 담당층에서 일탈한 존재라는 관념에서 비롯되었다고 할 수 있다.

야나기타가 주축이 되어 발족한 '민속예술의 모임'(民俗芸術の會)

---

19) 山路興造,「芸能の機能と類型」,『講座日本の民俗学 8 芸術と娯楽と民俗』, 雄山閣, 1999, p.96.

의 기관지인 『민속예술(民俗芸術)』도 5년 정도 계속되다가 폐간되었고 이후 1952년 혼다 야스지(本田安次) 등에 의한 '민속예능의 모임'(民俗芸能の會)이 발족되어 기관지 『예능부흥(芸能復興)』으로 계승하게 된다.

4. 일본 민속예능 연구의 태동

민속예능은 다른 민속현상과는 달리 공연되는 순간 사라져버린다. 민속예능은 실체가 존재한다기보다 민간의 종교적인 의례의 일부로서 행해온 민속의 한 현상이라고 할 수 있다. 이와 유사한 용어로 향토색이 짙은 예능이라는 의미에서 향토예능이라고 불리기도 하며, 민속예술, 민간예술, 민간예능 등으로 불리기도 하였다.

이 책에서는 어느 정도 시민권을 획득했다고 할 수 있는 민속예능이라는 용어를 사용하고자 한다. 민속예능은 민속 중에서 예능분야를 뜻한다. 민속이란 민간의 습속으로 예능은 예술이라는 서구의 용어가 들어오기 전의 의미로 쓰이기도 하지만 예술에 이르기 전단계를 지칭하기도 한다. 한편 민속예능 연구는 민속예능학회가 성립되면서 학술용어로 정착되었다. 미스미(三隅治雄)가 민속예능학회의 설립(1984) 총회 기념강연[20]에 발표한 내용을 참조하면서 민속예능이라는 용어가 정착되기까지의 과정을 살펴보고자 한다.

20) 三隅治雄, 「民俗芸能研究の歴史と現状と展望」, 『民俗芸能研究』 創刊号, 1985. 5.

일본 민속학의 시작을 알리는『향토연구(鄕土研究)』가 1914년 야나기타 등에 의해서 창간되면서 재야 연구자들이 향토 민간전승을 보고하게 된다. 이 시기에 일본 민속예능의 선구자라고 할 수 있는 오리구치(折口信夫)나 '민속예능 연구의 금자탑' 혹은 '최초이자 최대'라고 일컬어지는 『花祭』라는 대저를 출간한 하야카와(早川孝太郎)도 동참하게 되었다.

앞에서 언급한 '민속예술의 모임'이 야나기타의 주도 하에 1927년 발족하고 이듬해 창간된『민속예술(民俗芸術)』이「인형극 연구(人形芝居研究)」,「사자춤 연구(獅子舞考)」등의 특집호를 내면서 새로운 자료들을 수록 보고한다.

다른 한편 도쿄와 오사카의 미쓰코시 백화점(三越呉服店)에서 민속예술 사진전을 개최하여 호평을 받기도 한다. 당시 출간된 민속관련 잡지인『인류학잡지(人類學雜誌)』,『향토연구(鄕土研究)』,『민족(民族)』,『여행과 전설(旅と傳説)』,『민속학(民俗學)』,『향토풍경(鄕土風景)』,『일본민속(日本民俗)』,『민간전승(民間傳承)』,『학예수첩(學芸手帳)』,『민요연구(民謠研究)』,『예능(藝能)』,『돌멘(ドルメン)』등에 각지에서 수집 정리된 민속예능 자료들이 보고 되었다[21]. 한편 국가적 차원에서 실시된 전국적인 규모로 옛 민요(古民謠)의 수집(『이언집(俚言集)』『이언집습유(俚言集拾遺)』)과 개인적인 민요수집으로『구마노 민요집(熊野民謠集)』(松本芳夫편),『야에야마도 민요집(八重山島民謠集)』,『노미군 민요집(能美郡民謠集)』(早川孝太郎)이 출

---

21) 本田安次,「民俗芸能研究始めから現在まで」,『民俗芸能研究』, 民俗芸能学会, 1994, p.3.

간되어 민요연구의 토대를 마련하게 된다.

개인적인 자료채집과 연구성과를 단행본으로 출간하기도 하는데 민속예술의 모임(民俗芸術の會) 멤버이기도 한 오데라(小寺融吉)는 『근대무용사론(近代舞踊史論)』(1922), 『무용의 미학적 연구(舞踊の美學的研究)』(1928), 『예술로서의 가구라연구(芸術としての神樂の研究)』(1929) 등을 통해 서구학문의 입장에서 무용사론을 전개하는 등 민속예능 연구의 초석을 놓았다. 18세기 이래 류큐(오키나와)의 궁중에서 창작 전승된 구미오도리(組踊)의 대본을 편찬한 이하후유(伊波普猷)의『교주 류큐희곡집(校註琉球戲曲集)』(1929), 수년에 걸쳐 아이치현(愛知縣) 기타시다라군(北設樂郡) 일대에 분포하는 가구라를 조사하여 20여개 마을의 행사내용을 계통적으로 정리 기록한 하야카와(早川孝太郎)의 『하나마츠리(花祭)』(1930), 혼다(本田安次)의 『리쿠젠하마 호인가구라(陸前浜乃法印神樂)』(1934), 『야마부시 가구라 반가쿠(山伏神樂・番樂)』(1942), 『노 및 교겡 고(能及狂言考)』(1943), 니시쓰노이(西角井正慶)의『가구라연구(神樂研究)』등은 전쟁 전의 대표적 민속예능 연구의 성과라고 할 수 있다.

한편 1943년 오리구치 시노부를 중심으로 예능학회(藝能學會)를 발족한다. 예능학회는 민속으로서의 예능이 아니라 예능의 민속적 의의를 밝히고 일본예능의 역사적 연구와 예능학의 수립을 목적으로 탄생하였다. 기관지『예능(藝能)』을 발간하고 일시 휴간되기도 하였지만 현재까지 간행되고 있다. 게이오대 국문과에서 예능의 원류라고 할 수 있는 민간의 잡예, 축제의 주술, 경기 등을 포함한 예능 발생의 고대적 성격에 관한 '예능사'라는 강좌가 개설되었으며, 오리구치의 연속강의를 속기로 정리한 『일본예능사육강(日本芸能史六講)』(1944)은 오리구치 예능사의 윤곽을 알 수 있는 주목할 만한 책이다.

민속예능 연구와 관련하여 1925년 전국 청년단의 총본산인 '일본청년관'의 건립은 민속예능에 대한 새로운 방향을 모색하게 한다. 일본청년관의 개관 기념행사로 '향토무용과 민요 모임(郷土舞踊と民謠の會)'이 개최되었다. 이후 민속예능 공연은 1936년까지 매년 연례행사로 개최되었고 이로 인하여 농촌 어촌에 기반을 두는 생활예능을 접할 수 있는 기회가 확대되었던 것이다.

전후 얼마동안은 많은 학자들이 전사와 병사 등으로 세상을 달리하게 되어 민속예능학계의 학문 연구도 일정기간 공백 기간이 이어진다. 이런 와중에 1949년 일본연극학회, 전통예술의 모임(傳統芸術の會)이 창립되었고 1950년에는 문부성 주최로 전국향토예능대회가 개최되었으며 1959년부터 전국민속예능대회로 개칭하여 현재에 이르고 있다.

민속예능 연구의 공백 기간이 전후 얼마동안 지속되다가 혼다 야스지가 와세다대학 교수로 오면서(1949) '민속예술의 모임'(民俗芸術の會)을 계승하여 1952년 '민속예능의 모임'民俗芸能の會)을 발족한다. 최초의 사업으로 '오키나와 군도의 노래와 춤 모임'에 의한 공연이 개최되었다. 그 후 야마부시 가구라 등 지방의 민속예능이 도쿄 공연으로 이어지게 되었다.

'민속예능의 모임'(民俗芸能の會)은 오리구치를 비롯하여 혼다가

중심이 되어 기관지『예능부흥(藝能復興)』을 창간하게 되는데 오리구 치가 쓴 창간발기문을 보면 앞선 『민속예술(民俗芸術)』의 창간 발기 문을 쓴 야나기타의 내용과는 그 취지가 다름을 확인할 수 있다.

(전략) 학문과 예술에 대해서 새로운 관찰을 시작하고자 한다. 문예 부흥의 정신이 우리들에게 놓인 최급선무는 특히 예술방면이다. 예술 의 이해는 이 나라의 예능을 민감하게 감지하는 것이 근저를 이루게 된다. 우리들의 월간서를 예능부흥이라고 제목을 정한 것은 이러한 이 유 때문이다[22].

오리구치의 예능연구는 스스로 예능사(芸能史)라고 하였지만 연대 기적인 역사 연구라기보다 문학을 일종의 예능 텍스트로 보고 예능의 발생과 변천에 관한 연구라고 할 수 있다. 그에 의하면 예능이 특정시 대에 발생했다가 사라지는 것이 아니라 모든 시대에 거듭 중첩된다는 발상에서 출발한다. 이는 문헌적인 자료와 민속적인 자료를 근거로 예능발생의 연원을 밝히는 작업이라고 할 수 있다. 특히 유랑예인과 같은 표박민 즉 비정주민으로 대표되는 '마레비토(マレビト)'라는 용 어가 오리구치 예능학의 대표적 키워드라고 할 정도이다. 그러므로 야나기타의 민속학이 정주민(상민)에 대한 학문이라면 오리구치의 민 속학은 비정주민(비상민)의 학문이라고 할 수 있다. 오리구치는 예능 은 정주민인 아닌 비정주민이 담당하고 있음을 일찍부터 갈파하고 야

---

22) 折口信夫,「藝能復興のことば」,『藝能復興』創刊号, 1952.

나기타와 다른 민속학의 새로운 길을 모색하였던 것이다.

오리구치에서 시작되었다고 해도 과언이 아닌 일본 민속예능 연구는 그 후 크게 두 흐름으로 진행되었다. 고쿠가쿠인대학, 게이오대학의 오리구치와 그의 제자들에 의한 민속학적인 연구와 와세다(早稲田)대학을 중심으로한 오데라(小寺融吉), 혼다 (本田安次), 군지(郡司正勝) 등으로 이어지는 예술학(미학)으로서의 연구이다.

민속학적 연구라고 하더라도 고쿠가구인대학(國學院)의 경우는 국학을 배경으로, 게이오대학(慶應)의 경우에는 문학을 배경으로 하고 있다는 점에서 다소 차이를 보인다[23]. 다시 말하면 오리구치는 전승되는 예능에서 민속의 심의(心意)를 찾고자 하였던 것이다. 이에 비해서 와세다를 중심으로 한 미학적 입장에서의 민속예능 연구는 예능을 순수하게 인간의 육체표현으로 단정하고 그 예능의 신체적인 움직임(藝態)의 변천에 초점을 맞춘다는 차이를 보인다. 오리구치에 의하면 예능은 구체적인 신체적 표현인 연기 즉, 예태(藝態)의 '태(態)'의 글자에서 아랫부분의 마음 심(心)이 탈락된 것이 예능의 '능(能)'의 자원(字源)이라고 설명하고 있다. 예능은 일순 사라져 버리는 시공간적인 것이기 때문에 실제 구체적인 예태 즉 연기를 문헌에서 찾기란 한계가 있다. 그렇기 때문에 예능사(藝能史)는 민속학이 되지 않으면 안된다고 지적한다.

한편 오리구치의 예능사적 발생연구와 와세다파라고 일컬어지는 미학 중심의 연구태도를 이어받으며 문헌자료의 해석 등을 종합하여

---

23) 三隅治雄, 「民俗芸能と芸能研究」, 芸能発行所, 『芸能』第31券第4号, 1989, p.17.

민속예능학의 수립을 위해 헌신한 혼다(本田安次)는 그 업적이나 영향력에 있어서 일본 민속예능 연구=혼다학이라고 해도 지나치지 않을 정도로 민속예능 연구의 중심에 위치하고 있다.

혼다의 주요 관심사는 민속예능이 향토색을 지니고 신앙과 결합되어 있으며 전통적으로 연행해온 것을 예능으로 규정하면서 예능 그 자체에 주목하였고 지역의 현실과 예능과의 관계에 대해서는 비교적 관심이 적다[24]. 다시 말하면 타학문의 자료적인 차원의 존재가 아니라 민속예능이 지닌 고유 가치를 인정하고 이를 발굴 소개하는 데 있었다. 그리고 민속예능의 지역적인 차이보다 공통성을 중요시하여 전승지역 문화로서의 의미를 초월하여 '일본'의 문화로서 의미부여를 하였던 것이다. 그의 업적을 무시하고는 민속예능 연구가 불가능하다고 할 정도로 그의 영향력은 매우 크다. 민속예능이라는 용어를 정착시키고 범위와 분류를 시도한 것도 그 업적이라고 할 수 있다.

혼다에 의하면 고대에서는 작시(作詩), 영가(詠歌), 노서(能書) 등이 예능의 중심이었지만 중세에서는 사자춤, 시라뵤시(白拍子), 사루가쿠(猿樂), 덴가쿠(田樂) 등 많은 부분이 현재의 예능 개념에 가까워진다. 그 외에 대장장이, 목수, 벽화 등의 장인과 음양사(陰陽師), 지경자(持經者), 염불자(念佛者) 등의 종교인, 노름꾼(博打), 해녀(海女) 등에 이르기까지 범위영역이 매우 광범위했다[25]. 즉 민속예능의 범주

---

24) 松尾恒一, 「本田安次の方法と思想」, 民俗芸能研究の会/第一民俗芸能学会, 『課題としての民俗芸能研究』, ひつじ書房, 1993, p.55.

25) 앞의 글 p.57.

가 시대에 따라 변해왔지만 혼다는 민속예능은 예술이 되어야 하며 그 이전까지 예능의 범주에 포함되었던 씨름이나 꽃꽂이 등을 민속예능의 범주에서 제외시키고 그 범위를 한정한 것도 그의 영향력이라고 할 수 있다. 예능을 특정 시기에 특정 장소에서 이것을 감상하려는 사람들(관객) 앞에서 행해지는 신체를 통한 예술적 표현이라고 정의내리고 무대예술과 동일선상에서 민속예능을 파악하고자 하였던 것이다.

한편 전국적인 민속조사를 통해 민속예능의 분류를 시도하였다. 가구라, 덴가쿠, 후류, 축복예, 외래계의 다섯 개의 카테고리로 나누고 일본 전국에 전승되고 있는 민속예능들을 이 범주 속에 위치를 정하고 분류하였던 것이다. 현재 분류기준이 다소 애매하다는 비판적인 지적도 있지만 일본 민속예능 전체를 조감하는 혼다의 분류체계는 여전히 인정받고 있다.

민속예능의 모임(民俗芸能の會) 기관지인 『예능부흥(芸能復興)』이 경제적인 이유 등으로 19호를 마지막으로 휴간하고 1962년부터 『민속예능(民俗芸能)』으로 개칭하여 계간지로 계획하였으나 연 1회 간행으로 현재에 이르고 있다. 이 무렵 마츠리 동호회(1961)가 탄생하여 기관지 『마츠리 통신(まつり通信)』, 『마츠리(マツリ)』 등이 발간되었다.

1963년에는 교토에서 예능사연구회(芸能史硏究會)가 창립하여 전통예능과 민속예능의 종합적인 연구의 발단이 되었다. 예능사연구회의 주 연구대상은 소위 고전예능이라고 일컬어지는 것이다. 문헌상으로는 존재하지만 실체를 파악하기 어려운 고전예능 연구를 위해서 현재까지 생생하게 살아있는 자료로서 민속예능을 취급하여 왔던 것이다. 또 민속예능의 기반이 되는 종교의례와 생활의례에 대한 고찰을 중심으로 하는 '의례문화학회'(儀禮文化學會)가 1981년 결성된다.

한편 문화재 보호정책의 일환으로 전국 각 도현별로 민속예능 시리즈가 발간되어 민속예능의 정밀한 조사와 기록이 이루어졌다. 이러한 전국적인 민속예능조사를 바탕으로 민속예능사전이 편찬되었으며 『일본서민문화 자료집성(日本庶民文化資料集成)』전15권(1973), 『일본민속예능사전(日本民俗芸能事典)』(1976), 『마츠리와 예능의 여행(祭りと芸能の旅)』전6권(1978), 『민속예능사전(民俗芸能辞典)』(1981) 등 전국의 민속예능을 종합정리하는 작업들이 진행되었다.

1960-70년대 고도경제성장과 함께 사회가 급변하면서 민속예능의 기반이던 공동체─村, 町─가 무너지게 되자 사라져가는 민속예능을 기록 보존하기 위해 긴급 조사작업이 이루어지게 되었다. 지금까지는 주로 개인이나 단체 또는 국가적 차원에서 민속예능 연구의 큰 지표 없이 자료기록 차원에서 성과를 축적해 왔다. 이를 학회라는 이름으로 새로운 전기를 마련한 것이 1984년 설립된 민속예능학회(民俗芸能學會)이다.

민속예능학회의 설립과정과 그 성격은 학회 설립취지문에 잘 나타나 있다.

(전략) 민속예능은 생활과 신앙 속에서 사람들의 기원 방법이 되기도 하며 감사 표시이기도 하며 기쁨의 표현이기도 하였습니다. 도시의 무대예능에서는 볼 수 없는 독자적이면서 수준높은 표현 세계가 구축되어 있습니다. 이러한 민속예능에 대한 가치가 인정되고 한 나라의 문화로서 위치를 확보하게 된 것은 〈향토무용과 민요의 모임〉에서 시작하여 현재의 전국민속예능대회에 이르기까지 알려지지 않은 민속예능의 발굴, 소개, 잡지『民俗芸術』의 지면을 통한 보고, 논고의 축적으로 우리들은 민속예능 연구의 50여 년의 역사를 가지게 되었습니다. 이러한 연구사를 돌이켜보면 그 중심이 되었던 것은 〈민속예능의 모임 民俗芸能の會〉이었습니다. (중략)

그 후 연구의 성숙과 함께 학회설립에 대한 의견이 많아 〈일본민속예능학회〉를 발족하였지만 궤도에 오르지 못하고 오늘날에 이르게 되었습니다. 지금 여기에 새롭게 그 실현을 위해 고견을 보아 〈민속예능학회〉를 전국조직의 학회로 설립하여 그 연구성과를 되새겨보고자 합니다.

하지만 민속예능 연구는 아직 대상과 방법에 있어서 하나의 독립된 학문으로서 체제가 갖추어지지 않은 것이 사실입니다. 연구에 전념하는 것 이외에는 방법이 없습니다. 우리 학회는 민속예능 연구를 하고자하는 자들의 교류와 연구의 장으로서 논의를 거듭함과 동시에 민속예능의 전승자와 함께 그 생존방식을 함께 고려해보고자 합니다.

예능으로서의 민속예능을 연구하는 사람들을 비롯하여 민속학, 종교학, 사회학, 문화인류학 등 인접 여러 학문분야에서도 많은 분이 동참하여 본 학회를 설립하고자 합니다[26].

여기에서 언급하듯 학회는 설립되었으나 민속예능연구가 독립된 학문으로서 아직 정착되지 않고 있음을 인정하고 있다.

민속예능 연구가 독립된 학문으로 정착하기 위해서는 민속예능 자료들을 어떻게 객관화하느냐가 큰 관건으로 대두하게 된다. 각 지방에 전승되는 민속예능이 그 지방에서 독자적으로 탄생했다기보다 타 지역에서 전파되어 파생된 경우가 많으며, 이를 각 지역의 환경적인 특수성에 따라 변화해 왔다고 할 수 있다. 그래서 본래는 같은 계통의 예능이라 하더라도 전파되는 과정에서 혹은 전파된 이후에 지방색을 띠면서 변화하면서 정착하게 된 것이다. 이러한 점은 민속예능의 계통적인 분류의 근간이 되기도 한다.

한편 일본에서 고전예능이 지방으로 전파, 정착됨으로써 민속예능으로 자리 잡은 경우가 있다. 즉, 전문적인 예능인 노(能), 가부키(歌舞伎), 닌교조루리(人形劇) 등은 지방에서 변형 혹은 일부만을 축제의 일환으로 연행해 왔다. 이는 민속예능을 한층 더 풍부하게 하였으며 이는 또 민속학이 아닌 고전예능 연구분야에서도 민속예능에 관심을 표명하게 되는 계기가 되기도 하였다. 고전예능의 구체적 사료 특히 행위(예태)에 대한 문헌자료의 부족을 민속예능에서 찾고자하는 시도이다. 예능사연구회(藝能史研究會)(1963창간)의 기관지인 『예능사연구』가 대표적이다. 고전예능이 민속예능으로 전파, 정착되는 시기를

---

26) 「民俗魏餌能学会の趣意」, 民俗芸能学会, 『民俗芸能研究』, 1985. 5.

검토함으로써 통시적인 예능의 역사를 공시적으로 파악하는 데 민속예능이 기여하고 있다.

민속예능에 대한 연구는 크게 역사적인 환경을 중심으로 예능사를 구축하는 사회적 환경이나 종교적 배경을 검토하는 환경론적인 입장과, 신체적인 움직임 즉 연기의 구체적인 동작을 중심으로 한 예태론(藝態論)으로 나눌 수 있는데 문헌기록과 상호보완할 수 있는 자료적 측면에서도 민속예능의 가치는 인정되어야 할 것이다.

5. 최근 일본 민속예능 연구의 현황과 과제

일본의 고도성장기 이후 소비형사회로 전환되면서 민속예능 연구를 비롯한 민속학의 대상인 촌락사회가 붕괴되면서 새로운 모색이 요구되었다. 축제(마츠리)의 장소에서 신앙을 배경으로 생성 전승되어 온 민속예능 자체가 토대를 잃어버리게 된 것이다. 이러한 환경 변화에 맞추어 민속예능 연구에서도 새로운 반성이 일어나고 있다. 소위 '신앙', '주술', '고풍', '향수' 등의 민속예능을 둘러싼 이데올로기에서 벗어나 오락, 관광과 같은 현대적 대상으로서 민속예능을 바라보는 시각이 변화되어야 한다는 입장이다. 지금까지의 선행연구 및 선행연구자에 대한 비판적인 시선이 생기게 된 것이다. 그 대표적인 모임이 하시모토(橋本裕之)의 주재로 발족된 1991년 1월 〈민속예능연구의 모임/ 제1민속예능학회〉이다. 그는 고풍, 전통 등으로 신화화되

어 가고 있는 민속예능을 탈 신화화하는 데 목적이 있다고 주창하였다. 이 모임은 회칙도 회비도 없고 정해진 회원도 없으며 기간도 2년간으로 한정했다. 월1회 연구회를 개최하고 1992년 12월 연구활동의 총결산으로서 심포지엄 「민속예능연구의 현재(民俗芸能研究の現在)」를 개최하고 스스로 해산하였다. 그는 이 모임의 이념을 다음과 같이 소개한 바 있다.

앞으로 〈민속예능연구의 모임〉은 민속예능 연구의 피폐를 우려하는 유지들에 의해 지난날에 설립된 〈제1민속예능학회〉을 모체로 다방면에 걸쳐 활동하고 있는 교두보로 조용히 개최하게 되었다. 여기에는 지난번 모임에서 합의한 사항 즉 지금까지의 민속예능 연구의 성과를 비판적으로 읽는 수준과 연계된 작업을 주축으로 하고 있으면서 나아가 각각의 관심에 기초하여 연구발표 및 토의를 계속적으로 반복하는 것을 시도하였다. 그 결과 민속예능 연구의 풍부한 가능성을 개척하기 위한 계기를 획득할 수 있다면 다소의 문제가 있다고 하더라도 상관없다. 여기에 단언컨데 본회에 참가하는 것은 어디까지나 개인의 책임만으로 이루어지기를 강력히 희망한다. 따라서 모든 학교적 세계관을 가지려고 하는 자는 본회의 이념에 비추어 퇴거를 명하니 부디 주의해주시길[27].

---

27) 民俗芸能研究の会/第一民俗芸能学会, 『課題としての民俗芸能研究』, ひつじ書房, 1993. p.11에서 재인용.

마치 게릴라와 같은 연구모임이다. 기간을 2년으로 제한한 것에서 알 수 있듯 장기화되면 모임자체에 대한 집착 혹은 배타성이 생길 수 있으며 또 다른 이데올로기가 개입될 수 있다고 우려했기 때문이다. 모임의 성과는 『과제로서의 민속예능연구(課題としての民俗芸能研究)』를 통해 나타났는데 이 모임을 주재했던 하시모토는 민속예능 연구에 대한 기존의 연구에 대한 비판과 함께 개인적인 관심사라고 전제하면서 민속예능 연구의 실천과제를 다음과 같이 제시하고 있다.

1. 해석학적 방법: 민속예능을 둘러싼 해석의 위치 관련을 분석한다.
2. 민속미학적 방법: 민속예능과 관련된 미적 가치의 구성을 분석한다.
3. 교육학적 방법: 민속예능과 관련된 신체기술과 그 기술습득을 기술한다[28].

그의 왕성한 연구활동은 기존의 민속예능 연구에 새로운 활기를 불러일으키기에 충분하였다. 민속예능이라는 용어의 성립과정에서부터 근현대에 정착한 민속예능이 지닌 이데올로기의 문제, 민속예능과 지역성, 예능전파와 성장, 연극학 전공자로서의 신체표현으로서의 민속예능, 민속학과 민속예능 연구의 관계성 등 지금까지 큰 반성 없이 진행되어왔던 민속예능 연구의 과제에 대해 의문을 제시하고 새로운 방

---

[28] 橋本裕之,「民俗芸能研究という神話」, 民俗芸能研究の会/第一民俗芸能学会 編,『課題としての民俗芸能研究』, ひつじ書房, 1993, p.9.

안을 모색하였던 것이다.

한편 민속예능 연구는 민속학과 함께 비교학적인 시점이 크게 대두되고 있다. 즉 국내의 민속예능을 상호 비교함으로써 보편성과 특수성을 탐구하는 데 그치지 않고 국외로 눈을 돌리고 있다. 민속예능이 지니고 있는 보수적인 성격에 주목하여 동아시아 특히 한국과 중국 및 동남아시아와의 비교를 통해 일본의 특수한 것으로 여겨왔던 영역이 아시아 공동, 혹은 세계적인 보편성이 있다는 사실을 발견하게 되고 해석하기 어려웠던 사항이 국외의 유사한 예능을 통해 그 의미를 파악할 수 있는 경우가 크게 늘었다. 이에는 지금까지의 문헌이나 회화 사진자료에 의존했던 민속예능 연구에 영상이 동원되면서 보다 큰 힘을 얻게 되기도 한다.

민속예능 연구의 대상이 되는 민속예능에 대한 조사연구는 앞에서도 언급한 것처럼 분류작업이 이루어질 정도의 단계까지 이르렀다. 하지만 이러한 기초조사 자료들을 최대한으로 이용하여 향후 어떠한 연구방향을 정할 것인가는 앞으로의 과제가 될 것이다. 그런 측면에서 일본 민속예능 연구는 이제부터 본격적인 연구가 이루어져야 할 시기가 왔다고 할 수 있다. 현재까지의 민속예능 연구의 주제로는 신체적 표현으로서의 연기, 예능사를 구축하기 위한 자료로서 연극사, 예능사적인 연구, 예능이 표현되는 사회환경이나 종교적 배경을 탐구하면서 전승모태의 사회 속에서 위치를 모색하는 민속지(民俗誌)적, 인류학적 시점에서의 연구 등으로 세분화되는 경향을 보였지만 예술 미학적인 관점에서의 연구는 전무한 상태이다[29].

민속예능 연구는 민속학과 마찬가지로 근·현대를 통해 대상 기반이 무너지고 새로운 환경이 형성되면서 이에 적응함과 동시에 새로운 모색이 요청된다. 도시민속학의 등장이 그러한 예라고 할 수 있다. 1960년대 고도성장과 함께 과소화와 도시화가 진행되면서 지금까지 일본 각지의 농산어촌에서 자료를 수집하였지만 전국이 도시화 경향을 보이면서 도시민속학이 등장한 것이다. 지금껏 신(神), 신앙(信仰), 주술 등의 환경 속에서는 분리 존재할 수 없다고 믿었던 기존 개념의 민속에서 일탈하여 도시의 축제, 이벤트 등은 그러한 굴레에서 벗어나 놀이 혹은 게임으로서의 성격을 지닌 것으로 도시민속학의 새로운 지평을 제시한 것이다.

　민속예능이 문화재보호라는 새로운 기반이 만들어지면서 민속예능의 토대에서 이탈하기도 하고 도시민들에게 향수이라는 미명 하에 관광자원으로 변질되면서 신앙을 배경으로 했던 기존의 민속예능과는 거리가 멀어지게 되었다. 이러한 사회적 현상과 함께 시간성과 무관한 민속학이나 민속예능 연구의 새로운 지표를 마련하는 것이 일본 민속학의 현재적 과제라고 하겠다.

---

29) 小松和彦, 「総説 芸術と娯楽の民俗」, 『講座日本の民俗学 8 芸術と娯楽と民俗』, 雄山閣, 1999, p.9.

6. 맺음말

일본 민속학은 관학아카데미즘과 거리를 두고 출발하였지만 시간의 경과와 함께 제도교육으로 정착하게 된다. 그리고 민속학이 어느정도 궤도를 형성하고 안정기에 접어들 무렵 새로운 민속학의 분야로서 민속예능 연구가 탄생하게 되었다. 대학에서 민속예능을 가르치는 학과가 존재하지 않음에도 순수하게 개인적인 차원의 연구 성과들이 쏟아져 나오게 되었다. 여기에는 야나기타의 커다란 영향력을 무시할수 없을 것이다.

『하나마츠리(花祭)』로 유명한 하야카와(早川孝太郎)는 화가지망생이었지만 『향토연구(郷土研究)』에 민속조사 원고를 게재하면서 야나기타를 만나 민속학에 전념하게 되었고 『가구라 연구(神樂研究)』, 『가구라 노래연구(神樂歌研究)』 등 민속예능 특히 가구라에 대한 대저를 남긴 니시츠노이(西角井正慶)는 사이타마현(埼玉縣) 오미야시(大宮市) 무사시(武蔵)의 제일신사(一の宮)인 히카와신사(氷川神社)의 신직(神職) 집안 출신으로 국학원 대학에서 오리구치의 지도를 받아 국문학, 민속학을 기반으로 제사, 예능, 문학 연구에 몰두한다. 신문기자이자 유랑배우였던 기타노(北野博美)는 오리구치의 만요슈(萬葉集) 강의에 감동받아 오리구치의 강연과 집필, 편집 등을 담당하게된다. 주목할 만한 학술적인 업적보다는 연구편집이나 학회을 이끌어가는 스탭으로서 그 역할을 충실히 실천하기도 한 예이다. 민속예능의 대표격이라고 할 수 있는 가구라에 깊은 관심을 가지고 『가구라

원류고(神樂源流考)』『가구라 신고(神樂新考)』등을 편찬한 이와타 (岩田勝)는 평생을 체신청(遞信廳)에 근무하면서 연구자로서 놀라운 업적을 남긴다.

　이상과 같은 민속학 연구자뿐만 아니라 현재에도 재야학자, 향토학자들에 의한 연구 성과가 괄목할만하다. 일본에는 민속예능의 매력에 빠져 순수하게 이를 기록하고 정리 연구하는 연구자들이 무수하게 실재한다. 이들은 지역주민으로서 실제 체험하기도 하고 직접 민속예능을 담당하는 담당자로서 자신의 역할에 대한 자부심을 가진 단순한 호사가가 아닌 연구자들이 다수 존재한다. 이들의 노력에 의해 민속예능 연구가 보다 풍부해지고 깊어졌다고 해도 과언이 아니다.

　근대에 들어오면서 전근대적인 향토사회에 대한 향수에서 출발한 민속예능은 문화재보호라는 정책적인 측면과 교통의 발달 등으로 인해 관광화의 일환으로 민속예능의 패러다임이 바뀌고 있다. 지금까지의 민속예능 연구는 예능연구사의 환경론적인 입장에서 큰 역할을 해왔다. 민속예능학으로서 성립하기에는 본래의 목적을 지니지 않으면 안 된다. 민속예능이라는 용어가 실체가 없으면서 마치 실재하는 것처럼 여겨온 과거의 연구에 대해서도 반성하지 않으면 안 된다.

　지금껏 민속예능 연구의 대부분은 민속예능이 지닌 사회적 환경, 종교적 배경 등을 검토하면서 조사보고의 차원에서 벗어나지 않은 것도 사실이다. 전통이나 고풍, 소박미라는 상표를 붙여왔다고 해도 과언이 아니다. 하지만 민속예능 전승의 토대가 되어온 민속사회가 바뀌었으며 그 존재가치도 변화하면서 초창기에 민속예능에 부여했던 고풍스러움, 향수, 문화유산 등의 이데올로기에서 일탈하고 있으며 관광이벤트의 일환으로 민속예능의 탄생 당시의 모습과는 너무나 많이 달라졌기 때문에 새로운 연구방법과 영역이 요구되고 있는 실정이다. 또 문화 보존정책 및 관광정책과 맞물리면서 민속예능에 대한 새로운 기대가 요구되었다. 일본 민속예능 연구가 퇴조의 징조를 보이게 된 또 다른 원인으로는 전승모체로서의 촌락사회의 붕괴, 야나기타의 개성에 의존한 학문의 성격, 애매한 개념의 상용과 방법론의 취약성, 억측이 심한 역사의 재구성에의 집착 등을 들 수 있다. 1960년대 이후의 고도경제성장의 영향이 아직 크지만 민속예능 연구의 재구축을 위하여 역사적인 상황을 포함한 다양한 현상에 겸허하게 대응할 필요가 있겠다[30].

일본 민속예능학회가 성립된 지 30여년이 되어가지만 민속예능학은 아직 완전하게 성립되었다고 할 수 없다. 일본 민속예능이 학문으로 성립하기 위해서는 그 자체로서의 목적과 방법론적인 성찰이 보다 요구된다. 타 학문의 자료적 제공에 그치는 것이 아니라 고유성을 확보하기 위해서 보다 넓은 시야에서 타 분야와의 학제적 연구와 함께 과거의 박제화된 학문이 아니라 살아있는 현재의 학문으로 성장하기 위하여 다양한 모색을 요구받고 있는 것이다.

---

30) 鈴木正崇, 「日本民俗学の現状と課題」, 『講座日本の民俗学 1. 民俗学の方法』, 雄山閣, 1998.1, p.268.

3장

일본예능의 기원담론에 대한 재고(再考)

1. 머리말

연극사를 비롯하여 일반 예술사에서 예술의 기원은 종교적인 제의 기원론에서 출발하는 것이 일반적이다[31]. 시대적 추이에 따라 기술하는 편년체적 연극사에서 그 기원을 첫머리에 언급하는 것은 당연하겠지만 그 외에 연극의 본질론에서 종종 기원론이 언급되기도 한다.

일본에서 예능의 제의기원론이라는 것은 우선 초자연적인 정령을 맞이하여 향응 환대하는 의례에서 절박한 생존감각이 없어지거나, 또는 그러한 생존감각을 다른 곳에서 찾게 됨으로써 신앙의례에서 예능으로 진화했다는 학설이 지배적이다[32]. 즉, 예능은 주술에서 탈피하여 독자적으로 존재하게 되었다는 설이다. 실제 일본에서 예능과 제의를 구별하는 것은 매우 어렵다. 예능에는 반드시 제의적 성격이 내포되어 있으며 제의도 예능적인 요소로 구성되어 있기 때문이다.

그래서 예능, 제의와 같은 용어에 대해 반발이 있으며, 예능이라는 용어도 제의라고 하는 용어도 상대적인 양면성을 지니고 있음에도 불구하고 신사예능(神事藝能), 예능신사(藝能神事)라고 하는 광의의 용어를 사용하게 된다. 또 제의와 예능의 구분에 대해서는 많은 학자들의 지적이 있지만, 일방적으로 예능만 혹은 제의만이 실재한다고 말할 수는 없다. J.E 해리슨에 의해 그리스, 이집트, 바빌로니아 등의 고

---

31) 河竹繁俊,『日本演劇全史』, 岩波書店, 1959. p.17.
32) 福島真人,「儀礼から芸能へ－あるいは見られる身体の構築」,『身体の構築学』福島真人編, ひ
　　つじ書房, 1995, p.86.

대 연극이 제의로 거행되었다는 지적 이후 제의에서 예능으로라는 담론은 전제권을 획득하여 마치 당연한 듯이 언급되어 왔다[33].

일본의 민속학자 오리구치 시노부(折口信夫) 역시 예능은 축제(まつり)에서 발생한 것이다[34]라고 했듯이 '제의에서 예능으로', '의례에서 오락으로', '주술에서 예능으로', '예능의 제의기원설' 등과 관련한 여러 논고는 이상의 노선에서 크게 벗어나지 않고 있다[35]. 즉, 대부분 인간의 행위[藝態]에 종교(신앙)적 의미부여를 하거나 혹은 상징적 해석에서 출발하는 경향이 있다. 그런데 이는 제의에 왜 예능이 연행되었을까, 또는 제의에는 왜 예능적인 요소가 포함되었을까 라는 질문의 답변으로 충분치 않다. 그저 노래, 춤에는 그러한 주술적인 힘이 내포되어 있다고 답할 수밖에 없는 것이다. 이때 노래, 춤, 혹은 언어에는 주술적인 힘이 있다고 하는 언령신앙(言靈信仰 고토다마)에서 그 배경을 찾을 수 있다. 또 '제의에서 예능으로'라는 담론에는 어디까지나 예능의 본질을 찾고자 하는 혹은 예능발생 단계를 설명하고자 하는 경향을 엿볼 수 있다.

그러나 이러한 담론에는 제의가 왜 예능적인 요소로 구성되어 있는

---

33) J.E.해리슨, 佐々木理 역, 『古代芸術と祭式』,(Ancient Art and Ritual)筑摩書房, 1964.

34) 折口信夫, 『日本芸能史六講』, 講談社学術文庫, 1991, p.19.

35) 一定の場所で行為を行なうとき、行為する者とそれを見る観者によって祭儀と芸能を分離すべきであると思われる。すなわち、観る側と見られる側に立場によって、芸能と儀礼を区分すべきであると定義する。小笠原恭子は芸能の発生を美意識の発生で解いている。『芸能の視座－日本芸能の発生』「芸能における美意識の発生」桜楓社 一九八三年、諏訪春雄は宗教儀礼と芸能を区分する視点を敬神と娯人の意識にあると言及し、宗教儀礼は敬神の念から発した人間行為であり、これに娯人の念が加わったときに宗教儀礼は芸能へと移行する。即ち、宗教儀礼は敬神を絶対必要要件とし、芸能は娯人を必要要件とするという。(諏訪春雄「儀礼と芸能－日韓中祭祀の構造」『文学』Vol.56, 岩波書店, 1988.8, p.72.

가라는 의문은 도외시 되어왔다. 즉 예능과 제의의 불가분의 관계를 언급하면서도 제의보다 예능에 중점을 둔 태도에서 생긴 현상이라고 여겨진다. 따라서 제의에서 예능이 발생했다고 하는 제의기원설뿐만 아니라 그 반대적인 시각도 가능함을 생각해볼 수 있다.

하시모토 히로유키(橋本裕之)는 "제의와 예능의 관계는 반드시 '제의에서 예능으로'라는 일방통행만을 의미하는 것은 아니다. 당연히 '예능에서 제의(祭儀)로'라는 반대방향의 과정 역시 상정하지 않으면 안 된다. 그것은 예능이 가진 성격, 즉 의미론적 심미론적인 특성이 파괴되고, 다시 의미론적으로 침묵하는 제의에 접근하는 것을 나타낸다"[36]라고 하는 매우 시사적인 지적을 한 바 있다. 일본의 예능사에서도 '예능에서 제의로'라고 하는 담론을 뒷받침하는 사례는 수없이 많다. 반대로 '제의에서 예능으로'라고 하는 담론의 배경에는 제의가 지닌 기능주의적인 역할(주술적 효과)을 염두에 두고 있음은 말할 나위 없다.

실제 제의와 예능은 차원을 달리하는 개념이다. 제의는 신령과 같은 초자연적인 존재를 향해 인간의 기원을 달성하기위한 총체적 행위인데 비해 예능은 그러한 목적보다는 표현행위에 관련된 개념이기 때문에 같은 차원에서 언급하는 자체가 이미 모순을 담고 있기도 하다.

그런데 일본의 민속예능에는 동일행위를 예능으로 취급하는 경우와 제의적 행위로 규정 지우려는 경향이 동시에 보인다. 제의와 예능

---

36) 橋本裕之,「民俗芸能再考—儀礼から芸能へ,芸能から儀礼へ—」,『東アジアにおける民俗と芸能 国際シンポジウム論文集』, 1995. 7, p.61.

은 불가분의 관계에 있으면서 한편에서 다른 한편으로 진화하는 차원의 문제가 아니다. 즉 같은 표현행위가 의미부여에 따라 예능이 되기도 하고 제의에 속하기도 한다. 따라서 이 장에서는 민속이라고 하는 콘텍스트에서 예능과 제의가 어떻게 자리매김할 것인가를 검토하고자 한다. 이를 위해 '예능에서 제의로'라는 역설적인 담론을 일본 민속예능의 여러 사례를 통하여 살펴보고자 한다.

2. '제의에서 예능으로'라는 담론 검토

우선 '제의에서 예능으로'라고 하는 담론의 기저에는 예능이란 무엇인가라는 질문에서 출발한다. 이는 예능이 제의에서 출발했다는 결론을 전제로 하는 연역적인 서술에 기초하고 있다. 따라서 '예능에서 제의로'라는 담론 역시 제의란 무엇인가라는 질문에서 출발하지 않을 수 없다.

우선 제의라는 용어의 개념을 살펴보는 것에서 출발하고자 한다. 제의, 의례, 제례 등으로 불리는 용어들을 명확하게 구분하기는 매우 어려우며 이 용어들은 대체적으로 혼용되어 사용해왔다. 사전적인 의미에서 어떻게 개념정의하고 있는지 확인해보면 제의는 축제적인 의례, 제식은 축제의식, 제례는 제의와 동일한 의미로 제의의례라는 식의 동의어 반복이 나타난다.

의례(儀禮): 사회적인 관습으로서 형식에 맞추어 거행하는 예의, 예식

의식(儀式): 고사, 신사(神事), 불사(佛事) 혹은 경조사 의례 때에 일
정한 규칙에 따라 거행하는 작법 또는 그 행사.

식전(式典): 의식전례, 의식.

제의(祭儀): 신불(神佛)등을 제사지내는 의식.

제식(祭式): 제의의 의식, 신들에게 제를 지내는 식순 혹은 행사작법.

제례(祭禮): 신에게 제사지내는 의식, 신사의 제의, 제전.

축제(祝祭): 축하하는 제의, 축일과 제일.

축전(祝典): 축하하는 의식행사.

위에서 몇 가지의 유사한 용어들을 『고지엔(廣辭苑)』에서 인용했
는데 다소 뉘앙스의 차이는 있지만 공통점을 추출할 수 있다. 모두 형
식, 방식, 작법(作法)과 같이 표현된 행위를 뜻하는 용어로 설명되고
있다. 축제와 축전은 축하하는 의미가 포함되어 있다는 의미에서 다
소의 차이점이 있지만 위에 언급한 모든 것은 제의(마츠리)라고 하는
용어로 바꾸어도 크게 지장이 없을 정도이다.

다시금 『일본민속대사전(日本民俗大辭典)』에서 같은 항목을 찾아
보면, 제례, 제의 등의 항목은 없으며 '제식(祭式)'이라는 항목으로 통
일하고 있다. 제식은 신에게 제사를 위한 방식인데 신에게 제사지낸
다는 것은 본래 어떤 일정한 형식이나 수순 등이 규정되어 있다[37]. 마츠

---

37) 『日本民俗大辭典』, 吉川弘文館, 1999.
　　마츠리(祭り, festival)라고 하는 말은 학문적 혹은 일상적용어로 매우 빈번하게 사용되고 있다. 인
　　류학에서 이 용어는 항상 '의례', '의식', '축제', '제의' 등과 중복되는 의미로 사용되고 있지만 이러

리(祭り)와 제의, 제례에 대해서『문화인류학사전(文化人類學事典)』[38] 의 마츠리라는 항목에서도 마츠리와 제례, 의식, 제의 등의 용어가 반복하여 사용됨으로써 이들 용어를 명확히 구분하는 것은 매우 어렵다는 것을 짐작할 수 있다.

결국 제의(마츠리)는 초자연적인 존재인 신령과의 교섭을 구현하는 행위이며, 의식은 일상적인 생활 속의 상징적 행위로 구별하고 있다. 양자 모두 심리적인 측면보다는 표현의 방식에 중점을 두고 있음이 주목된다.

'제의에서 예능으로'라고 하는 진화론적인 논의 가운데 제의는 표현방법이나 방식이라고 주장하면서도 통시적인 측면을 강조하는 경향이 보인다. 말하자면 제의(의례)가 생성되기 이전에 인간에게는 기원(기도)이 있으며 그것이 표현된 것이 제의라고 할 수 있다. 기원이라고 하는 것은 표현되기 전단계의 무형의 심리상태를 말한다. 마음속에서 기도하는 심리적인 측면이 강조된다. 제의는 마음속의 기도를 표현하는 방식인 것이다. 심리적인 기원을 성취하기위해 표현된 것, 그 방식 속에는 이미 예능의 싹이 숨겨져 있다고 할 수 있다. 인간은 표현하려고 하는 본능(예능의 본능이라고도 할 수 있겠다)이 있으며,

한 관련 용어를 명확히 구분하는 것은 어렵다. 인류학에 있어서도 일상어로서도 '마츠리'와 의례는 항상 혼용되는 두 용어이다. '마츠리'는 의례이며, 또 의례는 '마츠리'에 포함된다. 아오키(青木保)씨는 의례와 의식을 구분하고 있다. 협의의 의미로서 의례는 '신과 인간의 교섭을 구현하는' 행위라고 하면서 '초월적인 존재'와의 관계를 나타내는 상징적, 형식적 행위라고 하였다. 이에 대해서 의식은 일상적인 인사와 같은 방식이나 예절이라고 일컬어지는 것을 단적으로 보여주는 세속적인 상징이나 형식적인 행위이다. 이 양자를 분리하여 두 가지의 행위를 통합하는 상위개념으로 광의의 의례라는 용어로 정의하고자 한다.

38)『文化人類学事典』, 弘文堂, 1987.

그것이 심리적인 기원이라고 하는 무형의 상태(신앙심)[39)]와 연계되면서 비로소 제의가 구체화된다고 할 수 있기 때문이다.

축전, 축제, 제의, 제식 등 일련의 용어에서 나타나는 또 하나의 공통점은 공동체와 깊은 관계가 있다는 점이다. 기원은 개인적인 성향이 강하지만 그 기원이 공동체에 의해 거행되어질 때 기원의 작법과 방식이 필요하게 된다. 마츠리와 제의의 정의에 대해서 민속학자 야나기타(柳田國男)는 다음과 같이 서술하였다.

마츠리 중에는 제례라고 할 수 없는 것들이 있다. 건물을 신축할때에는 상량제(棟上げの祭)라는 의식이 있으며, 우물을 치울 때는 우물신에게 제사를 지낸다. 이러한 것은 제례라고 할 수 없다. 더 깊게 이야기하자면 집이 걱정되서 점을 쳐보았을 때 또는 무엇이든 꿈의 계시가 있었을 때 조상을 모시는 것이 부족해서 그렇다고 이야기하기도 한다. 즉 불공(法事)이나 천도제(盆施餓鬼) 등은 요즘은 보통 불교풍의 말을 사용하고 있지만 일본어로 말하자면 역시 마츠리이다. (중략) 도호쿠 지방에는 아직 제례라는 용어를 사용하지 않는 마을이 많다. 단약간의 인텔리만이 가끔씩 대규모의 마츠리를 제례라고 부르곤 한다. 언어의 구성으로 보면 마츠리(祭)의 의례(儀禮)라고 쓰지만 일본어로서 양자는 전혀 다르다. 전혀 다르다고 생각하는 사람들이 훨씬 더 많다. 지금의 다수자들의 용법으로 빌리자면 제례는 마츠리의 일종으로

---

39) 주술이라는 표현을 사용할 수 있지만 주술도 일종의 표현된 행위이기 때문에 엄밀히 말하자면 심리적인 용어로 보기는 어렵다.

특히 화려하고 즐거움이 많은 것으로 정의할지도 모르겠다. 또는 훨씬 더 구체적으로 구경거리를 모아놓은 마츠리를 제례라고 하는 것이 적절할지 모르겠다[40].

즉, 마츠리는 광의의 의미로 그리고 제례는 격식을 차린 마츠리라고 하는 협의의 의미로 차이가 있음을 알 수 있다. 격식을 갖추고 화려하고 즐길 거리가 많고 구경꾼이 참가하는 마츠리를 제례라고 지적하고 있다. 이러한 경우 격식이라는 것은 어떤 것을 의미할까. 그리고 화려하고 즐길 거리가 많다는 것은 무엇을 뜻하는 것인가. 마츠리는 야나기타가 언급한 것처럼 기원이라고 하는 요소를 빼놓을 수 없다. 기원에는 특히 즐겁고 화려하다 라는 소위 예능적인 요소가 보이지 않는다. 앞에서 언급한 것처럼 기원은 심리적 측면이 중요시되고 있다. 이 기원에 격식과 화려함과 즐길 거리와 같은 예능적 요소를 포함시킴으로써 제례, 제의가 되는 것이다.

개인의 기원에 비해서 공동체의 기원에는 형식이 필요하다. 이 형식이라고 하는 것은 그 지역의 문화적 환경에 따라 다양한 변화가 생길 수 있다. 즉, 춤이나 기원문, 연극풍의 동작이나 음악 등이 다양하게 동원된다. 지금까지 예능의 기원설로서 가장 일반적으로 일컬어지는 것은 제의에서 기원적 요소, 즉 신앙이 약해지거나 제거되면서 형식적인 요소만이 남아 예능화의 길로 들어섰다고 하는 진화론적인 학설이다. 하지만 제의가 기원으로 출발하여 공동체의 제례화가 이루어

---

40) 柳田国男,「祭から祭礼へ」,『定本柳田国男集』第一〇巻, 筑摩書房, 1969, p.177-178.

지면서 예능의 요소를 도입시켜 개인의 기도에서 축제로, 더욱이 보는 자와 보여지는 자가 생기고 전문직이 담당하게 됨으로써 제례화되는 과정을 상정할 수 있다.

이것을 역사적으로 정리하자면 지금까지의 '제의에서 예능으로'라고 하는 일방적인 측면밖에 보이지 않는다. 후쿠시마 나오토(福島 眞人)가 염려한 것처럼 제의에 포함되어 있는 노래나 음곡 등을 예능이라고 할 수 있을지 여전히 의문은 남는다. 그런 의미에서 '예능에서 제의로'가 아니라 '예능의 심리에서 제의'로 라고 하는 것이 보다 적절할지 모르겠다. 인간은 표현하고자 하는 본능, 달리 말하자면 예능의 본능이 있고 이 예능의 본능이 제의에 나타나게 되었다는 담론도 생각할 수 있다. 즉 이 본능에서 나온 예능적 요소가 제의에 도입되어 제의가 되고 그것이 다시 예능화로의 과정을 상정할 수 있는 것이다.

결론부터 말하자면 제의에는 종교적 측면이 필수조건이 되지만 신앙이 없어지고 예능화되는 것이 아니라 예능에 대한 인간의 본능적인 심리, 즉 표현욕구가 본래부터 인간에게 있는데 이것이 신앙적 토대 위에서 기원을 표현하려고 하는 예능의 본능을 자극하여 제례가 생겨나게 된 것이 아닌가 라는 것이다. 표현하고자 하는 예능적 동기가 작용함으로써 마츠리가 제례(제의)로 진전하게 되는 과정을 거쳐 온 것이 아닌가 라는 점이다.

그렇다면 실제 '예능에서 제의로'라는 역전된 담론을 뒷받침하는 몇 가지의 일본 사례를 살펴보기로 한다.

3. 언령신앙(言靈信仰)에서 축문(祝文)으로

일본에서 제의의 구성요소 중 언어는 매우 중요하다. 제의에서 읊는 주문(呪文)이나 축문(祝文)은 언어의 초월적인 힘을 지니고 있다고 믿는 신앙이 일찍부터 있어 왔다. 축복의 말은 축복을 부르고 저주의 말은 저주를 부른다는 사상이다. 즉 '언령신앙'은 언어(주문) 그 자체의 기능이나 효과에 대한 신앙이다.

언령(言靈)이라는 단어가 처음 보이는 것은 8세기경에 출판된 시가집 『만요슈(萬葉集)』이다.

① 신화시대부터 전해지는데 하늘이 세 개 야마토국에는 황신의 신성한 나라 언령의 행복한 나라라고 전해지고 있네.

　　神代(かじろ)より 言傳(いひつ)て來らく そらみつ 倭(やまと)の 國(くに)は 皇神(すめがみ)の 厳(いつく)しき國 言靈(ことだま)の 幸(さき)はふ國と　語り継(つ)ぎ　言ひ継がひけり・・・(万葉集卷五)

② 언령의 수많은 길 분기점에서 저녁 점을 치네, 정확한 점괘를 치는 여인을 만나네.

　　言靈の八十(やそ)の衢(ちまた)に夕占間(ゆふけと)ふ占正(うらまさ)に告(の)る妹(いも)はあひ寄(よ)らむ(万葉集卷一一)

③ 시키섬의 일본국은 언령의 행운으로 가득 차네.

　　磯城島(しきしま)の日本(やまと)の國(くに)は言(こと)靈(たま)

の幸(さき)はふぞま幸(さき)くありこそ(万葉集卷一三)[41]

언령은 언어가 지닌 신령스런 힘이라는 뜻인데 사령(事靈)와 혼용되고 있다. 언어에 영적인 힘이 있다는 신앙은 모든 자연현상에 영(靈)이 깃들어있다는 애니미즘 신앙에 바탕을 두고 있다. 일사주신(事主神)인 즉 히토코토누시의 신은 원래 일언주신(一言主神) 즉, 히토코토누시의 신이었다. 즉 말(言-고토)이 사물(事-고토)로 바뀌게 된 것이다. 이러한 사례는 헤아릴 수 없이 많지만 주문이나 축문 외에 민간에서 행해지는 이이다테(言い立て)라는 말도 언령신앙의 일종이라고 할 수 있다. 노래와 말에 깃든 영적인 힘이 생긴다는 사상이다.

언령은 선한 언어도 있지만 주로 저주와 같은 욕설도 많다. 즉 선언(善言)에는 선령이, 악언(惡言)에는 악령이 작용한다고 믿어왔다. 저주로서의 사례는 『고사기(古事記)』에 등장하는 우미사치, 야마사치의 이야기에서 형(호오리 火照命)에게 빌린 낚시 바늘을 바다에 잃어버린 동생(호데리 火遠理命)이 소금신(시오쓰치노가미 塩椎神)의 도움으로 용궁에 간다. 바다의 용왕신(와타쓰미노가미 綿津見神)은 낚시를 찾아 동생에게 건네주면서 '이 낚싯바늘을 형에게 건넬 때 다음과 같이 말하고 주어라. 바늘은 우울해지는 낚싯바늘, 마음이 들뜨는 낚싯바늘, 가난해지는 낚싯바늘, 바보가 되는 낚싯바늘이라고 하면서

---

41) 「神代欲理 云伝久良久 虚見通 倭国者 皇神能 伊都久志吉国 言霊能 佐吉播布国等 加多利継 伊比都賀比計理…」(八九四).
「事霊 八十衢 夕占問 占正謂 妹相依」(二五〇六).
「志貴嶋 倭国者 事霊之 所佐国叙 真福在与具」(三二五四)『万葉集 二・三』, 日本古典文学大系, 岩波書店, 1960.

72

건네주어라'42)라는 저주의 말을 한다. 언어에 영혼이 깃든다는 언령
관은 일본뿐만 아니라 세계 여러 곳에서도 발견된다. 성서나 불경 등
의 경전의 대부분은 언령관에 기초를 두고 있다. 법화경을 읊조림으
로써 소원이 이루어진다는 사상이나, 구약성서 창세기 1장 1절 천지
창조 구절에서도 언어(신의 말)에 의해 만물이 탄생했다고 하고 있
다43). 언어 자체를 신으로 여기기도 한다. 신약성서 요하네 복음서 1
장 1절에도 "처음에 언어가 있었다. 언어는 신과 함께 있었다. 언어는
신이었다"라고 있듯이 언어가 신이라고 단언할 정도이다.

　한국에서는 '말이 씨가 된다'는 속담이 있다. 즉 보통 사용하는 말
이지만 그것이 원인이 되어 말대로 결과를 가져온다는 의미이다. 이
와 유사한 언령신앙의 잔재가 일본인의 일상생활 속에서 쉽게 찾아볼
수 있는데 회의와 같은 행사가 끝날 때 '오와리(끝)'라고 하지 않고
'오히라키(열다)'라고 하며 말린 오징어를 뜻하는 수루메의 '수루'가
'갈다(磨る)' 즉, 줄어든다는 의미를 꺼려서 '아타리메(당첨되다)'로
바꾸어 쓰기도 한다.

　저주나 축사가 적극적인 언령신앙을 보여주는 사례라면 금기어(忌
み言葉)나 축문(祝詞) 등은 소극적인 사례라고 할 수 있다. 언령신앙
은 매우 오래전부터 있었으며 매우 광범위하게 사용되었다. 노래의
주술적인 힘을 나타내는 한국의 사례로서 서동요44)를 들 수 있다. 서

42) 其の綿津見大神誨へて曰ひしく、「此の鉤を、其の兄に給はむ時に、語りたまはむ状は、『此
　の鉤は、淤煩鉤,須須鉤、貧鉤、宇流鉤』と云ひて後手に賜へ」『古事記 祝詞』, 日本古典
　文学大系 1, 岩波書店, 1958.
43) 『旧約聖書』, 創世記.

동이 동요를 지어 아이들에게 부르게 함으로써 노래 내용와 같은 결과 즉 선화공주와 결혼하게 되었다는 것이다. 언령신앙의 일면을 보여주는 좋은 사례라고 하겠다. 노래의 가사 '고토(言)'가 실제 결과로서 고토(事)가 되었다는 것이다. 제의의 구성요소 중에는 노래나 춤이 매우 주요한 부분을 차지한다. 제의라고 하는 것은 앞에서도 언급했듯이 인간 소원을 성취하기 위하여 거행된다. 그러한 목적이 없으면 제의라고 할 수 없다. 이러한 소원의 달성이라는 목적을 확실하게 하기위하여 노래나 춤을 사용한다. 노래나 춤은 그러한 소원을 달성하게 하는 힘이 있다고 믿는 것이다.

제의에 사용되는 노래나 춤을 모두 예능이라고 규정할 수는 없지만 이것들이 제의의 중요한 요소임은 부정할 수 없다. 인간의 심리(기원)가 깃든 노래나 춤이 있기 때문에 그 힘이 실제로 현실화되어 나타난다고 믿는 것이다. 즉 본래 노래나 춤에는 영력이 있는 것은 아니지만 기원이나 소원이 깃듦으로써 영력을 발휘한다고 믿는 것이 더 타당할 것이다. 제의의 목적, 즉 인간의 소원이 달성되기 위해서는 필요한 요소로서 언어가 사용되었던 것이다.

저주의 말과 언령신앙에 바탕을 둔 기도문은 점차 발달하여 제사의 장소에서 축문으로, 혹은 길언(吉言)으로서 축하를 의미하는 요고토(吉詞), 축사(祝詞), 수사(壽詞) 등으로 전개되었다[45].

그런데 제의에 사용되는 노래나 춤, 연극적 동작 등에 초월적인 영

---

44) 一然, 『三国遺事』, 巻二 紀異二 武王条.
45) 西牟田崇生 編著, 『祝詞概説』, 国書刊行会, 1987.

력이 있다고 믿는 신앙은 민속이라는 컨텍스트 속에 많이 찾아볼 수 있다. 예컨대 다아소비(田遊び), 다우에신지(田植え神事)와 같은 농사일인 파종에서 추수까지의 과정을 모의적으로 연행하면 그 행위대로 풍년이 든다고 하는 것이 그런 사례들이다. 그리고 도쿄의 도쿠마루(德丸)에 전해지고 있는 다아소비는 논 갈기, 논 고르기, 모심기, 새 쫓기, 벼 베기, 창고에 넣기 등 일 년의 벼농사 과정을 모의적으로 연행한다. 그렇게 함으로써 풍작을 약속받는다는 축제이다. 연중행사로 거행되는 다아소비, 다우에 행사 등에 임신한 여인이 등장하는 것도 풍작을 기원하는 감응주술의 일종이라고 할 수 있다. 이는 흉내냄으로써 비슷한 것이 탄생한다는 신앙에 기초를 두고 있다. 결국 일상적으로 사용되는 언어나 행동이 그리고 춤과 노래가 축사나 저주 등 제의의 기본 구성요소가 되어가는 과정을 확인할 수 있다.

4. 오키나(翁)에서 신(神)으로

일본예능사의 첫 페이지를 장식하는 기악(伎樂)은 백제의 미마지(未摩之)가 전한 외래 불교예능이었다. 외국에서 들어온 예능이 의식음악으로 사용되었던 것이다. 사원의 의식예능으로 거행되는 것은 종교적 목적에 부합했기 때문일 것이다. 하지만 그 후 가가쿠(雅樂)가 유입되어 의식음악으로 정착함으로써 기악은 의식음악에서 밀려나고, 지방으로 전파되어 신사나 사원 의식에서 연행하게 된다.

기악은 그 후 생명력을 잃고 단절되었지만 기악의 처음에 등장하는 사자춤은 오늘날에 있어서도 일본 고유의 사슴춤(鹿樂)과 함께 전국적으로 분포 전승되고 있다. 기악에는 고승(바라몬)의 〈기저귀 빨기〉나 곤론의〈남근 흔들기〉등과 같이 불교의식과는 다소 거리가 있는 골계적인 내용들이 포함되어 있다. 이러한 골계적인 예능이 의식의 일부로서 연행되었다는 것은 '예능에서 제의로'라고 하는 담론의 적절한 사례라고 할 수 있다. 즉 외국에서 유입된 예능이 제의에 사용되었다는 가장 이른 단계의 사례라고 할 수 있다. 처음에 사원의 의식음악으로 사용되었다는 것은 외국에서 유입된 예능이 의례화된 제1단계가 있었다. 그리고 나아가 지방 축제 때 연행하게 된 것은 '예능에서 제의로' 라는 제2단계에 들어선 것으로 볼 수 있을 것이다.

외국에서 도입된 기악의 골계적인 예능이 의식예능으로 연행되었다는 것은 '예능에서 제의로'라고 하는 담론을 입증한다. 즉, 외국에서 유입된 예능이 제의에 사용되었다는 가장 이른 단계의 예능이라고 할 수 있다.

이러한 전개는 가가쿠(雅樂)에서도 찾아볼 수 있다. 중국에서 유입된 가가쿠는 궁중이나 귀족의 의식행사로 정착하였다. 가가쿠가 처음부터 의식예능으로 정착되었다고 할 수는 없지만 의식예능으로 정착되는 단계 즉 '예능에서 제의로'의 제1단계가 있었으며 그것이 다시각 지방의 신사나 사원의 의식행사로서 거행되면서 제2단계의 과정을 유추할 수 있다. 현재도 많은 사원에서 가가쿠(춤이 동반되는 것을 가가쿠를 특히 부가쿠(舞樂)라고 한다)가 봉납음악으로 거행되고 있다[46].

일본의 고전예능의 대표격이라고 할 수 있는 노가쿠(能樂), 즉 천민 예능인들에 의해 연행된 사루가쿠노(猿樂能)가 무사정권의 의식음악으로 정착하는 과정에서도 이러한 '예능에서 제의로'라는 과정을 살펴볼 수 있다. 사루가쿠는 점차 지방으로 전파되어 지방의 신사 제례의식 때 연행되게 되었던 것이다. 이 배경에는 구경꾼들에게 보여주는 예능이 신에게 바치는 것으로 변환되기도 하였으며, 예능 담당자들의 자구책으로써 예능에 제의로서의 의미(종교적, 주술적인 해석)를 부여하였음을 짐작할 수 있다.

무엇보다 주목할 만한 사례, 즉 예능의 제의화, 혹은 제의에 사용된 사례로 사루가쿠의 오키나가 있다. 예능의 오키나에서 제의의 신으로 진화하는 과정[47]은 '예능에서 제의로' 라고 하는 담론의 가장 적절한 사례라고 할 수 있기 때문이다.

노가쿠(能樂)의 오키나(翁)는 '노이면서 노가 아니다'라고 할 정도로 특별하게 취급되어 왔다. 오늘날 오키나는 특별한 기획 이외에는 거의 공연하지 않는 곡목이 되었지만 에도 시대까지는 노를 연행할 때에는 반드시 '오키나'부터 시작하였다. 에도시대에 의식으로서의 노는 며칠간 연행되는데 초일식, 이일식, 삼일식, 사일식, 법회식, 십이월왕래 등으로 조금씩 변형된 형식으로 거행되었다. 현재는 사일식

---

46) 山路興造,「伎楽·舞楽の地方伝播」,『民俗芸能研究』, 創刊号, 民俗芸能学会, 1985. 5.

47) 山折哲雄は見えない神を見える翁にして祭場に現われてきたといい、本来見えない神が仏教などの影響により見える神になるが、代表的な姿が翁であるという。翁に神の姿を見たという指摘は的確な表現といえよう。しかし、翁を神化する傾向も見逃せないと思われる。山折哲雄,『神から翁へ』, 青土社, 1984.

이 정규형식으로 연행되고 있다. 현행의 오키나시키 삼바(翁式三番)는 센자이(千歳), 오키나(翁), 삼바소(三番叟)로 구성되어있다. 오키나시키삼바를 연행할 때 연기자는 우선 분장실이자 대기실인 '가가미노마(鏡の間)'에서 오키나 가면과 간단한 제물을 진열하고 의식을 치른다. 신성한 무대에 오르기 전의 정화의식이다. 또 오키나역을 하는 배우(大夫)는 별비(別火)라고 하여 가족과 함께 식사도 하지 않는 금기 생활의 관습이 전해지고 있다.

오키나 자체는 시대에 따라 조금씩 변용되어 왔지만 현재의 오키나시키삼바(翁式三番)에 이르기까지는 여러 단계의 과정을 거쳤다.

① 父叟(釈迦)―翁(文殊)― 三番(彌勒)(平安朝末)

② 冠者·父叟 ― 翁 ― 三番(鎌倉初頃)

③ 小冠児 ― 翁 ― 三番 ― 冠者·父叟 (1283 春日社の臨時祭)

④ 露払 ― 翁 ―三番― 冠者·父叟 (1349 春日社臨時祭)

⑤ 露払 ― 翁 ― 三番 ―(父尉·冠者)(世阿彌晚年)

⑥千歳 ― 翁 ― 三番叟 (世阿彌以後)

현재 다섯가지 유파의 노가 전해지고 있는데 이외에 지방의 마츠리에서도 노가 연행되기도 한다. 지방에서는 오키나곡의 정형이라고 할 수 있는 센자이(千歳), 오키나(翁), 삼바소(三番叟)의 순으로 등장하는 경우도 있지만, 어떤 경우는 오키나만, 또는 삼바소만 혹은 오키나와 삼바소만 연행되는 등의 형식이 있어 다양한 변형을 볼 수 있다.

가부키(歌舞伎)나 분라쿠(文樂: 인형극)의 첫부분에 연행되기도 하고 일본무용(日本舞踊)화하여 '고토부기 삼바소(壽三番叟), 시타다시삼바소(舌だし三番叟), 다네마키 삼바소(種まき三番叟)'등 매우 다양하다. 이러한 다양한 삼바소는 물론 노의 '삼바소'에서 그 원형을 찾을 수 있다.

'오키나'는 노에 있어서 특별히 취급되고 신성화되고 있지만, 지방 축제 때 거행하는 오키나는 별도의 의미를 부여하고 있어 예능사적으로 생각할 때 매우 복잡하다. 민속예능 연구에서 오키나의 위치와 의미는 매우 중요하지만, 각 지방의 민속예능으로서의 오키나 삼바소에 대한 연구는 노의 대성 이전과 이후로 나누어 어느 위치에 해당되는가에 따라 민속예능의 역사적인 의미 가치를 부여할 정도이다.

민속예능으로서의 오키나 삼바소는 매우 광범위하게 분포되어 있다. 1998년부터 2002년에 걸쳐서 「오키나 삼바소의 민속학 사상적 연구」[48]라는 연구 프로젝트에서 전국 민속예능에 보이는 오키나 예능을 수집하여 데이터베이스화한 적이 있다. 이에 따르면 약 500여 곳 이상에서 '오키나 삼바소'의 예능이 다양한 형태로 전승되고 있음을 알 수 있었다. 오키나 삼바소의 춤의 형태는 매우 다양하여 마치 예능사를 공시적으로 보는 듯 하였다. 지방 제례에서 거행되는 오키나 삼바소를 예능으로 볼 것인가. 아니면 제의의 한 절차로 볼 것인가. 하지만 정해진 축제기간 중에 신전에서 거행되는 목적(신에게 예능을

---

48) 「私立大学学術研究高度化推進事業ー日本・アジア演劇芸能共同研究ー」の研究プロジェクトとして立ち上げた「翁三番叟の民俗学・思想的研究会」の報告書 2002.

바침)의 측면에서 본다면 제의의 일부로 취급하지 않을 수 없다.

노의 오키나를 언급할 경우 자주 인용되는 것은 후지와라 아키히라 (藤原明衡)의 『신원악기(新猿樂記)』의 「사칸마이노 오키나 스가타 (目舞の翁体)」이다. 이것은 가무를 골계화한 것이다. 가마쿠라 시대 (1192-1333)부터 연행되었다는 오키나의 춤도 여기에서 계승되었는 지 확인할 수 없지만 현행의 오키나 춤은 신성성이 가미된 의식적인 춤이지만 노래가사가 매우 장난스럽고 골계적인 내용으로 되어 있는 것으로 보아 관련 개연성은 충분히 있다.

예를 들어 혼자 자고 있어도 자신도 모르게 애인쪽으로 구르네라고 하는 성적 행위를 연상하게 하는 내용이다. 동 저자의 『운주소식(雲州消息)』 제19 왕상(往狀)조에는 이나리축제(稻荷祭)를 구경하고 축제의 정황을 보고하는 가운데 "또 산악(散樂)의 모습이 있네, 거짓으로 부부가 되어 쇠약한 늙은이를 흉내 내고, 남편이 되고 부인이 된다. 도시인, 신사숙녀 구경꾼들, 너무 웃겨 턱이 빠지고 배꼽을 잡게 하네"[49]라고 묘사되어 있다. 여기에서 늙은이의 춤은 매우 비속한 모습이다. 이에 비하면 현행 오키나는 신성한 존재로 취급되고 있다. 춤의 속(俗)에서 성(聖)으로의 변화를 찾아볼 수 있다. 이는 민속행사에서 보이는 성적인 모의 행위와는 그 성격이 다르다. 민속행사에서는 유감주술적인 의미로서 생산성과 풍요를 의미하는 행위이지만, 『신원악기』나 『운주소식』에서 보이는 행위는 웃음을 목적으로 하는 산

---

49) 「又散楽の態有り。仮に夫婦の体を成して、衰翁を学んで、夫となし、女宅 女を模して、婦となす。都人, 士女の見る者, 頤を解き、腸を断たずといふことなし」藤原明衡, 撰 重松明久 校注,『雲州消息』, 現代思潮社, 1982.

악백희의 일종이라고 할 수 있다. 중국에서 유입된 산악백희로서의 골계적인 오키나가 제의의 일부로서 연행되는 신성한 오키나로 변화하는 진행과정을 추측할 수 있다.

제의 중에는 '오키나 삼바소'만이 연행되는 경우도 많다. 시즈오카현(静岡縣) 이즈반도(伊豆半島) 일대에 분포되어 있는 것으로 '가부키풍의 춤', '인형극풍의 춤' 등이 있으며 그러한 것들은 예능사적인 접근보다는 그 속에 잠재되어 있는 민속 사상에 주목할 필요가 있다. 예능화된 가부키풍의 삼바소, 인형극풍의 삼바소는 형태는 바뀌었지만 제의의 일환으로 거행되고 있다.

메이지 시대에 시작된 효고현(兵庫縣)의 '가면걸기(お面掛け)'는 오키나 가면을 신의 가면으로 제의의 일부로서 연행한다. 가면걸기는 노가쿠의 오키나를 간략화하여 연행하는 것으로 반주자(囃子方) 없이, 또 통상의 '오키나'에서 등장하는 센자이나 삼바소도 생략되어 오키나(백색의 늙은이)가 단독으로 등장한다. 독립된 예능으로 감상 목적으로 하는 것이 아니라 신사의 연초행사 일부로서 일 년에 한번 봉납되는 것이다[50].

또 사아타마현(埼玉縣) 일대에서도 '오키나 삼바소'가 신사의 신전이나 가구라전(神樂殿)에서 연행된다. 오키나 삼바소를 일본서기나 고사기 등에 등장하는 신화로 해석하여 노의 오키나와는 다른 형식으로 연행한다. 예를 들어 사이타마현(埼玉縣) 아게오시(上尾市) 일대

---

50) 小林英一, 「神戸市のお面掛け―近代に創始された《翁》の一演式―」, 『表演』 第二号, (財) 兵庫現代芸術劇場, 1993. 3, 「播磨のお面掛け―姫路藩の遺風を伝える「ひとり翁」―」, 『表演』 三号, 1995. 3.

에서 활동하고 있는 가구라 단체(神樂座)의 '오키나 삼바소'에서는 오키나, 삼바소, 센자이를 스미요시의 삼신(住吉三神) 즉, 우와츠츠오노 미고토(上筒男命: 翁), 나카츠츠오노 미고토(中筒男命: 美男子の 面), 소코츠츠오노 미고토(底筒男命: 黒尉)로 해석하고 있다. 스미요시 삼신이 등장하면 소코츠츠오노 미고토가 '서쪽 바다 푸른초원에서 나타난 스미요시의 신'이라고 노래한다. 무대를 한바퀴 돌고 오키나 가면을 쓴 가미츠츠오노 미고토가 사방을 정화하는(四方固め) 춤을 춘다. 종이자르기(紙切り)의 춤과 '신광(神光)'이라는 글자를 공중에 쓰는 동작을 한다. 이어서 나카츠츠오노 미고토가 봉폐를 들고 춤을 춘다. 소코츠츠오노 미고토(흑색 늙은이가면)는 부채춤을 춘다. 여기에 소코츠츠오노 미고토가 삼바소를 불러낸다. 일반적으로 흑색 늙은이 가면(黒尉面)이라고 하면 삼바소 가면을 지칭하지만 여기에서 삼바소 가면은 흑색 늙은 가면이 아니고 별도의 골계적인 가면이다. 삼바소를 불러낸 소코츠츠오노 미고토는 스스로 장소를 정화하는 춤을 추고, 삼바소는 사방을 정화시키는 춤을 추고 축하하세요 라고 지시하고 퇴장한다. 삼바소는 한 바퀴 돌고 신전으로 나와 엎드린다. 엎드린 채 얼굴만으로 공중에 '목숨 수(壽)'자를 쓴다. 일어나서, '오—사이야, 오—사이야, 즐거움 있어라, 즐거움 있어라 내가 생각하는 즐거움은 다른 곳에는 없어'라고 노래하고 '오—'라고 소리를 지르고 '톳바'라고 하는 삼바소에서만 반주하는 반주음악에 맞추어 춤을 춘다. 삼바소는 아무것도 들지 않고 긴 소매를 어깨에 걸치며 춤을 춘다[51].

---

51) 上尾市教育委員会,『上尾の神楽と神楽師』, 1999, p.35-36.

〈오키나(翁)〉는 다른 곡목과는 달리 특별하게 취급되어 일찍부터 신적인 존재로 인식되어 왔다. 이는 사루가쿠가 주술사(呪師)의 예능(呪術藝-呪師走り)과 함께 공존했던 시기부터 시작되었다. 그 후 오키나는 사루가쿠 담당자들의 조상신 혹은 불교, 신도의 신으로 해석되기도 하는데 젠치쿠(禅竹)의 『명숙집(明宿集)』에서 신성화된 오키나의 모습을 확인할 수 있다.

무릇 오키나의 묘체, 근원을 찾아보면 천지개벽 때부터 출현하였다. 인왕(人王)이 등장할 때까지 왕위를 지키고 국토를 이롭게 하고 인민을 도우는 일로 분주하다. 근원(본지)을 찾아보면 양부를 초월하는 대일, 혹은 세상을 초월하는 이비원아미타여래, 또는 응신석가모니불, 불, 법, 응의 삼신, 한 번에 만족할 것이다. 한 번에 세 개의 신체로 나누어질 무렵, 즉 오키나 삼바가 나타난다. 신들로 나타날 때 첫째는 스미요시 다이묘진, 혹은 스와노 묘진, 혹은 시오가마의 신으로 나타났다. 주탕산에 계실 때에는 칙사로서, 쓰쿠바 산에 있을 때에는 돌로 된 얼굴로 나타나고 주위의 중생을 위해서 여러 곳에 오셔서 신들의 모습을 드러냈다고 하지만 잘 알아보지 못하고 잘 모시지 않고 소심한 마음에 알지 못한다. 깊은 뜻은 본지수적의 한 몸으로서 증가하지도 사라지지도 않고 항상 불명의 묘신 일체가 된다. 신 이름은 별도 구전으로 전해지고 있다[52].

---

52) 抑、翁ノ妙躰、根源ヲ尋タテマツレバ、天地開ビヤクノ初ヨリ出現シマシマシテ、人王ノイマニイタルマデ、王位ヲマモリ、国土ヲ利シ、人民ヲタスケタマフ事、間斷ナシ。本地ヲ尋タテマツレバ、両部越過ノ大日、或ハ超世ノ悲願阿弥陀如来、又ハ應身釈迦牟尼佛、法・

오키나를 본지수적(本地垂迹)의 신의 묘체 즉, 신의 화신(化身)으로 파악하고 있다.

본래 사루가쿠(猿樂)는 산악(散樂)의 음전에서 나왔다는 것이 일반적인 통설이다. 산악은 중국에서 일찍이 발달하여 일본에 전해졌다. 산악은 아악, 혹은 정악에 대비되는 개념으로 비속한 음악이라는 뜻이다. 이와 같이 통속적인 예능이 신에게 바쳐지는 신성한 예능으로 연행되었던 것이다. 즉, 오늘날 예능으로 연행되는 오키나의 가사 중에는 '천하태평(天下泰平) 국토안온(國土安穩) 오늘의 기도'라는 구절이 있다. 이는 중국에서 들어온 예능이 제의화 된 것이며 오늘날에 이르러 축문과 같은 언령의 주술성이 희박해지면서 현행의 예능화의 길에 들어섰다고 할 수 있다.

아울러 오키나의 발동작(足拍子)도 처음부터 천지인(天地人)의 발구름이었다고 할 수 없다. 오키나가 신성화되면서 이와 같은 해석이 더해지고 오키나의 춤을 신의 모습(神態)으로 취급해 왔던 것이다. 즉 퇴락하고 골계적인 '사칸마이노 오키나 스가타(目舞の翁体)' 를 현재의 오키나와 직접적으로 관련짓는 것은 다소 무리가 있지만, 오키나를 숙신(宿神)으로 또는 사루가쿠 담당자들의 조상신으로 모셔왔다는

報・應ノ三身、一得ニ満足シマシマス。一得ヲ三身ニ分チタマフトコロ、スナワチ翁式三番トアラワル。垂跡ヲシレバ、レキレキブンミヤウニマシマス第一、住吉ノ大明神ナリ。或ハスワ(諏訪)ノ明神とも、マタワ、シホガマ(塩竈)ノ神トモアラワレマス。ソウタウサン(走湯山)ニジゲンシテワ勅使ニタイシ、ツクバ(筑波)山ニシテワ石ノ面ニアラワレテ、マイリノ衆生ニケチエンス。在々所々ニヲキテ、示現垂跡シタマフトイエドモ、マヨイノマナコニミタテマツラズ、ヲロカナル心ニ覚知セズ。深義ニ云、本地垂跡スベテ一躰トシテ、不増不減、常住不滅ノ妙神一躰ニテマシマス。御神号、別啝口伝ニアルバシ。禅竹、「明宿集」、(表章・伊藤正義 校注),『金春古伝書集成』、わんや書店、1969.

84

역사적인 배경에서 '예능에서 제의(芸能から祭儀へ)'로 라는 과정을 추론할 수 있다.

5. 맺음말

신사에서 정기적인 축제 때에 거행되는 가구라를 예능으로 볼 것인가, 제의(제사)로 볼 것인가 하는 질문에 대한 답변은 옹색해진다. 하지만 그 예능의 모습이 어떻든 신사의 정기제 때 거행되는 행사를 제의의 범주 속에 포함시켜야 함은 당연하다. 본래 가구라는 일정 자격을 갖춘 종교적인 전문가가 거행하는 것이었지만 이것이 일반인에 의해 전승됨으로써 제의의 엄숙함이 다소 희박해지고 있음도 사실이다.

예능은 제의에서 신앙적 의미가 약해지거나 제의가 제3자의 입장에서 하나의 오브제로 보이게 되면 그것은 이미 제의의 차원에서 일탈하여 예능으로 인정되어야 할 것이다. 이것이 바로 예능의 제의기원론이다. 그런데 이러한 제의기원론을 전면적으로 부정하는 것은 아니지만 오키나 삼바소와 같이 예능에서 제의로의 역방향으로 진화되는 경우가 있음을 주목하고자 하는 것이다.

제의에는 복잡하고 다양한 요소가 포함되어 있다. 그러한 구성요소가 제의에 효과를 발휘하기 위해서는 각 요소의 의미부여가 전제된다. 인간이 일상적으로 사용하는 언어가 제의에서는 일상의 언어 이상의 의미와 종교적인 힘이 부여되듯이 그중 하나가 축사이다. 언어가 생기기 이전에 언령신앙이 있었던 것이 아니고 언어에 종교적인 힘이나 의미를 부여함으로써 비로소 언령이라는 사상이 생겼다.

'예능에서 제의로'라는 역전된 담론을 뒷받침하는 사례로서 일본 노가쿠(能樂)의 오키나시키삼바라는 곡목을 들 수 있다. 산악(散樂: 산가쿠)에서 유래하고 있다는 사루가쿠는 골계적이고 곡예적 요소가 중심이었지만 일본 막부사회에 정착되면서 의식(儀式)예능으로 거듭나게 된다. 이것이 다시 지방으로 전파되어 민속예능으로 자리 잡으면서 제의의 일부분으로 변화하게 되는 것이다.

오키나 삼바소는 분라쿠(인형극)나 가부키(歌舞伎)에도 영향을 주어 오락성을 강조하면서도 정월달의 가오미세 교겐(顔見世狂言) 등에는 거의 빠짐없이 삼바소가 등장하기도 한다. 이것을 제의라고 할 수는 없지만 제의적인 성격이 부각된 것임은 틀림없다. 더욱이 지방의 제의 때 오키나 삼바소만을 삽입시키는 것에서도 그러한 의식이 작용되었을 것이다. 즉 제의에서 예능으로의 도식적인 진화론이 반드시 적용되는 것이 아님을 확인할 수 있다. 또한 이는 예능이 제의적 요소로 수용될 수 있는 일본 민속예능의 특수한 단면을 드러내 주는 문제이기도 하다.

4장

가구라(神樂)

─신들의 춤, 인간들의 춤

1. 일본 민속예능과 가구라

한국에서 가구라에 관한 연구는 가구라를 일부 부분적으로 소개하는 것 이외에 전체를 조망하는 연구는 거의 찾아볼 수 없다. 이 장에서는 먼저 가구라가 무엇이며 다양한 가구라를 어떻게 분류하고 있는지 그리고 가구라의 특징을 살피면서 가구라의 전체상을 개관하고자 한다. 일본의 가구라에 대한 기본적인 이해를 돕는 개론적인 언급에서 출발하여 미가구라(御神樂)의 성립과 기본적인 내용, 그리고 미가구라이 성립에 지대한 영향을 끼쳤으며 한반도 계통의 신이라고 일컬어지는 소노·가라 신제(園韓神祭)를 한국 굿과 비교를 통해 검토한다. 그리고 마지막으로 중앙의 미가구라가 지방의 민간 가구라(里神樂)에 어떠한 영향을 끼치게 되었는지를 논하고자 한다.

일본에서 고전예능이라고 하면 일반적으로 노(能樂) 나 가부키(歌舞伎), 그리고 인형극인 분라쿠(文樂) 등을 일컫는다. 이러한 예능은 전문가들에 의해 전승해왔으며 과거에 생성된 예능이 박물관적인 유물이 아닌 오늘날 살아있는 예술로서 현대 일본인들의 마음에 변함없이 자리하고 있다. 이는 과거의 문화적 유산이 사라지지 않고 현대문화와 함께 공존하는 일본문화의 적층성(積層性)의 한 단면을 보여주는 사례라고 하겠다.

먼저 일본어 '게노 즉, 예능(藝能)'이라는 용어에 대해서 짚고 넘어가자. 예술(藝術)이라는 용어가 근대 이후에 서양에서 도입된 개념이라면 '예능'은 역사성을 지닌 용어이다. 즉, 예능이라는 말은 고대에서 오늘날에 이르기까지 다양하게 사용되어 왔으며 시대에 따라 그 개념이 조금씩 바뀌어 왔다. 과거에는 학문, 꽃꽂이, 서예, 무예를 비롯한 신체적인 기술을 요하는 모든 행위들을 포함하여 예능이라고 불렀지만, 현재는 공연예술 일반을 일컫는다. 특히, 전문예술가에 의한 예술 활동보다는 아마추어적이며 축제의 일환으로 행해지는 활동에 국한시키는 경향이 있다.

그럼 민속예능(民俗藝能)은 어떠한가. 민속예능이라고 했을 때는 고전예능과도 구분되며 민속 현상으로서의 예술행위를 일컫는 경향이 강하다. 민속예능이라는 용어가 시민권을 획득하기 이전에는 향토예능, 민속예술, 민족예술, 민간예능 등으로 사용되었다.

민속은 역사성과 함께 현재라는 시간성을 중시하는 경향이 있다. 다시 말해서 민속예능은 비록 과거에 생성된 것이지만 현재라는 시간성을 확보하지 못했을 때에는 그저 과거의 유물에 지나지 않는다. 따라서 민속예능은 현재 살아있는 민속현상으로서 끊임없이 변화하는 예능이라고 할 수 있다. 민속예능에 대한 연구가 현상적인 접근뿐만 아니라 역사민속학적 접근이 요구되는 것도 그러한 이유 때문이다.

그렇다면 일본의 민속예능에는 어떠한 것이 있을까. 계절별로 나누어보자. 먼저 봄에는 풍농을 기원하는 의미로 농경의 모습을 모의 형식으로 보여주는 다아소비(田遊び) 계통의 예능이 있다. 그리고 여름에는 기우제와 질병퇴치를 목적으로 이루어지는 후류(風流) 계통의 예능이 있으며, 겨울에는 추수감사의 의미와 일본의 시조신화와 관련하여 미약해진 태양의 힘을 재생시키고자 하는 가구라(神樂)류의 예

능이 있다. 후류(風流)계통의 여름예능은 주로 도시지역에서 거행되는 반면, 가구라로 대표되는 겨울축제는 주로 산간지역에서 전승된다. 여름에 가구라가 연행된 적이 없는 것은 아니지만 여름가구라(나츠가구라 夏神樂)라는 별칭이 있을 정도로 가구라는 당연히 겨울에 거행되는 것으로 여겨졌다. 이 책에서 중점적으로 언급하게 될 가구라는 일본의 민속예능을 대표하는 겨울에 연행되는 산간지역의 축제이다.

1-1 가구라(神樂)의 정의

가구라(神樂)는 신(神)의 악(樂), 즉 신의 음악이라는 뜻의 한자를 쓰지만, 본래 의미는 제의에서 신을 모시는 자리, 즉, 신이 좌정하는 자리(神座)를 의미한다. 신이 좌정하는 자리라는 의미가 확대되어 신을 모시고 거행하는 가무(歌舞) 행위 전반을 가리켜 가구라라고 부르게 되었다. 결국 가구라는 일본 고유 신앙인 신도(神道)의 제례의식을 예능화한 것이라고 정의할 수 있다. 가구라는 일본 전국에 널리 분포하고 있고 의미 또한 매우 광범위하게 사용되기 때문에 일본에서 '마츠리(まつり)'라고 하면 으레 가구라를 지칭할 정도이다.

가구라의 용어 어원[53]에 대하여 가무쿠라(『倭訓栞』)설, 가미가카리(『類聚名物考』)설, 가미에라기(『玉欅』)설, 가쿠레아이(『神樂歌新

---

53) 本田安次, 『神樂』, 木耳社, 1965, p.16.

訳』)설, 장소를 정해서 남녀가 모여 즐기는 뜻이라는 설(黑川真頼) 등, 여러 설이 있지만 가무쿠라의 설이 가장 일반적으로 받아들여지고 있다. 즉, 신이 좌정하는 장소라는 의미의 가무쿠라(神座)가 축약되어 가구라가 되었다는 설이다.

정리하면 신좌(神座 가무쿠라)를 마련하여 여러 신들을 모시고 술을 빚고 산해진미를 마련하여 진혼 초혼의 행사를 거행하며 춤추고 노래하는 주술적인 행사를 가리키는 말이 가구라의 본래 의미이다. 이러한 행사에서 과거에는 대형 기둥을 세우고 했지만, 후세에 와서는 사카키(榊 비쭈기나무)와 봉폐를 사용하게 되었으며 소나무, 대나무, 버드나무, 칼, 창이나 활과 화살 등을 사용하게 되었다. 이러한 소도구들은 모두 신들이 좌정하는 장소를 정화하기 위한 기능을 지닌다. 본래 주술적인 행사였지만 예능적인 성향이 짙어지면서 오늘날에 이르게 된 것이다. 이러한 가구라는 전국적으로 분포하고 있어서 의식의 절차가 다양하고 지역적인 편차가 크다. 다만 신좌에 신을 모시고 행하는 행사라는 측면에서는 공통적이다.

가구라가 문헌에서 처음 사용되는 것은 『만요슈(万葉集)』이다. 만요슈에서는 神樂浪, 神樂聲浪, 樂浪을 사사나미(ささなみ)라고 읽었다. 사사나미라고 읽혀진 이유는 몇 가지 설[54]이 있는데, 우선 가구라 춤을 출 때 사용되는 무구(舞具) 즉, 토리모노(採物) 중의 하나인 대나무가지인 '사사(笹 ささ)'에서 왔다는 설이 있다. 그리고 신이 번창하고 성대하기를 기원하는 추임새(囃子詞)로 '사카에루(榮える)'에서

---

54) 앞의 글 p.18.

유래한다는 설과 무녀가 들고 추는 방울소리의 의성어라는 설, 樂은 놀이(あそび)라는 의미에서 신놀이의 성음인 '사사'에 '神樂'이라는 글자를 붙이게 되었다는 설이다.

결국 가구라는 신을 모시는 신좌를 마련하고 대나무, 방울 등과 같은 제구를 들고 신을 칭송하고 즐겁게 하기 위한 춤이라고 정의 할 수 있다.

1-2 가구라의 분류

가구라는 크게 미가구라(御神樂)와 사토가구라(里神樂)로 나눌 수 있다. 즉 궁중에서 의식행사로 행해지는 미가구라와 지방의 민간에서 행해지는 사토가구라가 그것이다. 미가구라는 궁중에서 천황의 의식행사로 거행되었으며 현재는 궁내청 악사들에 의해 공식적인 제의로 자리매김하고 있다. 한편, 대형신사에서 정기적인 의례의 일환으로 연행되기도 한다. 미가구라는 일반 지방의 가구라와 구별하기 위해 가구라에 대한 미칭으로 불리는 용어이며, 사토가구라는 궁중의 미가구라와 구별하기 위하여 불리어진 학술적인 용어이다. 궁중에서 의식행사로 엄격하게 진행되어온 미가구라는 연행방식이 정착한 이래 천여 년이 지난 오늘날에도 크게 변함없이 계승되고 있다. 반면, 사토가구라라고 일컬어지는 지방의 민간가구라는 미가구라에 비해서 역사도 짧고 미가구라의 영향을 받았으나 한편으로는 지역적 특수성을 띠어 사토가구라를 일률적으로 언급할 수 없을 정도로 다양한 양상을 보이고 있다.

미가구라와 사토가구라는 상호 영향관계에 있었다고 하더라도 그 내용이나 구성 면에서는 매우 이질적이다. 미가구라는 궁중에서 연행된 만큼 구체적인 연혁이나 기록들이 문헌적인 사료들에 남아있으므로 미가구라에 대한 연구는 대부분 문헌학적 연구가 중심이 되며, 사토가구라는 지방색을 띤 특수성을 지니고 있기 때문에 주로 민속학적 연구 대상이 되어왔다.

따라서 일반적으로 가구라라고 하면 궁중의 미가구라보다 전국적인 분포를 보이는 사토가구라를 가리킨다. 그런데 사토가구라, 즉 지방가구라는 연행방식이나 연행절차가 다양하기 때문에 특정한 기준에 의해 분류하기란 쉽지 않다.

우선 명칭만 하더라도 지역에 따라 다양하다. 지역 주민들은 마츠리, 오마츠리(마츠리에 촌칭의 접두어인 오(御)를 부쳐 분른다), 가구라, 레사이(例祭) 등으로 부르고 있지만, 가구라가 학계에 소개되기 시작하면서 각 지방의 가구라를 구별하기 위하여 학술적 명칭으로 불리게 되었다. 현재 가구라가 전승되고 있는 지역은 4천여 곳이라고 한다. 각 명칭도 일률적이지 않지만, 가구라의 명칭이 붙여진 근거를 중심으로 정리하면 다음과 같다.

① 지역명을 앞부분에 붙인 명칭: 이세 가구라(伊勢神樂), 비추 가구라(備中神樂), 아키 가구라(安芸神樂),

② 가구라 담당자들의 성격이 드러나는 명칭: 호인 가구라(法印神樂), 야마부시 가구라(山伏神樂), 신쇼쿠 가구라(神職神樂), 미코 가구라(巫女神樂)

③ 가구라에서 모시는 중심신격을 나타내는 명칭: 오모토 가구라(大元神樂), 고진 가구라(荒神神樂)

④ 가구라의 과장(演目) 수를 나타내는 명칭: 주니 진기(十二神祇)

⑤ 가구라의 목적 및 유래를 담은 명칭: 다이다이 가구라(太々神樂)

⑥ 가구라의 특징 및 성격을 담은 명칭: 토리모노 가구라(採物神樂), 이와토 가구라(岩戸神樂), 시시 가구라(獅子神樂), 소가쿠 가구라(奏樂神樂), 유다테 가구라(湯立神樂), 사이몬 가구라(祭文神樂), 유미 가구라(弓神樂)

⑦ 가구라가 거행되는 시기 및 때를 담은 명칭: 시모쓰키 가구라(霜月神樂), 나츠 가구라(夏神樂), 요 가구라(夜神樂)

⑧ 기타: 반가쿠(番樂), 노마이(能舞), 신노(神能), 간메(神舞), 고도노 행사(神殿行事), 하나 마츠리(花祭), 도야마 마츠리(遠山祭)

위에서 언급한 것 이외에 장르적 성격을 나타내는 신노 가구라(神能神樂) 등의 명칭이 있으며 가구라라는 명칭이 붙지는 않지만 가구라에 포함시키는 하나 마츠리(花祭), 도오야마 마츠리(遠山祭), 후유 마츠리(冬祭) 등이 있다. 결국 사토가구라는 각각의 지역성 및 가구라의 특성을 담고 있으며 또한 발생계통에 따라 분류하기도 한다. 이는 어디까지나 타 지역의 가구라와 변별하기 위한 학술적 용어로 사용되었으나 점차 그 용어가 정착되고 있다.

한편, 사토가구라의 분류를 시도한 혼다(本田安次)와 미스미(三隅春雄)가 있는데 다음에서 보는 바와 같이 이들은 명칭에서 부분적인 차이를 제외하고는 대체로 대동소이하다.

혼다 야스지의 분류[55]
미코류 가구라(巫女流神樂)
이즈모류 가구라(出雲流神樂)
이세류 가구라(伊勢流神樂)
사자 가구라(獅子神樂)
봉납 신사무(奉納神事舞)

미스미 하루오의 분류[56]
토리모노 가구라(採物神樂)
유다테 가구라(湯立神樂)
사자 가구라(獅子神樂)
가구라 잡예능(神樂芸雜): 이상 3분류에 포함되지 않는 가구라
가구라 예능일반(神樂芸一般): 이상 분류된 가구라의 여러 가지 요소들이 혼재된 가구라

55) 本田安次, 앞의 글, p.28
56) 三隅治雄, 『日本民俗芸能概論』, 東京堂出版, 1972, p.60

혼다의 분류에서 가구라의 특징적인 면을 부각시켜 재분류한 것이 미스미의 분류라고 할 수 있다. 즉 토리모노 가구라는 이즈모류 가구라, 유다테가구라는 이세류가구라에, 그리고 다이다이 가구라(太々神樂)와 사자 가구라를 통틀어서 사자 가구라로 분류상의 통일을 꾀한하였다. 다만 이러한 분류가 전국적인 분포를 보이고 있는 다종다양한 가구라 전체를 커버할 수 없다는 문제점이 있기 때문에 절대적인 것은 아니다. 그러나 다소 무리가 있다하더라도 혼다류의 분류가 일반적으로 받아들여지고 있으므로 이 책에서는 일본 각 지방에 전승되고 있는 가구라를 혼다의 분류에 의거하고자 한다.

2. 신들의 축제 – 민간가구라(里神樂)

2-1 무녀들이 추는 가구라–미코류 가구라(巫女流神樂)

미코류 가구라는 무녀(巫女)의 춤이 중심을 이루는 가구라이다. 무녀가구라는 본래 무녀가 신내림을 받아 신탁을 얻기 위한 춤이었겠지만 신들림 현상은 거의 찾아볼 수 없고 장소를 정화하고 신들에게 봉납하는 춤의 의미가 강조되었다. 무녀 가구라의 기원은 일본 시조신화인 암굴신화(岩戸神話)에서 아메노우즈메노 미코토가(天鈿女命)가 태양신(天照大神)이 숨은 암굴(岩戸)앞에서 격렬한 신들린 춤을 추었다는 기록에서 찾아볼 수 있다. 『고어습유(古語拾遺)』에 보이는 사루메노기미(猿女君)는 아메노우즈메노 미코토의 후손으로 가구라를 췄다고 전한다(猿女君氏供神樂之事).

궁중의 미가구라(나이시 도코로(內侍所)의 미가구라)에서는 무녀가 등장하지 않지만, 이와시미즈 하치만궁(石淸水八幡宮)의 미가구라에서는 무녀가 등장한다. 그 외에 궁중의 주술의식인 소노·가라 신제(園韓神祭), 진혼제(鎭魂祭) 등에서는 무녀(御巫, 猿女)가 춤을 추었다는 기록이 전하고 있다. 이즈모(出雲), 이세(伊勢) 가구라에서도 가녀(歌女), 이치코(市女)등이 신가(神歌)를 부르며 춤을 추었다.

이와 같이 가구라는 무녀가 신탁을 얻기 위한 행위에서 비롯되었으나, 현재의 가구라에서 신탁(공수)현상을 볼 수 있는 곳은 거의 없다. 미코류 가구라는 무녀가 방울, 부채 혹은 봉폐(御幣), 신목(榊)을 들고 조용하고 완만한 춤이라 할 수 있다. 한국의 강신무들이 추는 격렬한 춤과는 많은 차이를 보인다. 신탁을 받기 위한 춤이라기보다 제장(祭場)을 정화하고 사제자로서 자신의 몸을 정화하는 의미가 강하다. 아울러 인간이 즐기는 춤을 신에게 바침으로써 신을 즐겁게 한다는 즉, 춤을 봉납하는 의미가 강하다. 무녀들이 손에 방울, 부채, 신목, 봉폐 등을 들고 춤을 춘다는 점에서 손에 도구를 들고 추는 춤이라는 의미의 토리모노(採物) 가구라의 범주에 들어갈 수도 있다.

무녀춤이 전해지고 있는 신사로는 가스가 신사(春日神社: 奈良), 스미요시대사(住吉大社: 大阪), 이즈모대사(出雲大社: 島根縣), 미호신사(美保神社: 島根縣), 히요시신사(日吉神社), 기비츠히코신사(吉備津彦神社), 아츠타신궁(熱田神宮), 야히코신사(彌彦神社), 도요쿠니신사(豊國神社) 등 대체로 유서 깊은 신사에 무녀춤이 전해지고 있다. 하지만 현재 무녀춤은 전문 사제자의 춤이라기보다 어디서나 쉽게 볼 수 있는 흰 저고리에 빨간 치마를 입고 머리에 쪽두리를 쓰고 방울과 부채를 들고 추는 비전문가에 의한 춤이 대부분이다.

현재 일본에서 전통적인 샤만을 의미하는 '미코(巫女)'의 존재는 매우 미미하다. 더구나 미코의 신들림은 법적으로 금지되어 있고 제도적으로 미코 신분을 인정하지 않아 그 존재가 거의 사라졌다고 봐도 좋다.

미코가 춤을 추는 모습 『年中行事絵巻』 부분

아직까지 전통적인 미코가 실재하는 곳은 도호쿠지역 일부와 오키나와에 한정되어 있다. 특히 도호쿠지방에서는 이타코 혹은 고미소 등으로 불리는 무녀들이 과거의 일본 무속 상황을 전해주고 있으며, 민간 수도승인 슈겐자(修驗者), 혹은 법사(法者)와 함께 미코가 가구라를 담당하고 있다. 산수도승 즉, 슈겐자는 산악수행을 통해 얻은 영험으로 민간인들에게 기도를 해주는 산악신앙인을 말한다. 메이지 시대 숭신정책(신불분리)에 의해 이들의 자취는 거의 사라졌다.

한편 오키나와에서는 점장이 역할을 겸하는 강신무로서의 유타(ユタ)와 세습적인 노로(ノロ)라고 불리는 무녀가 실재한다. 강습무인 유타는 매우 성행하고 그 수도 늘어나고 있는데 비해 세습무인 노로의 존재는 거의 사라지고 있다.

2-2 제구를 들고 추는 춤-이즈모류 가구라(出雲流神樂)

이즈모류는 일본의 서쪽지방인 이즈모(出雲)의 사타대사(佐陀大社)라는 신사에 기원을 두는 가구라이다. 손에 방울, 칼, 부채 등의 다양한 도구를 들고 2명 혹은 4명이 정방형의 실내(현재는 공민관 등 공공기관에서 행하는 경우가 많다) 신전 앞에서 일정한 형식의 춤을 추는 가구라이다.

이즈모 지방(현 시마네현)의 사타대사(佐陀大社)에서 1년에 한번 신이 좌정하는 자리(御座)를 교체하는 의식이 거행되고 있다. 이 의식은 현재 9월 25일 저녁 무렵부터 한밤중 사이에 진행되는데 신좌의 돗자리를 새롭게 깔기 전에 돗자리를 들고 춤을 춘 것이 행사의 주요 내용이다. 여기에 사루가쿠(猿樂)라는 예능집단들이 들어와서 신노(神能)를 연행하였다. 신노(神能)는 『고사기(古事記)』나 『일본서기(日本書紀)』의 신화, 혹은 신사의 기원설화에서 따온 내용들이다. 설화의 내용을 극화한 것으로 인기를 얻게되자 전국적으로 확산 되었다. 사루가쿠노(猿樂能)의 형식이 보다 이해하기 쉬운 묵극(黙劇) 형식으로 바뀌어 오늘에 이르고 있다.

과거에는 민가나 가설무대를 설치하여 연행했지만 근래에 와서는 신사나 공민관에서 가구라 무대를 만들어 거행하는 경우가 많다. 가구라 무대는 주위에 금줄을 치고 여러 가지 장식물을 다는데 특히 천정에는 천개(天蓋), 백개(白蓋), 옥개(玉蓋), 기누카사(衣笠), 오노리(大乘), 쿠모(雲)라고 부르는 장식을 매단다. 이 장식들은 신의 좌정하는 강림처를 상징한다.

이즈모 가구라의 특징은 손에 도구를 들고 추기 때문에 이즈모류 가구라를 토리모노 가구라라고도 한다. 여기에서 토리모노라는 것은 신도(神道)의식에서 사용되는 도구를 일컫는데, 방울(鈴), 봉폐(御幣), 사카키(榊) 나뭇가지와 같은 신내림의 도구를 비롯하여 쟁반, 물통 등과 같은 제기(祭器)도 포함된다. 이중에서 특히 중요한 것은 돗자리이다. 고좌(筵座)라고 하여 돗자리를 말아 손에 들고 흔들면서 춤을 춘다. 머리위로 높이 들기도 하고 돗자리로 춤꾼의 몸통을 감아 싸기도 한다. 돗자리를 펼쳐서 마치 줄넘기하듯 뛰기도 한다. 돗자리가 중요시되는 것은 신이 좌정하는 자리이기 때문이며, 이렇게 돗자리를 들고 춤을 춤으로써 신의 자리를 정화시키고 신이 강림하기를 기대하기 때문이다.

시이바 가구라(椎葉神樂)-다케노에다오(嶽之枝尾)

이즈모류 가구라는 주로 일본의 서부지역, 즉 시마네현, 히로시마현, 야마구치현을 비롯하여 규슈지방의 가구라가 여기에 속한다. 진다이 가구라(神代神樂), 호노 가구라(奉納神樂), 다이다이 가구라(太太神樂), 주니좌 가구라(十二座神樂), 니쥬고좌 가구라(二十五座神樂) 등은 모두 이즈모류계통의 가구라이다. 신들림 현상이 남아있는 가구라로 유명한 오모토 가구라(大元神樂), 천손강림 지역으로 유명한 다카치호 가구라(高千穗神樂), 앞으로 언급할 시이바가구라(椎葉神樂)도 이즈모류 가구라에 속한다.

2-3　신의 재생을 위한 유다테-이세류 가구라(伊勢流神樂)

이세류는 일본의 국조신이라고 일컬어지는 아마테라스 오미가미(天照大神)를 모시는 이세신궁(伊勢神宮)에 그 근원을 두는 가구라이다. 무엇보다 가마솥에 끓인 물을 신에게 바치고 제관을 비롯한 참관자들에게 끓인 물을 뿌려 정화하는 행위가 중심이 되기 때문에 유다테(湯立) 가구라라고도 한다. 일본열도의 중앙에 위치하는 나가노현

도야마마츠리(遠山祭)-가미무라(上村)

(長野縣), 아이치현(愛知縣), 그리고 시즈오카현(静岡縣)의 경계인 텐류강(天龍川) 유역에는 11월 하순부터 3월 초순까지 가구라의 보고(寶庫)라고 할 만큼 많은 가구라가 전승되고 있는데 대부분 유다테 가구라이다. 대표적인 것으로 하나마츠리(花祭り), 사칸베(坂部)의 후유마츠리(冬祭), 도야마마츠리(遠山祭) 등이 있다.

그리고 같은 이세지방에 기원을 둔 다이가구라(太神樂), 혹은 다이다이가구라(太々神樂)가 있다. 다이가구라는 본래 '다이가구라(代神樂)'였는데 미칭으로 바뀌면서 다이(太), 혹은 태태(太太)가 붙게 되었다. 에도시대(1603-1868)에는 이세신궁(伊勢神宮)을 참배하는 이세신앙이 매우 성행하였다. 당시 누구나 평생 한 번은 이세신궁을 참배해야 한다고 할 정도로 이세신궁 참배가 유행하여 이세신궁 근처는 각지에서 모여든 참배객들로 인산인해를 이루었다고 한다.

현재도 정월 초하루부터 2, 3일 사이에 몇 백만 명의 참배객들이 참배했다는 뉴스가 한 해의 첫 뉴스로 보도되기도 하는 곳이 이세신궁이다. 그러나 오늘날과는 달리 교통 사정이 좋지 않던 시대에 특히 연로한 노인들이 이세신궁까지 참배하기란 매우 어려운 실정이었을 것이다. 여러 가지 사정으로 인해 참배하지 못한 지방의 사람들을 위해 이세신궁을 근거지로 하던 오시(御師)[57])들이 지방곳곳을 유랑하면서

---

57) 오시(御師)는 단지 다이가구라만을 행하는 것이 아니라 참배객들의 숙소를 제공하기도 하고 이세신궁의 부적(お札)을 배포하기도 하였다. 그들은 신의 대리자로서 사자춤을 연행하며 전국적으로 사자춤을 전파한 공로자이기도 하다. 사자춤에 곡예적인 요소를 가미하여 전문예능으로 발전하기도 한다. 오시는 개인 혹은 일족단위(氏)로 시단관계(師檀関)를 형성하여 그들의 권리를 상속하기도 하고 매매하기도 한다. 이 시단관계는 한국 단골제도와의 유사성이 보이기도 하는데 비교검토가 요청된다.

이세신궁 참배와 다름없는 즉, 이세신궁 참배를 대신하여 사자춤을 비롯한 가구라를 행하였는데 이를 이세신궁 참배 대체가구라(代神樂)가 미칭으로 다이 가구라(太神樂), 다이다이 가구라(太々神樂)로 불리게 된 것이다. 다이가구라(太神樂)는 사자춤이 중심을 이루기 때문에 사자 가구라에 포함시키기도 하지만 물을 끊여 사방에 뿌리는 유다테 행사를 하기 때문에 이세가구라 계통으로 분류하기도 한다.

2-4 신의 대리자로서의 사자춤-사자 가구라(獅子神樂)

도호쿠 지역을 중심으로 분포하는 슈겐도의 야마부시(山伏)의 가구라를 가리켜 사자가구라로 분류한다. 슈겐도는 메이지시대 이전까지는 각 지역에서 널리 성행하던 산악신앙으로, 깊고 험한 산중에서 수행을 하여 밀교적인 의례를 거행하고 영험을 얻고자하는 민속종교이다. 이 종교적 수행자들을 야마부시(山伏)라고 하는데 이들은 종교의식으로 곤겐춤(權現舞)이라는 사자춤을 중심으로 가구라를 연행했는데 이를 야마부시 가구라(山伏神樂)라고 한다.

곤겐이란 부처님이 중생을 구제하기 위하여 여러 모습으로 세상에 나타나는데 화신(化神)이란 뜻이다. 혼다는 야마부시 가구라를 다른 사자 가구라와 구분하는 데 반해 미스미는 야마부시 가구라를 사자 가구라에 포함시키고 있다. 신(부처)이 인간 세상에 사자(使者)로 나타나 복을 주고 중생을 구원한다고 하여 가구라의 시작과 마지막에는

하야치네 다케가구라(早池峰岳神樂) - 곤겐마이(権現舞)(사진제공: 다케가구라보존회)

반드시 사자춤인 곤겐춤이 등장한다. 또 정월에는 사자탈을 쓰고 집집마다 돌아다니면서 걸립(乞粒)을 하고 밤에는 사자춤을 비롯한 가구라를 연행하다. 아키타현, 야마가타현에서는 반가쿠(番樂)라고 하고 이와테현에서는 야마부시 가구라, 그리고 아오모리현에서는 노마이(能舞)라는 각각 다른 이름으로 불리고 있다.

사자 가구라처럼 사자춤이 큰 비중을 차지하진 않지만 모든 가구라에는 사자춤이 구성되어 있다고 할 정도로 사자춤은 매우 다양하다. 또 가구라와는 별도로 사자춤만으로 구성되는 축제도 있다. 소위 풍류(風流)계통 사자춤이라고 일컬어지는데 일본 간토(關東)지역의 세마리사자무(三匹獅子舞)를 비롯하여 사슴모습을 한 사자춤(しし踊り)도 널리 분포하고 있다. 사자춤에 대해서는 별고에서 논하고자 한다.

일본의 가구라는 앞에서 본 바와 같이 여러 형태들이 있다. 한국의 민속예능은 그 지방에서 생성하고 변화 발전하였다는 측면에서 그 지방의 고유성을 중시하는 경향이 강한 듯하다. 하지만 일본의 경우 가구라의 위상을 이야기할 때 반드시 등장하는 것이 궁중의 미가구라이다. 앞으로 언급할 시이바 가구라(椎葉神樂)가 주목을 받게 된 이유도 시이바 가구라 자체가 지닌 가치도 있지만, 문헌기록으로 남아있는 미가구라와 연관되는 구성요소가 남아있기 때문이다.

가구라는 크게 두 번에 걸쳐 변화의 시기를 맞게 되는데 하나는 요시다신도(吉田神道)의 지배이고 또 하나는 메이지유신이다. 신불분리를 주창하는 요시다신도의 종교적 지배와 메이지 시대의 신직(神

職)의 연무(演舞)금지와 신들림 금지령과 같은 정책은 가구라에도 지대한 영향력을 행사했다. 과거부터 전해 내려오던 가구라이지만 가구라 개혁 과정에서 많은 변화가 있었음을 가구라의 노래나 유래담 등을 통해 짐작할 수 있다. 이러한 가구라 개혁과 무관하게 전해 내려온 것이 궁중의 미가구라이다. 가구라의 원형을 궁중의 미가구라에서 찾는 배경이 여기에 있다. 미가구라가 지방의 가구라 형성에 얼마나 영향을 끼쳤는가에 대해서 구체적으로 단언하기는 어렵지만, 현재 지방의 가구라에 대해서 언급할 때 고형인가, 아니면 새롭게 창안한 가구라인가에 대한 척도를 미가구라에 두고 있음을 볼 수 있다. 여기에서 궁중의 미가구라에 대해서 소개하고 미가구라의 성립에 영향을 준 소노·가라 신제(園韓神祭)에 대해서 한국 굿과 비교하면서 검토하고, 궁중의 미가구라와 사토가구라의 관련성을 논하기 위해 시이바가구라(椎葉神樂)의 사례를 언급하고자 한다.

3. 일본 황실의 신 – 미가구라(御神樂)

3-1 미가구라(御神樂)의 성립

미가구라(御神樂)는 옛부터 신놀이(神遊び)라고 불렀다. 오늘날과 같은 모습으로 정형화된 시기는 1002년경으로 알려져 있다. 미가구라가 정형화되기 이전에도 여러 종류의 제사의식이 있었음을 고문헌

에서 확인할 수 있다. 특히 미가구라의 정형화에 많은 영향을 미친 제사의식으로는 다음과 같은 것이 있다. 황실에서 거행했던 진혼제, 궁중 청서당(淸暑堂-세이쇼도)의 금가신연(琴歌神宴), 가모 임시제(賀茂臨時祭)에 파견되었던 제관들이 제의를 마치고 난 후에 궁중으로 돌아와 거행했다고 하는 환입 가구라(還立神樂), 헤이안시대의 궁중에서 제사 지냈던 소노·가라 신제(園韓神祭), 이와시미즈 하치만궁(石淸水八幡宮)의 임시제(臨時祭) 등이다58). 이러한 제사의식들에서 영향을 받아 미가구라가 성립되었다고 한다.

미가구라는 1002년 이치조 천황(一條天皇)때부터 나이시도코로(內侍所)의 정원에서 2년에 한 번씩 격년으로 거행되다가 이후 시라카와 천황(白河天皇) 때인 1074년-혹은 1087년 혹은 1096년부터 매년 정기적으로 열렸다는 설이 있음-경부터는 매년 정례적인 행사로 거행되어 왔다. 궁중의 미가구라를 나이시도코로의 미가구라, 혹은 가시코도코로(賢所)59)의 미가구라라고도 하는데, 이는 거행되는 장소가 나이시도코로, 혹은 가시코도코로이기 때문에 그렇게 일컬어진다.

매년 천황이 신에게 햇곡식을 바치는 제사의식을 신상제(新嘗祭: 니이나메사이)라고 하고, 특히 새로운 천황이 즉위한 처음으로 거행되는 신상제를 대상제(大嘗祭: 다이죠사이)라고 한다. 대상제는 천황 재임 시기에 한번 거행되는 대규모 행사로서 대상제(大嘗祭) 때 미가

---

58) 土橋寬『古代歌謠と儀礼の研究』岩波書店, 1965, p.221-240.
上田正昭「神楽の命脈」芸能史研究会 編『神楽』秤本社, 1969, p.7-12.

59) 궁중에서 일본의 시조신인 아마테라스오미가미(天照大神)의 신체(神體: 御靈代)인 거울(八咫鏡)을 안치한 곳으로 헤이안시대에 내시(內侍)들이 봉사하였기 때문에 나이시도코로(內侍所)라고도 한다.

구라가 거행된다. 또 매년 12월 중순경에 현소(賢所: 가시코도고로)에서 행하는 미가구라의 의식(御神樂之儀)이, 4월 3일의 진무천황제(神武天皇祭), 12월 25일 황령전(皇靈殿)에서 연행되는 다이쇼천황제(大正天皇祭)에서 미가구라의 의식(御神樂之儀)이 행해지고 있다.

그 밖에 각 지방의 신사에서도 궁중의 가구라와 같은 형식으로 거행되는 미가구라들이 있다. 일본 무사계급에 의해 정권이 세워진 가마쿠라(鎌倉)의 쓰루오카 하치만궁(鶴岡八幡宮)과 이나리 신사(稻荷神社)의 총본산인 교토의 후시미 이나리신사(伏見稻荷神社) 등에서도 정기적으로 거행되는 대표적인 지방 미가구라이다. 지방의 신사에서 미가구라를 행하느냐 안하느냐에 따라 신사의 등급이 매겨질 정도로 미가구라는 신사의 중요한 행사로 위치 짓는다. 최근에는 규모가 작은 지방 신사에서도 미가구라의 형식으로 거행되는 곳이 늘어나고 있는 실정이다.

그러면 미가구라가 어떠한 형식으로 구성되는지 구체적으로 살펴보자. 궁중의 나이시도코로의 앞 정원에 가구라를 거행할 수 있도록 가구라사(神樂舍)를 설치하고 삼면을 막으로 둘러친다. 신을 모신 본당 쪽을 향하여 가구라가 거행되기 때문에 본당 쪽에는 막을 치지 않는다. 앞쪽 가운데 장작불(庭燎)을 피우고 왼쪽에 본방(本方: 모토가타)과 오른쪽에 말방(末方: 스에가타)이 위치한다. 본방과 말방이 가구라 노래를 교대로 부르는데 이때 악기로는 와곤(和琴), 가구라적(神樂笛), 피리(篳篥)를 사용한다. 노래 순서는 장작불(庭燎), 구지단박자(久止段拍子), 아지메 작법(阿知女作法)의 노래에 이어 춤을 출 때

손에 드는 도구에 대한 노래, 즉 토리모노(採物)노래가 이어진다. 토리모노 노래로서는 신목(榊: 사가키), 한한신(시즈가라신: 閑韓神), 조한신(하야가라신: 早韓神)이라는 곡목을 부른다. 이어 다소 여흥적인 색채가 짙은 소전장 (고사이바리: 小前張)이라는 순서로 천침(고마마쿠라: 薦枕), 조파 (사사나미: 篠波)라는 곡을 노래한다. 그리고 잡가(雜歌)로 천세(센자이: 千歲)와 조가(하야우타: 早歌)를, 그리고 송신의 의미가 담긴 별(호시: 星)의 곡목인 기기리리(吉吉利利), 득전자(도쿠제니고: 得錢子), 목면작(유후만들기: 木綿作), 그리고 아침 무렵에 불리는 아사쿠라(朝倉), 소노고마(其駒)의 노래로 모든 곡목이 끝이 난다. 저녁 무렵(해가 진 후)부터 아침 해가 뜨기 전까지 진행된다.

미가구라의 총지휘자격인 인장(닌조: 人長)은 겐에이오이가게(巻纓綏)라는 관을 쓰고 흰색의 도포(袍)를 입고 도포 뒷자락을 길게 늘어뜨린다. 허리에는 검(劍)을 차고 오른손에는 거울과 검을 상징하는 둥근 테가 달린 신목가지(榊)를 든다. 하야우타와 소노고마라는 곡목에 맞추어 춤을 춘다.

3-2 미가구라의 구성

현재 연행되고 있는 미가구라의 진행절차를 정리하면 다음과 같다.

① 선창(本拍子: 왼쪽), 후창(末拍子: 오른쪽)에 악사가 각각 12명씩 24명이 백색의 옷을 입고 관(다테에보시)을 쓰고 앉는다. 인장은 본 악사의 맨 뒤쪽에 자리를 잡는다.

② 인장(人長 닌조: 가구라의 책임자 격으로 2명이 등장하는 경우도 있다)이 등장하여 자기소개(名乗り)를 한다.

③ 인장이 토노모노 즈카사(主殿寮)[60]를 불러 장작불(庭燎)를 피우게 한다.

④ 악사들이 등장하여 악기를 조율한다.

⑤ 가모리노 즈카사(掃部寮)[61]가 제사용 방석(히자츠키)을 들고 나와 제장의 중앙에 놓는다.

⑥ 악사(적, 피리, 금)들이 교대로 불려나와 장작불庭燎)의 곡을 연주한다.

⑦ 세 악기의 합주가 있고, 가인(노래꾼)이 나와 금의 반주에 맞추어 다음과 같은 내용의 노래를 한다.
   '깊은 산에는 진눈깨비가 내려 먼 산이 된다. 칡넝쿨에도 단풍이 든다'

⑧ 아지메 작법(阿知女作法): 가구라노래(神樂歌)로 신의 강림을 기뻐하고 신비스런 분위기를 연출한다.

⑨ 토리모노(採物)의 노래: 신목(榊), 폐(幣), 지팡이(杖), 소죽(篠), 활(弓), 검(劒), 창(桙), 국자(杓), 칡(葛)

---

60) 헤이안시대 천황의 행차때에 시설이나 궁중건물의 유지관리를 담당하는 관리.
61) 헤이안시대 궁내성에 소속되어 궁중의 제반행사에 관한 것을 담당하는 관리.

⑩ 가라신(韓神)의 노래: 인장의 춤

⑪ 구라노 츠카사(藏司)가 술을 가져와 인장에게 술을 따라 준다.

⑫ 인장이 기예를 가진 사람들을 한사람씩 불러 기예를 보인다.

⑬ 사이바리前張): 오사이바리(大前張)와 고사이바리(小前張)의 곡을
노래하는 일종의 여흥 노래이다.

⑭ 송신(送神): 아사쿠라(朝倉), 소노고마(其駒)의 가구라노래(神樂
歌)를 부르고 소노고마에서 인장이 나와 춤을 춘다.

미가구라는 주로 가구라 노래(神樂歌)로 구성되어 있는데, 그중에
서 춤을 추는 부분은 이상에서 언급한 것과 같이 가라신(韓神)과 소노
고마(其駒)에서이다. 인장의 춤은 가구라에서 가장 중요한 부분을 차
지하기도 하는데 춤의 내용이 어떠한지 오오츠키(大槻如電)가 아악소
(雅樂所)의 연습에서 관람한 가라신의 인장의 춤에 관한 기록을 통해
살펴보기로 한다.

왼쪽의 선창(모토뵤시: 本拍子)과 오른쪽의 후창(스에뵤시: 末拍
子)의 좌석에 영관(伶官)이 6, 7명씩 흰 예복(直垂)을 입고 다테에보
시(立烏帽子)라는 관을 쓰고 양쪽에 각각 앉는다. 인장은 선창의 맨
뒤쪽에 앉는다. 양쪽의 좌석에는 모두 홀기(두 쪽으로 된 것을 서로
부딪쳐 소리를 냄)를 들고 있지만, 그중에 선창 좌석에는 6현의 와곤
(和琴)과 6공의 적(笛)을 담당하는 사람이 각각 한사람씩 앉아 있다.
그리고 후창 좌석에는 피리를 담당하는 악사가 앉아 있다

먼저 시즈가라신(閑韓神)이라는 노래를 부르는데 매우 느린 곡이

다[62].

　　본가(本歌): 삼도에서 생산된 목면을 어깨에 걸고 우리 가라신을,
가라를 모시자, 가라를 모시자.

　　みしまゆふ かたにとりかけ われからかみの からをぎせんや

　　(三島木綿 肩に取りかけ 我韓神は 韓招ぎせむや 韓招ぎ 韓招ぎせ
むや)

　　말가(末歌): 나뭇잎을 엮어 만든 접시를 손에 들고 우리 가라신의
가라를 모시자 가라를 모시자

　　やひらでを てにとりもちて われからかみの からごきせんや

　　八葉盤(やひらで)を 手に取り持ちて 我韓神も 韓招ぎせむや 韓招
ぎ 韓招ぎせむや

　　본가(本歌)는 먼저 선창 대표(首拍子)가 첫 구를 혼자 노래하고, 둘

---

62)　臼田甚五郎・新間進一　校注・訳『神楽歌・催馬楽・梁塵秘抄・閑吟集』,日本古典文学全集,
　　小学館, 1976, p.54.
　　　本
　　見志万々々由不々々々々加太々々々仁々々々止利々々
　　加介々々和礼々々々々可良々々加見々波々々々
　　加々々々良々々々乎支世武々々也々加良平々々々
　　支々々々加良々々乎々々支支世武也 自第二度加太に止利かけより唱
　　　末
　　也比良天乎返所 天耳止利毛知天和礼加
　　良加見毛(乃) 加良平支世武哉 加良平支加良
　　乎支世牟也 自第二度天＝止利毛知手より唱 件歌用三度拍子
　　本方 於介 阿知女 於々々々
　　末方 於介 取物ハ仁十 末方於介如例 (韓神曲(神楽歌「鍋島本」)

째 구 이하는 선창자와 후창자들이 함께 노래한다. 말가(末歌)도 마찬가지로 첫 구를 후창의 대표가 혼자 노래하면 이하는 함께 노래한다. 노래가 끝이 나면, 하야가라신(早韓神)의 노래를 부른다. 이때 인장이 일어나서 양쪽 좌석의 중앙에서 춤을 춘다. 손에는 약 1척8촌(50-60㎝)되는 신목(사가키)가지에 지름 8촌(20-30㎝)가량 되는 둥근 테가 걸려 있는 것을 들었다. 둥근 테는 거울을 상징하고 나뭇가지는 검을 상징한다고 한다. 하야가라신은 시즈가라신과 노래가사가 같지만 박자가 빠르다. 그래서 하야(빠른) 가라신이라고 불리는 것이다.

[舞樂圖說] 인장의 춤

「吉神社臨時祭」인장의 춤(京都國立博物館)

여기에 본가 말가의 두 노래에 '가라오기센야 からをぎせんや'라

는 부분이 있는데 학자에 따라 해석의 차이를 보인다. 가라오기를 枯荻로 해석해서 마른 싸리나무를 의미한다는 학설도 있지만, 현재에는 가라오기(韓招), 즉 '가라신을 부른다'는 해석이 일반적이다. 다시 말해서 가라의 신을 모시자(부르다)라고 하는 설로 고사기(古事記)나 일본서기(日本書紀)등에 보이는 가구라의 원형이라고 일컬어지는 와자오기(즉 배우)의 오기와 같은 의미로 통설화되고 있다. 또 가라를 허공, 허무하다라는 허(虛)로 해석하는 주장도 있다.

토리모노라는 것은 위에서도 언급한 바와 같이 일종의 제구를 말하지만, 미가구라에서 이러한 제구를 들고 춤을 추었는지는 확인할 수 없다. 단지, 각 제구에 대한 가구라 노래만이 전해지고 있다. 다만 미가구라의 형성에 많은 영향을 미쳤다고 하는 진혼제와 소노·가라신제에서는 토리모노를 손에 들고 춤을 추었다는 것으로 보아 본래는 춤이 아닌가 짐작된다.

그러면 다음에서 일본 고대에 궁중에 위치하면서 미가구라의 설립에 영향을 끼친 한반도 계통의 신이라고 일컬어지는 소노신(園神), 가라신(韓神)을 모시는 소노·가라 신제(園韓神祭)에 대해서 살펴보고자 한다.

4. 사라진 神 - 소노 가라신제(園韓神祭)

미가구라의 노래에 〈가라신(韓神)〉이라는 곡목이 있다는 것은 앞에서 언급하였다. 이 곡목에 맞추어 미가구라를 관장하는 인장이 춤을 추기 때문에 일찍부터 주목받아 왔다. 〈가라신〉이라는 곡목은 궁중의 미가구라에는 존재하지만 미가구라 성립에 영향을 주었다는 히라노제(平野祭) 소노·가라 신제(園韓神祭), 가모임시제 환입미가구라(賀茂臨時祭還立御神樂), 세이쇼도 미가구라(淸暑堂御神樂)에는 보이지 않는다[63]. 궁중미가구라의 〈가라신〉 곡의 가라신(韓神)과 소노·가라신제의 가라신이 동일 신이라면 소노·가라신제와 궁중 미가구라와 관련성은 충분히 확인할 수 있다.

애초에 소노·가라신(園韓神)은 궁내성의 소노·가라신 신사에 모셔져 있었다[64]. 소노·가라신은 종5위의 신위에서 종3위, 정3위로 격상되며 명신(名神)의 위치까지 올라 율령시행세칙인 연기식(延喜式)의 신명장(神名帳)에도 등재되었다. 소노·가라신 신사에 배당된 신봉(神封)이 30호에 이르게 된다. 당시 마츠오신사(松尾社)가 4호인 것에 비하면 매우 중요시되었음을 알 수 있다. 하지만 헤이안 시대(794-1185) 말기에 오면 쇠퇴하여 가마쿠라 시대(1185-1333)에는 그 소재도 알 수 없게 되었다. 현재는 그 자취를 찾아볼 수 없지만 미가구라와 가구라 노래에 그 흔적만이 남아 있을 뿐이다.

---

63) 後藤淑,「宮廷御神樂雜考,『芸能』第一八卷第一号, 1968.1, p.13.
64) 『延喜式』의 神名帳에 '宮内省坐神三座 並名神大 月次新嘗園神社 韓神社二座'.

가라신(韓神)이 문헌에 처음 나타나는 것은 『고사기(古事記)』이다. 새해에 집집마다 방문한다는 오토시신(大年神)이 가무이쿠수비신(神活須毘神)의 딸인 이노히메(伊怒比売)를 신부로 받아들여 두 번째로 태어난 신이 가라신(韓神)이며 세 번째로 태어난 신이 소보리신(曾富理神)이다[65]. 우에다(上田正昭)[66]는 소보리신이 소노신(園神)이라고 하고 미시나(三品彰英)[67]는 소보리는 한국의 수도를 뜻하는 소부루, 즉 서울이라고 해석하여 소노·가라신이 한반도와 깊은 관련이 있음을 지적하고 있다.

헤이안 천도 당시 소노·가라신이 궁내성에 모셔지게 된 유래가 여러 곳에 전해지고 있는데 그 내용은 대동소이하다. 헤이안궁으로 천도할 때 조궁사(造宮使)가 소노·가라신사를 다른 장소로 옮기려고 하자 이곳에 계속 머물면서 제왕을 수호하겠다는 신탁이 있었기 때문에 궁내성에 모셔지게 되었다고 한다[68]. 이를 통해 헤이안궁이 축조되기 이전부터 이미 소노·가라신이 그 지역에 모셔져 있었다는 사실을 알 수 있다. 소노·가라신이 모셔져 있던 부지는 헤이안궁 천도 이전에는 일본 노(能樂)의 창시자로 알려진 하타노 고가츠(秦川勝)의

---

65) 「故、其の大年神、神活須毘神の女、伊怒比売(いのひめ)を娶して生める子は、大国御魂の神。次韓神。次曾富理神。次白日神。次聖神。五神。『古事記・祝詞』日本古典文学大系 岩波書店 1958, p.108.

66) 上田正昭, 『古代伝承史の研究』, 塙書房, 1991.

67) 三品彰英, 「建国神話の諸問題」, 三品彰英論文集第二巻, 平凡社, 1971.

68) 『古事談』 '園韓神社者本自坐大内跡、而遷都之時、造営之使等可移他処云々。于時託宣云、猶坐此処奉、護帝皇 云々、仍坐宮内省 云々'、『江家次第』、五ノ五、'園韓神口伝云、件神延暦以前坐此、遷都之時、造宮使欲奉遷他所、神託宣云、猶座此処奉護帝王云々、仍鎮座宮内省'、『年中行事秘抄』'園韓神口伝云、件神延暦以前坐此、遷都之時、造宮使欲奉遷他所、神託宣云、猶座此処奉護帝王云々、仍鎮座宮内省.

소유지[69]에 위치하고 있었으며 가라신은 그 집안을 수호하는 지주신[70]이었다. 고바야시(小林茂美)는 가라신이 도래족의 터주신(屋敷神)에서 지주신(地主神)으로, 다시 궁중의 보호와 왕권을 보호하는 수호신으로 격상되어 『연기식(延喜式)』의 신명장에 실리게 되었다고 지적하고 있다[71].

소노·가라 신제는 1년에 두 번 진행되었는데 2월에는 가스가제(春日祭)후의 축일(丑日)에, 11월에는 신상제(新嘗祭: 니이나메제) 전의 축일(丑日)에 거행되었다. 소노·가라신제는 단독으로 거행된 것이 아니고 다른 의식과 연속적으로 거행되었음을 알 수 있다. 특히 11월에 거행된 축일의 다음날인 인일(寅日)에는 진혼제(鎭魂祭)가, 그리고 그 다음날인 묘일(卯日)에는 신상제(新嘗祭)가 거행된다.

따라서 소노·가라신제는 천황이 주관하는 신상제의 전전날에 해당된다. 신상제는 천황이 햇곡식을 신들에게 바치는 의식으로 매우 중요한 행사이다. 소노·가라신제는 신상제를 진행하기에 앞서 토지신에게 제를 올리는 전야제의 성격을 지닌다고 하겠다. 특히 천황이 즉위 후 처음 거행하는 신상제를 대상제(大嘗祭: 다이조제)라고 하는데 더욱 중요시 되며 준비도 장기간에 걸쳐 이루어진다. 대상제는 7월 이전에 즉위하면 그해 11월에, 7월 이후에 즉위하면 다음해에 거

69) 小林茂美, 「韓神の芸態伝承論―園韓神祭における神宝舞からのアプローチ」, 『朱』第三一号 伏見稲荷大社 1987.6, p.213.

70) 臼田甚五郎, 新間進一 校注·訳『神楽歌·催馬楽·梁塵秘抄·閑吟集』 日本古典文学全集 小学館 1976, p.54.

71) 小林茂美, 앞의글 p.213.

행한다. 대상제는 9월부터 준비가 시작되어 금기에 들어간다. 한 달 전부터는 근신(散齋)하며 3일전 즉 축일(丑日)부터는 보다 엄격한 근신기간인 치제(致齋)에 들어간다. 축일(丑日)은 소노·가라 신제가 거행되는 날이기도 하다. 소노·가라신제가 엄숙한 근신기간에 거행한다는 것은 이미 대상제가 시작되었음을 말한다[72]. 치제 첫날에 소노·가라신제가 거행되는 것이다. 치제기간은 축일(丑日)부터 대상제인 본제가 거행되는 묘일(卯日)까지이다. 풍락원(豐樂院)의 후방(後房)에서 세이쇼도(清暑堂) 금가신연(琴歌神宴)이 거행될 때는 치제에서 벗어나 산제(散齋) 기간이 된다. 치제기간 중에 소노·가라신제가 거행된다는 것은 대상제를 시작하기 전에 지주신(地主神) 즉 소노·가라신에게 알리고 무사히 대상제가 진행될 수 있도록 해달라는 목적이 있음을 알 수 있다.

그러면 실제 소노·가라신제가 어떻게 진행되었는지『儀式(貞観)』[73]에 기록된 절차를 정리하면 다음과 같다.

① 신기관인(神祇官人)은 신부(神部), 복부(卜部), 음식준비 담당자(炊女)등을 인솔하여 신원(神院)으로 향한다.

② 궁성(内裏)에서 내시(内侍), 대신들이 자리에 앉는다.

③ 신기관(神祇官)은 제물(神饌)을 바친다.

---

72) 倉林正次,「祭りの原形―大嘗祭の行なわれるまで―」,『大嘗祭を考える』 国学院大学院友会編, 桜楓社, 1990.

73) 헤이안시대 전기인 정관(貞観) 연간(859-877)에 편찬된 의식서로 현존하는『儀式』은 전 10권으로 구성되어 있다.

④ 신부(神部) 두 명이 신목(榊)을 제장에 세우고 장작불(庭燎)을 피운다.

⑤ 대신(大臣)이 음악기관인 아악료(雅樂寮)의 악사(歌人歌女)를 부른다.

⑥ 마굿간의 신마(神馬)를 부른다.

⑦ 재무부(大藏)의 관인을 불러 유우가즈라(木綿鬘)라는 무명실을 전원에게 건넨다. 각자는 박수를 치고 무명실을 받아 관에 붙인다.

⑧ 신기관(神祇官)의 무녀(御巫 미칸나기: 신기관에 소속되어 신에게 봉사하는 소녀)이 앞으로 나와 두 번 절하고 낮은 소리(微聲)로 축사를 읊는다. 다시 두 번 절하고 두 번 박수를 친다.

⑨ 신마(神馬)를 끌어 일곱 번 돌고 난 후에 퇴장한다.

⑩ 신기(神祇)의 부제관이 악사(금, 적) 두 명을 불러 악기를 조율하고 신놀이(神遊び, 歌舞, 歌遊び)를 한다.

⑪ 무녀(御巫)가 앞으로 나와 춤을 춘다. 장작불을 돌면서 유다테춤(湯立舞)을 춘다.

⑫ 신부(神部) 여덟 명(혹은 네 명)이 신보(神寶)를 들고 춤을 춘다. 신보는 신목가지(榊), 창(桙), 활(弓), 검(劍)이다.

⑬ 북쪽에 위치하고 있는 가라신사로 이동하여 같은 의식을 반복한다.

⑭ 남쪽의 소노신사(園神社)로 이동하여 노래와 피리소리에 맞추어 춤(和舞)을 춘다.

⑮ 신기관인(神祇官人), 궁내승(宮內丞), 시종(侍從), 우도네리(內舍

人), 오도네리(大舎人) 순으로 춤(和舞)를 춘다.

⑯ 음복을 한 후 대신(大臣)은 퇴장한다.

⑰ 신기관(神祇官)이 무녀(御巫), 모노이미(物忌), 신부(神部)를 인솔
하여 양쪽 신전 앞에서 가무의 가구라를 거행한다.

여기에서 주목되는 부분은 ⑧, ⑨, ⑪, ⑫의 절차이다. ⑧무녀가 미
성으로 축사를 읊는데 축사의 내용은 확인할 길이 없지만 『서궁기(西
宮記)』나 『강가차제(江家次第)』에 '무녀가 남쪽신전(소노신사)의 막
안에서 춤을 추고 다시 나와서 춤을 춘다(御巫於南殿帳中舞 次出舞)'
라는 기록이 보인다. 이에 대해 사이토(齋藤英喜)는 무녀가 장막 안에
서 은밀하게 춤을 추었는데 이는 장작불에 물을 끓이면서 진행하는
유다테(湯立)에서 무녀에게 신이 내려 신탁(공수)의 내용으로 해석하
고 있다[74]. 하지만 순서로 보아서는 신이 타는 말(신마)이 등장하기
전 즉, 신이 등장하기 전 단계에서 신들림을 받아 신탁을 읊는다는 것
은 무리가 있다. 또 남쪽 신전(園神社)의 은밀한 장막 안에서 무녀의
축사가 없이 춤을 추었다는 점에서 미성의 축사는 신들린 후의 신탁
이라기보다는 전체적인 순서로 보아 신이 강림하기를 기원하는 초감
제(勧請詞)로 보는 것이 타당할 것이다.

결국 신상제 혹은 대상제까지를 포함한 전체로 보았을 때 소노·가
라신제에서 무녀가 미성으로 축사를 읊는 것은 본제(신상제)가 무사

---

74) 齋藤英喜,「宮廷神楽の神話学─園韓神祭儀の伎芸と言説をめぐって─」, 古代文学会編, 『祭儀と言説─生成の〈現場〉へ』,森話社, 1999, p.71.

히 마칠 수 있도록 지주신에게 먼저 알리는 내용의 축사였을 것으로 짐작할 수 있다.

⑨ 신마를 끌고 일곱 번 돌고 나간다는 절차를 보자. 『북산초(北山抄)』와 『강가차제(江家次第)』, 『長秋記』에 네 마리의 말을 소노·가라신사 앞마당을 일곱 바퀴 돌았다는 기록이 있다[75]. 나가노현(長野縣)의 니노 눈마츠리(新野雪祭り)에 〈경마(競馬)〉와 〈소(お牛)〉라는 곡목에서 소와 말을 탄 장자가 등장하는 장면을 연상케 한다. 신마를 끌면서 앞마당을 돌고 나간다는 것은 신을 맞이하는 행위로 보아야 할 것이다. 의식의 순서상 도입부 즉 청신(請神)에 해당된다고 하겠다.

다음은 ⑪ 무녀가 앞으로 나와 춤을 추고 장작불을 돌면서 유다테 춤을 추었다는 부분이다. 여기서 유다테는 신전 앞에서 조릿대(笹)나 폐목(幣木)을 끓는 물을 적셔 제장의 주위나 구경꾼들에게 뿌리는 행위를 현재 전승하는 이세류 계통의 가구라에서 볼 수 있는데 본 제의가 거행되기 전의 정화의 의미로 해석해야 할 것이다. 한국의 무속의례에서는 유다테와 같이 물을 끓이는 행위는 없지만 제의 도입부에 소나무 가지나 조릿대 혹은 신칼에 물을 적셔 사방으로 뿌리는 절차가 있다. 제장이나 구경꾼들에게 부정을 없애는 부정치기와 같은 맥락으로 볼 수 있다. 유다테 춤은 일종의 정화를 위한 춤으로 보아야

---

75) 「上宣、神御馬率来。御馬各二疋、牽立殿前(『북산초(北山抄)』)」、'上宣、馬将来、称唯出、牽御馬各二疋、牽立神殿前、次馬寮、引廻御馬、廻畢退出'(『강가차제(江家次第)』)、「次召左右馬寮、仰、御馬将来、左右御馬各二匹、引立両社間、左二匹西、次右二匹北、共西向也、(中略)、次廻御馬、南北両社間有樹、廻其樹也、七回畢、引出畢」(『장추기(長秋記)』).

할 것이다.

끝으로 ⑫ 신부(神部) 여덟 명이 신목가지, 칼, 창, 활 등 신보를 들고 추는 춤이다. 이와타(岩田勝)는 가구라에서 춤을 출 때 손에 드는 소도구(採物) 중에 봉폐(幣), 신목가지(榊), 조릿대, 방울과 창, 칼과 같은 무기류는 분리해야한다고 지적한 바 있다[76]. 여기에 보이는 네 가지 신보는 모두 제장을 정화하는 도구이다. 신보를 신이 강림하는 강림처(요리마시)로 해석하는 경향이 있지만 악령을 쫓아내는 도구로 보아야 할 것이다.

여기서 잠시 소노·가라신제와 유사성을 가진 한국의 굿 중에서 동해안 별신굿과 비교해서 언급해 보자. 별신굿 뿐만 아니라 한국의 모든 굿에서 도입부는 제장을 정화하는 절차부터 시작된다. 소위 부정거리라고 일컬어지는 절차이다. 그 다음에 마을의 수호신인 골메기거리(마을에 따라서 할배신, 할매신, 부부신, 혹은 성별을 알 수 없는 신)라는 절차가 거행된다. 골메기신은 마을을 보호하는 수호신, 지주신, 토착신의 성격을 지닌 신이다. 골메기의 '골'은 마을 혹은 골짜기로 일본어의 고오리(郡)와 동일어원으로 '메기'는 방어를 의미하는 막다의 명사형이다. 골메기신은 외부로부터의 침입을 막는다는 의미가 신격화되었다고 할 수 있다. 골메기신을 모신는 절차는 별신굿이나 오구굿의 도입부에 위치한다.

악사들의 악기가 울려 퍼지는 가운데 무당이 제장(굿당) 밖으로 나

---

76) 岩田勝, 「天石窟の前における鎮魂の祭儀」, 『神楽』, 歷史民俗学論集 一, 名著出版, 1990. p.51.

와 4-5미터 정도의 대나무를 들고 흔들면서 춤을 춘다. 이 대나무를 골매기 서낭대라고 한다. 무당은 골매기신을 맞이하여 천왕문을 열자라는 내용의 무가를 부르고 다시 제장 안으로 들어와 서낭대를 흔든 후에 입구에 세워 놓는다. 오구굿의 경우에는 여상주의 치마를 골매기 서낭대에 걸기도 한다. 골매기 서낭대를 제장 입구에 세워 놓는 것은 굿당의 표식이기도 하며 부정적인 존재 즉 악령이나 잡귀 잡신들이 굿당 안으로 들어오지 못하게 하는 방위의 의미가 있다. 또 부정거리가 끝난 다음에 처음으로 거행되는 것은 앞으로 진행될 굿을 마을 수호신에게 알리고 무사히 굿을 마칠 수 있도록 기원하는 절차이기 때문이다.

서울지역의 굿에서는 상산마누라거리(上山婦人)라는 절차에 해당된다. 굿의 목적이나 규모에 따라 순서나 절차가 조금씩 다르지만 굿의 도입부에는 반드시 토지신을 모시는 절차가 거행된다. 일본 천황가의 행사로 거행되는 신상제나 대상제의 경우 그 전날의 진혼제를 비롯하여 전전날의 소노·가라신제는 전야제의 성격을 띠고 있음을 알 수 있다.

소노·가라신제의 소노신은 백제계, 가라신은 신라계 혹은 그 반대라는 설도 있으며 한반도에서 도래한 하타(秦)씨 집안의 수호신(屋敷神)이라고 하기도 한다. 한반도와 관련이 깊은 신인 것만은 분명하다. 지주신 혹은 토착신으로 정착되었다가 현재는 그 흔적도 알 수 없지만 한국의 굿 현상과 비교함으로서 시 공간적 차이에도 불구하고 유사성을 발견할 수 있다.

요컨대 일본 황실에서 성스러운 의식으로 치러졌다는 '가라·소노 신제'와 차별적 위치에 있는 무당굿을 비교한다는 것은 그 자체로 파격적일 수 있으나 이는 한·일간에 관통하는 공통적인 '신(神)'의 세계이기 때문에 가능하리라 본다. 이러한 비교연구는 한국 굿의 의미에 대한 재고와 일본 고대문헌의 해석에 새로운 방향을 제시할 수 있다는 측면에서 의의가 있으므로 향후 과제로 삼기로 하겠다.

5. 신들의 왕림 – 시이바 가구라(椎葉神樂)[77]

5-1 시이바 가구라의 구성

일본 전국에 분포하는 가구라는 천차만별이라고 할 마큼 다양하다. 가구라의 성립과 전파, 전개 양상이 지역마다 다르기 때문에 일괄적으로 언급할 수는 없다. 여기에서는 지방의 다양한 가구라 중에서 역사가 오래되었으며 지리적 조건 등으로 외부와의 접촉이 적어 가구라의 원형적인 모습이 비교적 많이 남아 있는 시이바 가구라(椎葉神樂)에 대해서 살펴보고자 한다.

시이바 가구라는 규슈 미야자키현 히가시우수기군 시바마을(九州

---

77) 시이바 가구라에 대해서는 1981년부터 1984년에 걸쳐 시이바가구라 조사단이 조직되어 기록 조사하였다. 그 결과물이 椎葉神樂調査報告書. 第1-3集(椎葉神樂記錄作成委員会, 椎葉村教育委員会 編集)으로 편찬되었다. 본 장에서는 위 자료를 참고하면서 실재 현장답사의 내용을 중심으로 기술한다.

宮崎縣 東臼杵郡 椎葉村)에 전승해온 가구라이다. 여기서 언급하는 시이바 가구라는 이즈모류 가구라에 해당된다. 이즈모류 가구라는 대체로 민가나 신사에서 거행되는데 최근에는 공회당과 같은 마을회관에서 거행되는 경우가 많다. 사각의 금줄을 치고 천장에 장식을 하는데 백개(白蓋), 천개(天蓋), 혹은 구모(雲)라고 부른다. 이는 신이 좌정하는 혹은 신이 내려오는 길을 의미하며 그 밑에서 신에게 바치는 춤과 노래를 한다.

12세기 말 일본 열도는 타이라(平) 집안과 미나모토(源) 집안의 싸움이 치열하게 전개되었다. 권력을 쥔 타이라는 오랫동안 권력에 안주하다 미나모토의 반란에 의해 정권이 무너지게 된다. 이것이 바로 유명한 겐페이전투(源平合戰)이다. 결국 최종적으로 미나모토의 승리로 끝이 나지만, 이를 계기로 귀족사회였던 헤이안 시대는 끝나고 무사들이 정권을 잡게 되는 막부정권이 들어서게 된다. 무소불위의 권력을 휘두르던 타이라가 몰락하게 되자 타이라집안 사람들은 결국 목숨을 구하기 위하여 산속 깊은 곳으로 피난하게 되는데 일본 전국에 이러한 타이라의 피난처가 100곳 이상 있었다 한다. 시이바도 타이라의 피난처의 하나로 알려진다. 이에 대해서는 쓰루토미 야시키(鶴富屋敷)의 전설에서 확인할 수 있다. 이 지역 가구라가 정확하게 언제부터 시작되었는지는 단언할 수 없지만 중앙에서 피난 온 타이라 사람들이 이 마을에 들어오면서 마을에서 전통적으로 해 오던 마을축제에 영향을 끼쳤음을 짐작할 수 있다.

시이바 가구라는 마쓰오(松尾), 시모후쿠라(下福良), 오가와치(大

126

河內), 후도노(不土野) 의 4개지구 약 27개 마을에서 행해진다. 가구라를 이 지역에서는 겨울제(후유마츠리 冬祭り), 혹은 새해맞이축제(토시마츠리 年祭り)라고 부른다.

시모후쿠라(下福良)지구: 十根川, 仲塔, 奧村, 財木, 木浦, 胡麻山, 夜
    狩內, 上椎葉
오가와치(大河內)지구: 栂尾, 大藪, 大河內, 合戰原, 矢立, 巖の枝尾,
    小崎
후도노(不土野)지구: 尾前, 向山日當, 向山日添, 尾手納, 古枝尾, 不土野
마쓰오(松尾)지구: 栗の尾, 畑, 水越

시이바 가구라는 대체로 11월 하순부터 12월 하순에 걸쳐 행해진다. 하지만 마을에 불행한 일-상(喪)을 당했을 경우, 특히 가구라를 행하기 49일 전-이 있을 경우에는 그 해의 가구라를 중지한다. 가구라는 제장(祭場)의 형태나 장식물의 차이, 가구라 거리의 차이 및 음악 등에서 지구마다 특색이 있다. 가구라는 본래 민가에서 거행되는 것이 원칙이지만 현재는 공민관, 문화센터 혹은 신사와 같은 공공건물에서 거행되는 경우가 많은데, 이는 현대식 가옥구조에서는 가구라를 거행할 만한 공간을 확보할 수 없다는 데 주된 원인이 있다. 필자가 직접 참관한 바 있는 무카이야마 히조에(向山日添)는 공민관에서, 요가리우치(夜狩內)는 문화센터에서, 다케노에다오(巖の枝尾)와 오고치(大河內)는 신사에서 거행되었다. 여기에서는 무카이야마 히조에(向山日添)가구라를 중심으로 언급하고자 한다. 공민관 건물은 마치 홀과 같이 건물 중간에 기둥이 없어서 가구라를 거행할 수 있는 구조이다.

공민관의 정면에 신단이 설치되고 그곳에 과일과 대나무에 종이를 꽂아 만든 봉폐(고헤이; 御幣)가 진열되어 있다. 이 신단을 신이 사는 세계라는 뜻으로 다카마가하라(高天原)라고 부른다. 이에 대해서 지상세계를 아시하라노 나카츠구니(葦原の中つ國)라고 하고 지하세계를 죽음의 나라라는 의미로 네노쿠니(根の國)라고 부른다.

신단 앞에 사방으로 금줄을 치고 네 귀퉁이에는 상록수인 신목(榊)을 세운다. 이를 미고우야(御神屋, 御高屋)라고 하는데 이 역시 지역에 따라 다소 다르다. 다케노에다오(嚴の枝尾)에서처럼 안쪽 미고우야와 바깥쪽 미고우야를 설치하는 경우도 있다. 미고우야는 가구라의 춤이 이루어지는 곳 즉, 가구라 무대에 해당된다. 마치 권투시합의 링과 같은 모양이다. 지그재그 식으로 오려진 종이(에리모노, 자제츠 라고도 한다)를 끼운 왼새끼로 꼰 금줄이 높게 쳐져 있다. 그리고 사각형으로 금줄 쳐진 중앙의 천에는 천개(天蓋) 혹은 백개(白蓋)라고하는 장식물이 걸려 있다. 지역에 따라 천개를 설치하는 곳과 설치하지 않는 지역이 있는데 예를 들어 무카이야마 히조에(向山日添)에서는 신단(다카마가하라)과 가구라 무대(미고우야)는 설치하지만 천개는 설치하지 않는다.

5-2 시이바가구라의 특징

앞에서 언급한 미가구라와 비교하여 시이바 가구라에는 어떠한 특징이 있으며 그 가치는 어디에 있는지 살펴보고자 한다. 시이바가 학계에 알려지게 된 계기는 야나기타(柳田國男)의 『후수사기(後狩詞記)』에서 시이바의 화전민 생활과 멧돼지 수렵생활에 대한 소개에서 시작되었다. 그 후 1981년부터 4년에 걸쳐 와세다대학 연극박물관의 혼다를 단장으로 한 시이바 가구라 조사단에 의한 조사 보고서가 나옴으로써 학계에 널리 알려지게 되었다.

시이바 가구라는 앞서 가구류분류에서 언급한 바와 같이 토리모노가구라(採物神樂) 즉, 이즈모류 가구라(出雲系神樂)에 속한다. 토리모노란 손에 든 방울이나 부채, 검, 활, 신목 등을 말한다. 궁중의 미가구라는 토리모노라고 하는 가구라 노래가 전하고 있다. 미가구라에서는 토리모노 노래만이 불리는데 비해 시이바 가구라에서는 토리모노에 대한 노래인 창교(唱敎)는 물론 이러한 제구들을 손에 들고 추는 춤도 함께 전해지고 있다.

시이바 가구라에서는 춤꾼들에게 술을 대접하고 인사를 하는 것이 가구라의 구성에 포함되어 있는데, 이는 다른 지역에서는 찾아보기 어렵다. 가구라는 전국적인 분포를 보이지만, 손님에게 술을 대접하고 가구라 춤꾼과 구경꾼들 사이에 격식 차린 인사가 가구라 구성 안에 포함되는 점은 시이바만의 독특한 점이다. 무카이야마 히조에서 가구라의 춤꾼이 도중에 객석의 주연석에 참가하여 함께 술잔을 주고

받는 것이다. 가구라에는 객석의 관객들이 춤꾼들의 춤을 북돋우는 추임새와 같은 성격의 노래가 있는데 이를 세리우타(セリ歌)라고 한다. 이 세리우타도 주연(酒宴)이 있기 전까지는 부를 수 없다고 한다.

또 하나 다른 지역에서는 찾아보기 힘든 가구라 절차 중의 하나가 본격적인 가구라를 하기전에 거행하는 이타오코시(板起し)이다. 이 타는 도마를 말 하는데 신단(다카마가하라), 무대(미고우야)를 장식하는 봉폐(종이)를 만들 때 사용된다. 가구라 제장의 준비가 끝이 나면 전원이 참가하여 각각 도마 위에 신목의 잎을 하나 따서 올려놓고 칼로 잘라 등 뒤쪽으로 던진다.

오마에(尾前)라고 하는 지역에서는 신목의 나뭇잎 대신에 멧돼지 고기 혹은 두부를 도마 위에 올려 놓고 이타오코시의 노래를 부른다. 그리고 멧돼지를 잘라 불에 굽는다. 이타오코시가 끝난 후에 신단(다카마가하라)에 가면을 차려놓는다. 한편 오테노오(尾手納) 지역에서는 도마 위에 종이를 놓고 노래를 부르면서 자른다. 종이를 자른 후에는 바로 도마를 엎어놓는다. 이타오코시가 끝나면 멧돼지를 한 점씩 나누어 먹는다. 그리고 후도노(不土野) 지역에서는 가구라 무대(미고우야)의 중앙에 대북을 설치하고 북 장단에 맞추어 이타오코시 노래를 부르고 춤꾼 두 명은 멧돼지를 자르고 다른 춤꾼은 신목의 나뭇잎을 자른다. 고기를 모두 나누어 먹는다. 이때 멧돼지가 잡히지 않았을 경우에는 두부를 사용한다. 오고치(大河內)에서도 북의 장단에 맞추어 전원이 참가하여 이타오코시의 노래를 부르고 중앙에 도마와 부엌칼, 멧돼지고기(없을 경우에는 두부)와 산적할 꼬치를 놓는다. 이때 붉은색의 어깨띠를 두른 사람이 모두에게 멧돼지 고기를 나누어준다.

　이상에서 살펴본 바와 같이 이타오코시를 하지 않는 지역도 있으며 그 형태도 지역에 따라 다소 다르긴 하지만, 도마 위에 신목의 잎이나 두부, 멧돼지 고기를 자르는 행위는 수렵생활의 단면이 엿보이는 부분이다. 멧돼지를 신전의 제물로 바치며 가구라 구성 중에서도 활과 화살을 들고 사냥하는 모습을 재현한 춤도 포함되어 있다. 또 신목 잎을 잘라 뒤쪽으로 던지는 것은 일종의 부정치기에 해당된다.

　다른 지역에서처럼 목욕재개하고 별비(別火: 부부생활을 하지 않고 가족과 식사도 같이 하지 않는 생활로 요리에 사용하는 불(火)을 따로 사용한다는데서 온 말)와 같은 금기 생활을 한다는 이야기는 없지만, 가구라를 시작하기 전에 신목잎으로 춤꾼이 신체의 부정을 가시게 하는 행위이다. 이는 춤추는 무대인 미고우야에 머무른 춤꾼이 미고우야의 밖으로 나왔다가 다시 안으로 들어갈 때 금줄에 끼워져 있는 신목 나뭇잎을 따서 둘로 나누어 등 뒤쪽으로 던지고 안으로 들어간다. 미고우야라는 신성한 세계로 들어가기 위한 일종의 부정치기인 것이다. 그리고 이타오코시의 노래를 부른다. 이때 노래는 사용된 도마를 칭송하는 내용이다. 그리고 모든 춤꾼(호우리코)과 함께 두부를 돌려먹음으로써 앞으로 거행될 가구라에 참여하는 신인(神人)의 자격이 부여되는 것이다. 즉 제사가 끝난 후 함께 음식을 나누어 먹는 음복과 마찬가지로 신에게 바치는 음식을 춤꾼이 함께 나눠먹음으로써 신과 접할 수 있는 자격을 지니게 되는 것이다.

　시이바 가구라의 특징 중 또 하나 손꼽을 수 있는 것은 산간오지라는 지리적인 측면에서 비롯된 것으로 외부와의 접촉이 적었기 때문에 가구라의 원형을 많이 지니고 있다는 점이다. 가구라의 원형을 묻는 다면 단적으로 답할 수 없지만, 예부터 전해오는 가구라가 외부의 영향에 크게 좌우되지 않고 마을사람들의 생활 속에서 지켜지고 전해져왔음은 사실이다. 앞에서도 언급한 바와 같이 가구라는 특히 에도 시대의 요시다 신도의 영향과 메이지 시대의 가구라에 대한 개혁을 거치면서도 옛 모습을 유지해 왔다. 물론 가구라의 노래(창교) 등에는 요시다 신도적인 측면이 다소 보이지만 가구라의 개혁이라고 할 만큼 강한 영향을 받지 않은 채 본래의 모습을 유지하고 있다는 측면에서 일본학계가 주목해온 것이다.

또 주목할만한 점은 헤이안 시대 후기와 중세 가요가 시이바 가구라의 창교에서 찾아 볼 수 있다. 시이바 가구라에는 다른 가구라에서 보기 드문 가구라 곡목이 많다. 특히 다케노에다오(巖の枝尾) 가구라에 나오는 야도가리(宿狩り)이다. 산사람(산인)이 하룻밤 묵어가기를 청하자 집주인이 처음에는 거절하다가 나중에는 하룻밤 묵어가기를 허락하자 산사람은 보물인 지팡이를 주인에게 준다, 여기에서 산사람은 산신으로 주인이 지팡이를 받는다는 것은 신으로부터 축복을 받는다는 의미가 담겨있다. 산인(山人)은 앞에서 언급한 소노·가라신제에 산인춤이 보인다. 소노·가라신제는 남쪽의 소노신사, 북쪽의 가라신사 순으로 거행되는데『서궁기(西宮記)』에 남북 신전에서 노래와 피리소리에 맞추어 산인춤을 추었다는 기록이 보인다[78]. 야도가리와

---

78)『서궁기(西宮記)』, '上卿着座. 南面西上. 内侍参. 女蔵人一人相加. 神祇官供(膳於)南北殿.

132

시이바 다케노에다오 가구라(椎葉-嚴之枝尾神樂)의 야도가리(宿狩り)

의 관련성이 주목되는 대목이다. 물론 야도가리와 같은 곡목이 시이바 가구라에만 있는 것은 아니다. 규슈지방의 여러 가구라에서도 이와 유사한 곡목을 찾아볼 수 있다. 산인이 등장하여 하룻밤 묵어가기를 청하고 마지막에는 마을 사람들에게 축복을 안겨준다는 내용이다.

이 밖에도 다이도노(太殿)라고 하여 신이 마을 사람들에게 신탁을 주고 축복을 내려주는 등의 내용이 가구라의 주요한 구성 속에 포함되어 있다. 외부로부터의 내빈 즉, 산에서 내려온 신, 혹은 바다에서 건너온 신이 지역 주민에게 축복을 전해주는 형식을 정리한 오리구치의 마레비토론과 관련해서도 중요한 자료이다. 다시 말하자면 일본

山人發歌笛, 山人舞', 山人舞에 대해서는 土橋寬『古代歌謠と儀礼の研究』참조.

예능사의 원점을 이 곳 시이바 가구라에서 찾아볼 수 있다는 것이다.

6. 맺음말

예능은 그 발생과 전개의 기본적인 요인에서 볼 때 신이나 정령들의 초인적인 영혼을 맞이하는 행위와 그것의 흉내내기에 기초를 둔 신앙적인 행위라고 할 수 있다. 따라서 일본의 민속예능 또한 일본이라는 지역의 자연 문화적인 콘텍스트에서 형성된 일본인의 정신생활의 문화적 표출(심의전승)이며 주기적으로 연행되어온 생활경험(행동전승)이라고 할 수 있는 것이다.

일본 민속예능의 대표적인 존재인 가구라는 민간 생활 속에 정착해왔으며 중앙과 지방의 끊임없는 소통을 통하여 변화해 왔다. 중앙의 미가구라의 영향이 있었다고 하지만 미가구라가 일반에게는 비공개가 원칙이었기 때문에 그 영향은 전파, 전승되는 과정에서 와전되기도 했음을 충분히 짐작할 수 있으며 민간에 정착되는 과정에서 오히려 지역적 특수성을 더욱 강하게 반영할 수 있었다고 볼 수 있다.

일본 궁내성 내에서 행해지는 미가구라는 지금도 일반에게는 거의 공개되지 않는다. 황실내의 의례이기 때문이기도 하지만 일본 특유의 제례에 관한 의식이 아직도 생생하게 살아있기 때문에 지금도 소위 비전(秘傳)으로만 전해지고 있다. 사실 일본 내의 연구자들도 의례를 직접 본 사람은 손꼽을 정도이다. 혼다(本田安次)와 같은 학자가 작성한 메이지신궁의 미가구라 참관기록을 통해서 짐작이 가능하다. 그의 보고서에 의하면 메이지신궁 신관들이 입는 의례복장을 갖추고서야 겨우 견학을 허락받을 수 있었다고 한다. 신관의 복식을 갖추고 참관하였지만 당시 그 구체적인 의례절차를 충분히 파악하기 어려웠다. 행사장소인 메이지신궁의 배전(拜殿) 주위를 구지라막(鯨幕)이라는 장막을 치고 그 안에서 거행했고 조명이 거의 없이 캄캄한 밤중에 장작불만이 유일한 조명 역할을 하기 때문에 가까이에서도 그 모습을 보기 힘들었다고 기술하고 있다. 따라서 현재 미가구라에 대한 대부분의 연구는 1000여 년 전 헤이안 시대의 기록을 참고로 하여 그 당시의 실상을 파악하는 것이 주요한 흐름이다. 그래서 오히려 여러 가지 다양한 학설이 나오는 원인이 되기도 한다. 천여 년 전의 미가구라가 시대와 함께 변화했으리라 짐작되지만 여전히 옛 모습을 유지하며 살아있는 제례로서 실재하는 데는 놀라지 않을 수 없다.

끝으로 흥미로운 점은 시대적 차이와 지리적으로 거리가 있는 일본의 미가구라와 규슈지방의 시이바 가구라, 그리고 한국의 굿에서 보이는 양상이 서로 맥락이 유사함을 찾을 수 있다. 이는 영향관계의 전후를 논할 수도 있겠으나 무엇보다 축제(まつり)가 지닌 보편성으로 보아야 할 것이다.

5장

가미가카리(神がかり)의 표상화

—무속, 슈겐도(修驗道)를 중심으로

1. 머리말

축제는 일 년 중 일정기간을 정하여 행해지는 일상과 다른 세계의
체험이고, 그를 통한 새로운 세계의 구축이며 인간의 본래적인 본능
에 회귀하게 함으로써 인간에게 진정한 의미의 휴식을 부여하는 의식
이라고 할 수 있다. 축제 기간 동안 일상의 규율은 적용되지 않으며
보이지 않는 신들의 세계와 만나는 시공간이 된다. 특히 삶의 터전이
열악하고 자연의 지배에서 크게 벗어나지 못했을 때, 인간은 보이지
않는 신의 존재를 감득했으며 그에 의존하고자 했다. 이때 보이지 않
는 존재를 인간은 어떻게 감지할 것인가, 이를 위한 여러 가지 궁리가
이루어졌다. 즉, 축제 공간이야말로 그러한 보이지 않는 신의 존재를
눈으로 확인하고 현실과 이성으로 납득할 수 없는 일조차 허용하게
되는 것이다.

이 장에서는 일본의 축제에서 볼 수 있는 다양한 현상 가운데 보이
지 않는 존재의 물상화로 표현되는 상징들, 즉 '神의 표상'에 주목할
것이다. 특히 일본의 축제 중에서 '신들림'(神がかり)과 관련된 자료
들을 통해 신들림이라고 하는 비일상적인 현상을 일본에서는 어떻게
축제 공간 속에 표상79)하고 있는지에 대해서 논하고자 한다. 이는 신

---

79) 표상이란 본래 사물의 형태를 있는 그대로 묘사하는 것을 의미하는 것을 뜻한다. 일반적으로 사고,
감각, 의지, 상상, 환상 등의 인간의 의식에 나타나는 모든 대상의 총칭이지만, 그 용법, 의미는 매우
다양하며 일정하지 않다. 넓은 의미로서는 지각에 기초를 둔 의식 중에서 상대적으로 형성된 외계의
대상이나 사물의 심상(지각표상)을 말한다. 한편 협의로서는 이전에 지각된 외계의 대상이 현재는
없어졌지만, 기억에 의해 의식 중에 재생된 것(기억표상)과 이전의 지각내용이 주관적으로 자유롭게
재편되어 나타난 것(상상표상) 등이 있다. 적어도 표상은 감각적, 구체적이며, 더욱이 직관적인 의식
내용이라는 점에서 개념이나 이념과 다르지만, 경우에 따라서는 관념이라는 용어와 동의어로 사용

들림의 주체라고 할 수 있는 무자(巫者)를 비롯하여 일본의 민간 산악 신앙인 슈겐도(修驗道)의 신들림 현상을 표상문화론[80]의 측면에서 살펴볼 것이다.

2. 문헌에 나타난 가미가카리(神がかり)

제의의 가장 핵심적인 기능은 신의 뜻을 듣는 행위라고 할 수 있다. 즉 신탁(공수)을 얻는 것이다. 제의에 포함된 다양한 구성요소들은 결국 신탁(託宣)을 얻기 위한 방편에 불과하다고 해도 과언이 아니다. 그러한 신탁을 얻기 위한 제의의 구성요소에서 신들림 현상을 빼놓을 수 없다. 신들림에는 기본적으로 신들리는 사람(무자 巫者)과 신, 그리고 신들리게 하는 사람(司靈者) 세 가지 주체가 필요하다[81].

먼저 신들림의 주체인 신과 신들림의 장치에 대해 언급해 보겠다. 제의에는 다종다양한 신들이 등장한다. 특히 한국의 무속과 일본 신

되는 경우도 있다. 山崎征一, 市川浩, 『현대철학사전』, 講談社, 1970, p.522.

80) 표상문화론은 기존의 미학이나 미술사, 음악사와는 차이를 둔다. 표상문화론은 어디까지나 행위의 현장에 집착하여 작품을 생성과 운동 속에서 찾으려고 한다는 점에서 기존의 문화론과 다르다. 즉 달성된 결과로서가 아니고 진행 중의 프로세스에 초점을 맞추고 있는 것이다. 기존 결과와 과정의 진행과의 차이는 본질적으로는 시간 의식의 유무이다. 모든 표상은 행위이며, 행위인 이상 시간에 제약을 받는다. 小林康夫,松浦寿輝, 「表象−構造と出来事」, 東京大学出版部, 2000, p.2.

81) 신들리는 사람을 무자(巫者), 신들게 하는 사람을 사령자(司靈者)라고 통칭하기로 한다. 대개 무녀, 혹은 무당이 신들림의 주체가 되는 경우가 일반적이지만, 동해안 별신굿이나 경기도 도당굿 등에서는 전문적인 무녀가 아닌 마을 주민중의 특정인이 되는 경우가 있다. 이는 하회별신굿에서의 산주의 역할도 이 경우에 포함될 수 있다. 따라서 본고에서는 무녀, 무당이라는 용어를 사용하지 않고 무자(巫者)라는 용어를 사용하기로 한다. 또한 신들리는 사람과 신 들게 하는 사람에 대한 엄밀한 구분 등에 관해서는 별고에서 다시 언급하기로 하겠다. 岩田勝, 「巫者と司靈者」, 『神樂新考』, 名著出版, 1992.

도의 제의에 등장하는 신들의 특성들을 먼저 파악할 필요가 있다. 결론을 먼저 말하자면, 무속과 신도의 제의에 등장하는 신들은 헤아릴 수 없을 정도로 많지만, 모든 신들이 신들림, 신탁의 주체신이 되는 것은 아니다. 즉, 제의 종류에 따라 특정한 신만이 신들림의 대상이 되는 것이다. 예를 들어 동해안 별신굿은 세습무이기 때문에 강신의 개념이 희박하지만, 무녀가 아닌 동네주민 중의 한사람을 뽑아서 굿의 마지막 부분에 대내림이라는 행위가 있다. 말하자면 굿을 통하여 신의 의지를 묻는 행위인 것이다.

그렇다면 특정 목적을 가진 제의에서 가장 중심적인 존재가 신들림의 대상이 되는데, 이러한 신들림의 대상이 여러 신들 가운데 어떠한 위치를 점하고 있는가를 고찰하고자 한다.

일본 역사의 기록에서 신들림이 가장 처음 보이는 것은 『일본서기(日本書紀)』와 『고사기(古事記)』의 아마노이와토(天岩戸)라는 암굴(岩窟)이야기이다. 『위지왜인전(魏志倭人傳)』에 의하면 야마타이국(邪馬台國)[82]의 히미코(卑彌呼)가 "귀도(鬼道)를 사용하여 민중들을 현혹시켰다"[83]라는 언급이 있는데, 신들림의 신탁이 행해졌음을 유추할 수 있지만 구체적으로 어떻게 행해졌는지는 알 수 없다.

『일본서기(日本書紀)』에서는 사루메기미(猿女君)의 조상인 아마노우즈메노 미고토(天鈿女命)가 손에 억새풀을 매단 창을 들고 아마

---

82) 2세기 후반에서 3세기에 걸쳐 일본에 존재했던 나라.

83) 『魏書』 卷三〇 「東夷傳」의 倭人條로 통칭 『魏志倭人傳』이라고 한다. "其國本亦以男子爲王、住七十八年、倭國亂、相攻伐歷年、乃共立一女子爲王、名曰卑彌呼、事鬼道、能惑衆," 같은 내용이 『後漢書倭傳』에도 보인다. "有一女子、名曰卑彌呼、年長不嫁、事鬼神道、能以妖惑衆".

140

노 이와토(天石窟戸)라는 동굴 앞에 서서 교묘하게 연기(作俳優 ワザ
オギ)를 하고, 또 아마노가구야마라는 산의 마사가키(眞坂樹)라는 풀
로 머리를 장식하고 담쟁이덩굴을 어깨에 두르고 주위에 장작불을 피
우고 거꾸로 엎어놓은 물통위에 올라가 신들림이 이루어졌다(懸神明
之憑談)"라고 기록하고 있다[84]. 이 부분은 일본예능 혹은 일본예술의
기원을 언급할 때 반드시 등장하는 부분이기도 하다.

위의 장면에서 신들림의 상태는 어떠했을까. 아마노이와토(天岩
戸) 이야기에서 아마노우즈메노 미고토의 역할은 크게 두 부분으로
나뉘는데, 와자오기 즉 배우(俳優)와 다른 하나가 바로 신들림(懸神明
之憑談)이다. 여기서 신들림이라고 하는 것은 신이 무자(巫者)의 신
체에 강림하는 것으로 신들림을 와자오기(배우)와 동일한 행위로 보
는 견해[85]가 있다. 그러나 엄밀하게 말하면 와자오기(俳優)와 신들림
(神がかり)은 구별되어야 할 것이다. 와자오기와 신들림이 병기되어
있음은 같은 행위가 아님을 뜻하는 것이며, 서술의 순서도 와자오기
가 먼저 기술되고 이어서 신들림이 기술되어 있다. 이는 와자오기가
순서상으로 보아 신들림의 전 단계로 보는 것이 타당할 것이다.

결국 와자오기는 신을 불러(오구 招ぐ) 여러 행위(와자 態(わざ))를
하는 것이며, 무자(巫者)의 신들림을 위해서 추는 춤과 행위[86]를 말

---

84) 『日本書紀』 猿女君遠祖天鈿女命、則手持茅纏之矟立於天石窟戸之前、巧作俳優。亦以
天香山之眞坂樹為レ鬘、以レ蘿、[蘿此云比舸儾]為手繦、[手繦、此云多須枳]而火処燒、
覆槽置[覆槽]、此云于該懸神明之憑談。[懸神明之憑談、此云歌牟鵝可梨]是時、天照大
神、

85) 西村亨編, 『折口信夫事典』, 大修館書店, 1988, p.391.

86) 本田安次, 『日本の祭と芸能』, 錦正社, 1974, p.17.

한다. 뿐만 아니라 신들림에 관해서 자세히 살펴보면, 아마노우즈메노 미고토의 머리장식과 어깨띠와 같은 복장, 그리고 엎어놓은 물통 등의 정황이 기술되고 있으며, 와자오기에 대해서는 손에 든 창이 매우 중요한 도구로 기술되어 있음을 알 수 있다. 이는 가구라(神樂)에서 사용되는 검과 창과 같은 무기를 신이 내리는 도구로 생각할 수 있지만, 본래의 기능은 제장을 정화하고 부정한 것을 쫓아내는 수단이기 때문이다. 또한 창을 손에 들고 행하는 와자오기는 악령을 쫓아내기 위한 행위로서 신들림 전 단계의 부정치기에 해당된다고 하겠다. 결국 보이지 않는 존재인 부정한 악귀 악령들을 물리치는 행위는 마치 실제로 존재하는 듯이 보이게 하는 행위이며 이를 와자오기(俳優)라고 표기한 것이리라.

한편, 『고사기(古事記)』에는 다음과 같이 기록되어 있다.

아마노우즈메노 미고토(天宇受賣命)가 아마노카구야마라는 산에 있는 하늘의 담쟁이 덩쿨로 어깨띠를 하고 칡넝쿨로 머리를 장식하고 조릿대 다발을 손에 들고 아마노이와토(天の石屋戸)에서 물통을 엎어놓고 쾅쾅 울리면서 신이 들린다(神がかり). 가슴을 들어내고 치마가 음부까지 흘러내릴 정도이다. 그래서 온 천지가 떠나갈 정도로 모든 신들이 함께 웃음을 터뜨린다[87].

---

87) 『古事記』 天宇受賣命、手次繫天香山之天之日影而、為レ縵天之真拆而、手草結天香山之小竹葉而 [訓小竹云佐佐]、於天之石屋戸伏汚気、[此二字以音] 踏登杼呂許志[此五字以音]、為神懸而、掛出胸乳、裳緒忍垂於番登也。爾高天原動而、八百万神共笑。

142

이 기록에서 와자오기(俳優)라는 용어는 등장하지 않는다. 다만, 신들림의 춤이 매우 격렬하였으며 모인 여러 신들에게 웃음을 자아내게 하는 기능을 하고 있음을 알 수 있다.

이상과 같이 『일본서기』와 『고사기』의 기록에 보이는 '신들림(神がかり)'은 트랜스 상태를 동반하고 있음을 보여준다. 하지만 현재의 민속행사에서 보이는 신들림과 비교할 때 다소 차이를 보인다. 즉 일 『일본서기』와 『고사기』에 기록된 신들림은 트랜스 상태를 보이기는 하지만, 신들림의 주체인 신이 어떤 신인지에 대해서 전혀 언급이 없다. 신들림은 샤마니즘 의례에서 샤만과 신령이 직접 교류하는 방식이다. 샤만의 특성으로써 타 종교 주술자와 변별될 수 있는 기준의 하나는 트랜스(trance)를 동반한 신들림이다. 따라서 적어도 『일본서기』와 『고사기』에 기록된 아마노우즈메노 미고토가 트랜스 상태를 나타내고 있음은 확실하다.

일반적으로 샤마니즘에서 신들림의 상태를 엑스터시(탈혼)와 포제션(빙의)으로 분류하기도 한다[88]. 엑스터시는 무자(샤만)가 트랜스 상태에서 영혼이 신체에서 이탈하여 다른 차원의 세계로 이동하는 것을 말하고, 포제숀은 영적 존재가 무자의 신체에 깃드는 것을 말한다. 일본 문헌에 등장하는 신들림 현상이 엑스터시현상인지, 아니면 포제숀 현상인지 확연히 구분하기는 힘들며 샤마니즘의 정의에 대해서도

---

[88] 佐々木宏幹은 종래 샤만을 다른 주술자나 종교적 직능자와 구별하는 기준으로서 사용된 망아, 탈아, 황홀, 무아지경, 입신, 실신 등의 용어는 영어의 exctasy, trance, soul-loss, dissociaition 등을 번역한 것이며, 이러한 영어의 용어 자체가 반드시 일정 개념규정을 얻지 못하고 있음을 지적하고 용어의 용도를 정리하고 있다. 통상적으로 의식의 변이상태를 트랜스라고 하고 그중에서 빙의와 탈혼으로 분류하고 있다. 신들림(가미가카리)은 빙의에 해당된다고 할 수 있다.

학자에 따라 다소 이설이 있다. 샤만과 신령의 접촉방식에 관해서는 소위 탈혼 형과 빙의 형으로 초점이 맞추어지지만, 양자 모두 트랜스라고 하는 황홀, 망아의 이상 심리상태가 동반되고 있음은 말할 나위 없다.

그렇다면 트랜스는 어떠한 상태를 말하는가. 트랜스의 상태를 M. J 필드는 다음과 같이 설명하였다.

의식을 잃어버린 상태는 통상적으로 한두 시간의 짧은 시간이다. 하루 종일 의식을 상실한 경우는 매우 드물다. 정상적인 의식이 회복되었을 때 본인은 자신이 빙의 중에 행하였거나 이야기하고 보고 느낀 것을 기억하지 못한다. 이러한 의식의 상실은 몽유병 혹은 최면술에 걸린 상태와 매우 유사하다. 일반적으로 인간이 잠을 잤을 때 얼마간의 의식 상실상태에 빠지게 된다. 예를 들어 누군가가 이불을 덮고 잠자고 있을 때 그 이불을 벗기면, 잠자는 사람은 깨지 않고서 이불을 잡아당겨 본래의 상태로 돌려놓으려고 한다. 하지만 다음날 아침에 그러한 사실이 있었음을 듣는다고 하더라도 생각해내지 못하는 것이다[89].

아프리카 가나에 있었던 빙의의 트랜스상 태를 설명하고 있다. 여기에서 주목하고 싶은 것은 트랜스 상태가 오랫동안 지속되는 것이 아니라 일시적이라는 것, 제 정신이 돌아왔을 때 트랜스 상태에서 일

---

89) Field, M. J. "Spirit Possession in Ghana, in Spirit Mediumship and Society in Africa" 1969, London.(小松和彦, 『憑霊信仰論』, 講談社学術文庫, 1994, p.38).

어났던 일들을 기억하지 못한다는 것. 그리고 트랜스와 유사한 상황이 일상생활에서도 있을 수 있다는 것 등이다. 즉 트랜스 상태가 되는 것은 특정 주술적 직능자(샤만)에 한정된 것이 아니라는 점이다. 일상에서의 일탈, 의식의 상실 등의 개념과 샤만의 트랜스 상태가 매우 닮았다는 지적은 샤마니즘의 현상이 특수집단이나 특정 종족에게 한정된 것이 아니고 인간사회에서는 어디에서든 있을 수 있는 보편적인 현상임을 알 수 있다.

탈혼이 샤만이라는 종교적 직능자의 영혼이 신체를 이탈해서 영계로 들어가 초자연적인 존재(신령)와 직접 접촉하는 방식이라면, 빙의는 초자연적인 존재를 불러 들여 샤만의 신체에 들어오게 하여 신령 역할을 대신하는 방식을 말한다. 그런 의미에서 일본의 신들림은 후자인 빙의 형이라고 할 수 있다.

대표적인 예로 일본 동북지방의 이타코, 가미사마, 고미소 등으로 불리는 민간 무녀에게 보이는 트랜스 현상은 빙의 형에 속한다. 신들림(神懸)이라는 표현에서도 빙의 형임을 알 수 있다. 『고사기』에 보이는 아마노우즈메노 미고토가 '가슴을 드러내고 음부까지 치마가 흘러내릴' 정도로 격렬하게 춤을 춘 것으로 보아 망아상태의 샤만의 모습임에는 틀림 없지만, 이들 기록만으로는 탈혼 형 혹은 빙의 형으로 단언할 수 없다. 만약 아마노이와토라는 동굴 앞에서 행해진 아마노우즈메노 미고토의 행위가 빙의 형이라고 가정한다면, 신들림의 주체는 아마노우즈메노 미고토이며, 신들리게 하는 자는 그 주위에 있었던 아마노고야네노 미고토(天兒屋命), 후토타마노 미고토(太玉命),

오모이가네노 가미(思兼神) 등 그 행사에 직접 관여했던 신들이 될 것이다. 이와타(岩田勝)의 '신들린 무자(巫者)'와 '신들리게 하는 사령자(司靈者)'90)라는 용어를 빌리자면, 아마노우즈메노 미고토는 무자(巫者)이며, 아마노고야네노 미고토, 후토타마노 미고토, 오모이가네노 가미 등은 사령자(司靈者)에 해당된다.

그렇다면 신들림의 중심신 즉, 신들림의 대상이 되는 신은 어떠한 신인가. 『일본서기』의 신들림(懸神明之憑談)에 국한해서 생각한다면, 앞서 언급한 것처럼 손에 창을 든 아마노우즈메노 미고토가 먼저 장소를 정화하는 '와자오기'를 행하고 이어서 신들림이 있었을 것이다. 그리고 와자오기의 대상은 물리쳐야 할 악령들이며, 신들림의 대상은 제의 중심신이 될 것이다. 그리고 신들림의 목적이 신탁(託宣)을 받는 것이라고 한다면, 그것은 제의의 중심신의 신탁이다. 하지만 기록에서 신들림의 신이 어떠한 신이며 또한 신탁이 있었는지에 대해서도 확인할 수가 없다. 그런데 신들림이 반드시 신탁이 동반되어야 한다고는 할 수 없다. 즉, 신들림은 제의의 주체인 수호신령이 나타나 신탁을 하는 경우와 부정적인 존재로서 제의 장소에서 쫓아내어야 할 악령을 퇴치하는 두 부문91)으로 나누어 생각할 수 있다.

한편, 아마노우즈메노 미고토의 신들림의 주체신은 기록에서 그 실태를 확인할 수 없다. 다만, 현신명지빙담(懸神明之憑談)의 '명신(神明)'이 나타내는 바와 같이 특정한 신이 아님은 알 수 있다. 일본어에

---

90) 岩田勝, 『神樂新考』, 「第四章 巫者と司靈者」, 名著出版, 1992.
91) 岩田勝 위의 글, p.425.

146

서 신들림의 들림 즉, 가카루(カカル) 이외에 유사한 용어로는 우츠루(ウツル—移), 츠쿠(ツク—憑), 요루(ヨル—依), 구루후(クルフ—狂) 등이 있다. 이에 관해 군지(郡司正勝)는 연극의 변신과 주술에 관해서 언급하면서 다음과 같이 설명한 바 있다.

우츠루(ウツル)는 베끼다(写す), 이동하다(移す)와 어원적으로 동일한 계통이며 유감 주술적 민속행사에서 그 원형을 찾아볼 수 있다. 능동적인 기술이 아니고 수동적이며 자연의 법칙에 따라 유동해가는 것이 우츠루의 첫 번째 의미이다. 우추루가 수동적인데 반해서 가카루(カカル)는 무자(巫者)의 신들림처럼 수동적이면서 동시에 능동성을 내포하고 있다. 신들림의 방식이 와자오기(俳優) 방식으로 전개되고 가카루(들다)에서 가케루(들게하다)가 되면서 연기(演技)가 된 것이다. 우츠루, 가카루와 유사한 츠키모노(憑きもの) 신앙이 있다. 츠쿠(憑く)는 여우, 개 등 동물의 정령이 붙는 경우와 같이 동물의 정령이 붙은 것을 떨어져나가게 하는 것이다[92].

가카루(カカル)와 우츠루(ウツル)가 인간의 측면에서 보면 수동적인 행위이지만 이를 능동적으로 행하면 신들림의 기술(와자)이 와자오기(俳優)의 기술(와자)로 전개되어 연기(演技)가 된다는 지적은 매우 시사적이다. 또 그에 의하면, 가카루와 우츠루는 긍정적인 신, 츠쿠는 부정적인 영혼(정령)의 경우에 쓰이는 것으로 구분하고 있다.

---

92) 郡司正勝, 『古典芸能 鉛と水銀』, 西沢書店, 1975, p.282.

그런데 이와타(岩田勝)는 『일본서기』, 『고사기』를 비롯하여 고문헌에 보이는 신들림의 양상을 나타내는 표기를 분류, 분석하여 가카루형(カカル型)과 츠쿠·요루형(ツク・ヨル型)으로 분류하였다. 그에 의하면 신들림('爲, 神懸', '懸神明之憑談')이외의 빙의현상을 표현하는 문자로서 『일본서기』, 『고사기』에 '귀(帰)', '빙(憑)', 탁('託)', '저, 착(著, 着)' 등이 있다. 읽는 법은 문자가 사용되어진 문맥에 따라 읽어야 한다고 하는데, 요루로 읽는 경우는 『일본서기』와 『고사기』에는 보이지 않고 중세 이후에 주로 사용되었다. 『일본서기』와 『고사기』의 츠쿠(ツク)는 쓰임의 상황이 명확하며 한정된 범위 내에서 사용된다.

이에 비해서 '가카루'는 사용되어야 할 상황뿐만 아니라 '츠쿠'를 사용하기에는 다소 부적절한 상황에서 널리 사용되는 경향이 보인다. 즉, '츠쿠'가 사용될 때에는 신의 이름(神名)이 명시되고, 가끔은 신과 특정관계에 있는 무자(巫者)와 함께 표시되는 경우이며, '가카루'가 사용될 때는 특정신이 아닌 신명(神明), 신령(神靈)과 같이 보통명사인 신의 경우이다93). 다시 말하면, 신들림의 들린다는 '가카루(カカル)'는 신명(神明), 신령(神靈) 등과 같이 일반적으로 보통명사와 함께 사용되며, 신이 붙다의 '츠쿠(ツク)'는 신의 이름이 명시된 특정신의 경우에 한정해서 사용되는 경향이 있다.

『고사기』의 '츠쿠'가 민속현상에 보이는 신들림 혹은 빙의, 빙령으로 불리는 것과 반드시 일치한다고 할 수는 없다. 오히려 민속현상에

---

93) 岩田勝, 앞의 글, p.296-297.

서의 '츠쿠', 혹은 '츠키'(츠쿠의 명사형)는 반드시 트랜스 현상이 동반되는 것은 아니며, 또한 인격화, 형상화를 동반한 신령의 존재에만 상정된 것도 아니다. 즉 신들림은 '츠키' 현상의 일부분을 구성하고 있는 것에 지나지 않는다[94].

결국 『일본서기』, 『고사기』의 신화에 등장하는 아마노우즈메노 미고토의 행위는 처음에는 의도적이고 능동적으로 춤을 추었지만, 춤을 추면서 수동적인 신들린 상태가 되었음을 상정할 수 있다. 문맥상 신명(神明)의 문자가 나타내는 것처럼 신들림의 신이 개별화되고 구체적인 특정 신으로 되는 것은 불가능하다. '현신명지빙담(懸神明之憑談)'의 '담(談)'의 글자에 주목해 보면 신탁이 있었음을 생각할 수 있다.

여기서 민속적 상상력을 동원시킨다면, 아마노우즈메노 미고토에 빙의된 신은 아마테라스 오미가미(天照大神)였을 가능성을 배제할 수 없다. 나아가 '현신명지빙담(懸神明之憑談)'에 이어 암굴을 열고 나온 아마테라스 오미가미의 행위는 실제 신들림 아마노우즈메노 미고토의 행위로 볼 수 있다. 말하자면, '현신명지빙담'의 앞부분에 서술된 부분은 신들리기 위한 능동적인 행위였으며, 뒷부분의 서술은 신들린 상태 즉, 빙의된 신에 의한 수동적인 행위였음을 가늠해 볼 수 있다. 앞부분이 현실적인 서술이라면, 뒷부분은 신들린 상태를 묘사

---

94) 고마츠가츠히고(小松和彦)는 츠쿠(츠키)의 개념 속에 신들림(빙령)이 포함되어 있다고 한다. 小松和彦, 『憑靈信仰論』, 講談社学術文庫, 1994, p.37. 그리고 신들림 현상과는 다른 민속현상으로서 귀신 붙은 현상(憑きもの)이 있다. 이에 대해서는 石塚尊俊, 『日本の憑きもの』, 未来社, 1968 을 참고하였다.

한 비현실적인 서술임을 추측할 수 있다.

신들림은 실제 개인적인 행위이지만 마을 축제와 같은 공동축제가 되면 개인의 차원을 넘어서 마을 전체의 행위로 확장된다. 신들림(트랜스) 상태라는 것은 일상적인 정신상태가 아니며 일상 세계와는 차원을 달리하는 비 일상의 세계로 간주된다. 통과의례를 포함한 모든 의례가 일상의 시·공간과는 다른 차원의 것이 요구되는 것이다. 반 헤넵이 통과의례 자체가 일상과 구분되는 경계영역[95]임을 강조한 바와 같이 의례에서 행해지는 신들림은 또 하나의 경계가 형성되는 것이다.

그런데 모든 절차에서 신들림이 거행된 것이 아니라 특정 절차에만 신들림이 있었는데 신들림 현상은 어떠한 절차에 거행되었을까. 또 신들림의 대상 신은 정해져 있는 것인가. 만약에 정해진 신만이 신들림에 나타난다면 어떠한 신들인가. 이러한 문제를 다음 절에서 살펴보기로 하겠다.

3. 죽은 자들의(死靈)의 향연 – 미코의 호도케오로시

신들림은 정신적인 측면이 강조되기 때문에 신들림을 확인할 수 있는 다양한 장치가 필요하게 된다. 신들림을 확인할 수 있는 장치들은 어떠한 것들이 있으며 일본의 민속의례 중에서 신들림이 어떻게 일어

---

95) A・ファンヘネップ, 『通過儀礼』, (綾部恒雄・綾部裕子 訳) 弘文堂, 1977, p.13.

나고 있는지를 신들림이 주요직능이라고 할 수 있는 무녀의 신들림과 슈겐도(修驗道)의 신들림의 양상을 살펴보고 신들림의 대상 신과 신들림 장치로서의 신의 길(가미미치－神道)에 주목해 보기로 하자.

신들림은 곧 샤만(巫者) 혹은 미코(巫女)를 연상하듯 샤마니즘을 타종교와 변별하는 기준이 된다. 여기에서 신들리는 사람이 반드시 샤만이나 미코와 같이 전문가에게만 한정되는 것이 아니기 때문에 미코와 같은 특정인을 지칭할 때 이외에 일반적인 신들리는 자라는 뜻으로 '무자(巫者)'라는 용어를 사용코자 한다.

일본에서 무녀(巫女)의 분류는 학자에 따라 다소 다르다. 야나기타(柳田國男)는 유형에 따라 구치요세(口寄せ) 무녀와 신사 무녀(神社巫女)로 크게 나누었다[96]. 양자는 근본적으로 동일하지만, 신사무녀에게 신들림이 없어진 것은 근대 이후 변화한 것이다. 나카야마(中山太郎)는 신화계미코(神和系神子)와 구치요세미코(口寄せ神子)로[97] 사쿠라이(桜井德太郎)는 직업무녀(職業巫女)와 신사무녀(神社巫女), 지방무녀(里巫女)로 분류한 바 있다[98]. 사사키(佐々木宏幹)는 무녀를 신이나 정령과 직접 교류가능한 자와 교류가 불가능한 자로 분류하였다[99].

일본의 무녀가 샤만인지 아닌지에 대해서는 이론이 있지만, 무녀의 유형을 신들림의 유무를 기준으로 분류하고 있음을 알 수 있다. 사쿠

---

96) 柳田国男, 「巫女考」, 『定本柳田国男集』第九巻, 筑摩書房, 1962.
97) 中山太郎, 『日本巫女史』, 大岡山書店, 1930.
98) 桜井徳太郎, 『日本のシャーマニズム』上巻, 吉川弘文館, 1974.
99) 佐々木宏幹, 『シャーマニズム－エクスタシーと憑霊の文化－』, 中央公論社, 1980.

라이는 무녀의 필수조건을 신들림에 있다고 하여 무녀를 타종교 주술자와 변별하였다[100]. 이와 같이 신들림은 무녀에게 주요한 직능의 하나라고 해도 과언이 아니다. 무녀는 지역에 따라 명칭도 다르며, 직능도 조금씩 차이를 보인다. 또 동일 지역이라 하더라도 개인적인 차이가 있다. 과거에는 무녀의 활동이 전국적인 분포를 보였지만, 현재는 일본열도의 최북단과 최남단에 명맥을 유지하고 있는 정도이다. 일본 도호쿠지역과 오키나와에서 잔재를 볼 수 있다[101]. 무녀는 이타코, 이치코, 고미소, 아즈사, 노리와라, 가미상, 미코, 와카, 교자(行者), 기도사, 복점사, 유타, 간가랴 등 그 명칭에서도 다양하다.

도호쿠 지역의 무녀는 성무동기(成巫動機)에 따라 이타코형과 고미소형으로 나눌 수 있다[102]. 이타코형 무녀는 선천적 혹은 후천적으로 신체적인 장애 특히 앞이 안보이는(盲人) 사람이 많다. 그들은 신체적인 장애를 극복하고 경제적, 사회적 자립을 위한 직업으로 구치요세 무녀를 택하는 것이다. 그들은 먼저 기존의 이타코의 제자로 들어가 단식, 물수행(水行) 등의 고된 수련을 거쳐 신탁(구치요세)의 능력을 몸에 익혀 이타코가 된다. 이타코 입무 과정은 거의 일정하게 정해져 있으며 개인적인 차이는 그다지 볼 수 없다.

---

100) 桜井徳太郎 앞의 글, p.219. 샤만의 성격을 규정하는 조건으로서 황홀망아의 이상심리상태의 트랜스, 특히 엑스타시를 중시하지만, 만약 광의의 샤만을 규정한다면 입신의 동기를 트랜스에 둔 종교직능자의 범위는 훨씬 넓어질 것이다. 기독교,불교 등의 조직적인 기성조욕에 관계하는 자 이외의 전통적인 주술종교자의 대부분은 모두 무자(巫者)로 단정하지 않을 수 없다. 그리고 조직종교(기성종교)에 직접 관계하는 자도 의례를 집행하는 도중에 법열경(法悦境)에 들어가는 경우가 많다는 것을 사례로 들면서 일본의 주술적 종교나 외래의 고등종교와의 구분의 기준으로서 신들림을 무자(巫者)의 필수조건임을 서술하고 있다.

101) 위의 글 p.6.

102) 宮家準, 『修験道儀礼の研究』, 春秋社, 1985, pp.322-323.

쿠치요세(口寄) 하고 있는 이타코(イタコ)

한편, 고미소형은 이타코의 입무과정과 대조적으로 개인적인 특수 체험에 크게 좌우된다.

입무 과정의 대부분은 경제적, 정신적 고통이 발단으로 되지만 절대적인 것은 아니다. 영감이나 영몽(꿈)이 직접적인 계기가 되는 경우도 있다. 무술(巫術)의 중요한 부분은 영감에 의해 획득하며 형식적인 행사는 기성 종교에서 모방하는 경우가 많다[103].

고미소형과 이타코형은 한국의 무당 분포 현황과 매우 유사성을 보인다. 한국 중부이북지방의 강신무형 무당과 이남의 세습무형 단골무

---

[103] 입무동기에 따라 직업무와 영감무로 나누기도 한다. 양자에 대해서 남부지방(南部地方: 야마가타현, 아끼타현)에서는 이땃고, 미사마, 츠가루지방(津軽地方)에서는 이타코와 고미소로 나눌 수 있는데, 이타코는 구치요세만을 전문적으로 하는데 가미사마의 신탁(구치요세)나 주술에 있어서 차이를 보인다. 石川純一郎,「口寄せの伝承－八戸市周辺の場合－」,『国学院大学日本文化研究所紀要』第三四輯, 1974, pp.73-74.

에 각각 해당된다. 개인적인 차이는 있겠지만, 고미소형 혹은 영감무형은 한국의 강신무형과 마찬가지로 의례에 필요한 기술보다는 영감이 매우 중시된다. 반면, 이타코형은 한국은 세습무형(단골무)과 마찬가지로 영감보다는 학습(수업)에 의한 기술습득이 요구된다. 특히 예능적인 측면이 강조되어 예능발달의 모태가 되는 경향이 있다.

그런데 이러한 한국의 두 가지 유형의 계보에 대해서는 아직 확연하게 밝혀진 바가 없지만 세습형 무녀의 의례에서도 신들림이 전혀 없는 것은 아니다. 동해안 지역의 무당 집단의 의례에서도 군웅굿과 같은 신령의 초자연적인 힘을 보여주는 절차(거리)가 남아 있다. 일본의 이타코형과 고미소형이 의례에서 신령의 초자연적인 능력을 보여주는 방법으로 보아 신들림이 전무하다고 할 수는 없다. 신의 의사를 전달하는 것이 유형에 관계없이 무녀의 본직이라고 한다면, 영감을 중요시하는 고미소형, 무당형의 의례에는 진정한 신들림, 신탁이 무엇보다 중요시 된다. 이에 비해 이타코형, 혹은 단골형 의례의 경우, 신의 초자연적인 힘을 과시하는 표현수단의 장치가 중요시 되는 경향을 보인다. 다시 말하면 진정한 신들림, 신탁을 그럴듯하게 흉내내어 표현함으로써 기법 상의 발달이 돋보인다.

이러한 표상적인 장치 중의 하나가 가미미치(신의 강림길)이다. 이것을 통해 진정한 신들림이 없다고 하더라도 신의 강림길을 표현함으로써 제장에 신령들이 등장한다고 믿게 하는 것이다. 이러한 표상적 장치는 제의효과를 확대시키는 역할을 할 뿐만 아니라 예능 발생의 근원이 되기도 한다. 그럼 보다 구체적인 사례를 통해 제장의 구조와

154

신의 표상에 대하여 고찰해 보자.

3-1 이타코의 구치요세와 야마다테(ヤマダテ)

여기에서는 이타코가 주관하는 주행사인 구치요세와 오키나와의 구다카시마(久高島)에서 13년마다 거행되었다는 무녀의 자격부여 의례인 이자이호(イザイホウ)라는 사례를 통하여 제장의 구조와 신들의 특성 및 신들의 표상화 장치에 대해서 언급하기로 한다.

이타코의 신들림은 크게 두 가지로 나눌 수 있다. 하나는 수업을 받고 독립된 무녀가 되기위한 성무식 때 거행되는 첫 신들림의 체험이다. 다른 하나는 독립된 이타코가 된 후 의뢰자의 부탁을 받고 거행하는 소위 '일(쇼바이)'로서의 신들림이다. 성무식 때의 신들림은 거의 실신상태에 빠지는 진성 신들림이라고 한다면, 일로서의 신들림은 완전히 의식을 잃어버리는 경우가 드문 신들림이라고 할 수 있다.

이타코의 주요기능은 신내림(神降ろし), 오시라사마 놀리기(オシラ様アソバセ), 구치요세(口寄せ) 등이 있다. 이 중 구치요세는 이타코에게 가장 중요한 일로서 죽은 자의 영혼을 불러내어 죽은 자의 심경을 의뢰자에게 이야기하는 것이다.

구치요세는 죽은 자의 영혼을 불러내는 경우가 많지만, 신을 내리게 하여 신탁을 듣는 가미구치(神口)가 있다. 영혼을 불러내는 경우에도 아직 죽음이 확인되지 않은 경우를 이키구치(生口)라고 하고, 장례식이 끝난 후에 하는 시구치(死口)가 있다. 시구치(死口)는 다시 사후 100일 혹은 49일을 기준으로 해서 그 이전에 행하는 것을 신구치(新口)라고 하고 그 이후에 하는 것을 후루구치(古口)라고 한다. 신구치는 사후 3일째, 7일째, 49일째, 100일째 등 사령(死靈)을 공양하는 날에 이타코를 불러 구치요세를 부탁한다. 죽은 자의 영혼이 이타코에 내려 사망원인, 사후의 상황, 심리적 상태, 유족들의 장래 등에 대해서 이야기한다. 후루구치는 히간(彼岸), 오봉(盆), 기일(忌日), 주기(周忌)의 공양을 겸해서 거행되는 경우가 많다.

죽은 자의 영혼을 불러내어(佛降ろし) 죽은 자의 심경을 듣는 구치요세가 이타코의 주요 직능임은 틀림없지만 이는 원래 신내리기(神降ろし)에 포함되어 있었던 것이다. 더욱이 신 내리기와 영혼 부르기는 신탁의 전달 방법이 달랐다고 한다[104]. 신 내리기에서 먼저 불보살을 불러낸 다음, 불보살의 강림에 의해 영혼(死靈)이 이타코에게 빙의한다. 그리고 이타코의 중개에 의해 사람들은 가족의 사령(死靈), 조상영(祖靈), 살아있는 영(生靈)과 대면하게 된다. 그리고 죽은 자의 목소리를 직접 이타코의 입을 통해 듣게 된다. 이때 이타코는 불보살의 말을 대신해서 신탁을 하는 것이 아니라, 불보살의 인도에 의해 죽은 영혼의 빙의를 받아 죽은 자의 심정을 가족에게 전달하는 단지 중개자, 매개자의 역할을 하는 데 지나지 않는다[105].

이처럼 죽은 영혼을 불러내는 구치요세는 첫 신 내리기(迎神)와 마

---

104) 桜井徳太郎, 『日本のシャーマニズム』 上巻, 吉川弘文館, 1974.
105) 桜井徳太郎, 위의 글, p.70.

156

지막의 신보내기(送神) 사이에 거행된다. 이러한 구조는 한국의 오구굿이나 진오귀굿과 크게 다르지 않다.

호도케 오로시(죽은 자의 영혼을 불러내기)는 거행되는 장소에 따라 크게 세 가지 패턴으로 나누어진다. 신구치(新口)와 같이 의뢰자의 집에서 거행되는 경우와 의뢰자가 이타코의 집을 방문하여 의뢰하는 경우, 그리고 이타코가 마을로 출장을 가서 어느 집에 숙소를 정해놓고 거행하는 경우가 있다. 특히 출장을 가서 숙소를 정해놓고 거행되는 경우는 그 집을 다테모토(立て元)라고 한다.

다테모토에서 영혼내리기의 구치요세를 할 경우 시작하기 전에 먼저 의뢰자들이 야마다테(山立て)라는 행사를 행한다. 야마다테는 영혼내리기의 구치요세를 위한 제단을 말한다. 야마다테는 물통에 쌀(오사고) 한 되를 깔고 물통의 중앙에 복숭아 나뭇가지를 세운다. 복숭아 가지에는 붉은색과 흰색 종이 두 장을 끼워 놓고 종이의 그늘진 곳에 이타코가 불러낸 죽은 자의 영혼이 좌정해 있다가 이타코의 입을 빌어 말하게 된다고 한다[106]. 종이 뒷부분을 죽은 자의 영혼이 좌정하는 장소라고 하는 것은 가구라의 가설무대와 같은 발상이라고 하겠다.

다카치호 가구라(高千穂神樂)의 경우, 소토지메(外注連)라 하여 앞마당(神庭)에 신의 좌정장소를 설치하고 그 안에 가마니와 짚으로 만든 뱀(綱蛇)을 설치한다. 가마니에는 봉폐를 꼽고 가구라 무대(舞殿)의 안쪽(內注連)과 줄로 연결한다. 앞마당에 설치된 바깥공간(外注

106) 高松敬吉, 『巫俗と他界観の民俗学的研究』, 法政大学出版局, 1993, p.165.

連)이 신이 좌정하는 장소인 것이다. 신이 무자(巫女, 가구라타유)에 직접 빙의하는 것이 아니라 먼저 신이 좌정할 장소로 모시고 다시 신을 불러내는 구조로 되어 있다. 이는 신을 모시고 있는 성황당, 혹은 당집에서 굿을 하는 것이 아니라 가설건물을 지어 그 곳에서 굿을 하는 한국의 무속의례에서도 볼 수 있다. 예를 들어 강릉 단오제의 경우, 신이 모셔져 있는 서낭당에서 수백 미터 떨어진 남대천 강변에서 거행하며, 경기도 도당굿에서도 신령을 모시는 장소와 다른 곳에 가설로 제장을 만들어 굿을 한다.

이와 같이 야마다테 종이의 그늘 부분을 죽은 자의 영혼이 좌정하는 것으로 여기는 것이나 다카치호가구라의 바깥금줄(소토지메), 한국의 가설 굿당 등은 행렬을 통한 이동을 통해 마을 전체가 신의 영역임을 나타내고, 또 신의 이동을 통하여 신의 존재를 재확인하는 장치라고 할 수 있다.

야마다테는 경우에 따라서 '다리를 놓다(ハシヲカゲル)'라고 하여 천을 복숭아 가지에 건다. 죽은 자가 남성인 경우는 흰색 천을, 여성인 경우는 붉은 천을 사용한다. 천을 거는 것은 죽은 자의 영혼이 잘 내려오도록 하는 염원이 담겨있는 것이다. 특히 다리를 놓는다고 하여 천을 거는 것은 죽은 자가 어린아이이거나, 젊은이, 혹은 갑작스런 죽음 등의 특별한 경우에만 사용한다. 실이나 천은 죽은 자가 저승에서 이승으로 건너오는 다리를 상징한다.

이는 한국의 굿에서 보이는 길닦음과 동일한 맥락에서 출발하고 있음에 주목할 필요가 있다. 길닦음의 흰 천을 유족 혹은 조무가 양끝을

158

펼쳐 잡으면 그 위에 저승으로 갈 때 필요하다는 여비인 금전, 죽은 자의 넋이라고 하는 종이로 오려 만든 인형, 사진 등을 놓고 흔들면서 죽은 자가 저승으로 가는 모습을 연출한다. 마지막에는 무녀가 흰 천을 두 쪽으로 몸으로 밀면서 가른다. 그렇게 함으로써 죽은 자가 저승으로 무사히 가게 된다고 믿는다. 흰 천을 두 쪽으로 가르는 것은 이 승과 저승의 인연을 끊는다는 의미로 해석하는 경우도 있지만 길닦음이라는 표현으로 보아 이승과 저승을 연결하는 길임에는 틀림이 없다.

야마다테의 실이나 천은 죽은 자의 영혼이 이승으로 내려오는 것이고 한국 굿의 길닦음에서는 이승에서 저승으로 가는 것으로 되어 있다. 방향의 차이는 있으나 이승과 저승을 연결하는 다리의 역할을 하고 있다는 점에서 동일하다고 하겠다. 또한 이것은 하나 마츠리(花祭り)의 천개(天蓋)에 연결되어 있는 가미미치(神道)에 해당된다.

이타코의 구치요세에서 특히 미혼으로 죽은 경우는 '꽃 내리기(花降ろし)'라고 하여 야마다테(제단)에 받치는 컵의 물에 꽃을 띠운다. 그리고 그 컵 위에 젓가락을 놓고 저승으로 건너가는 다리라고 한다. 한국의 굿 특히 전라도의 씻김굿에서 물이 든 물동이에 바가지를 띠어놓고 죽은 영혼이 저승으로 건너는 배라는 것과 유사한 발상이라고 하겠다. 꽃내리기의 젓가락이나 씻김굿의 바가지는 이승과 저승을 연결하는 길(神道) 혹은 다리(橋)의 상징물인 것은 말할 나위도 없다.

한편 이타코에 의한 구치요세가 이타코의 집에서 거행될 때는 야마다테가 필요 없다. 그 이유는 이타코의 집에는 상설된 제단이 설치되어 있기 때문이다. 이타코가 출장 간 민간의 집을 빌릴 경우에만 야마다테를 설치하는 것은 트랜스의 상태, 즉 신들림이 동반되지 않는 (신들리게 보이게끔 하는)것과 민가를 빌려서 거행하는 개방적이라는 것과 무관하지 않다. 다시 말하면 진정한 신들림이 아니라 개방적인 구치요세이기 때문에 죽은 영혼이 건너올 신의 길(가미미치)의 표상물이 필요했던 것이다. 민가를 빌려서 구치요세를 하는 것은 구치요세 자체가 개인적인 의례이지만 많은 마을 사람들이 참가하는 일종의 축제 형식을 띤 개방성을 지니고 있다. 개인 의례임에도 불구하고 신령 (사령)의 존재를 인식시키기 위한 장치로서 신의 길(가미미치)과 제단차림(야마다테)을 통해 의뢰인에게 신령의 강림과정을 확인시키는 장치가 필요했던 것으로 볼 수 있다.

야마다테 행사(제단차림)가 끝이 나면 이타코에 의한 구치요세에 들어간다. 제단을 향해 앉아 사방에 소금을 뿌려 부정을 가시게 하고 이타코 자신의 신체에도 소금을 뿌린다. 방울을 흔들면서 경문을 암송한다. 처음에는 일본 전국의 여러 신불보살(神佛菩薩)의 이름을 불러 모시는 '신 내리기(神降ろし)'를 한다. 신 내리기는 일본 전국에 진좌하고 있는 신불의 이름을 먼저 거명하고 이어서 의뢰자의 소재지에 인접해 있는 신들을 불러낸다. 마지막으로 의뢰자의 소재지 수호신인 오보스나신(オボスナ神)을 모신다. 오보스나신은 마을의 수호신(産神: 鎭守神)을 말한다. 그 외에 씨족신(内神, 氏神 우지가미)을 내리게 한다. 씨족신은 개인의 집안이나 가옥 내에 모시는 가정의 수호신으로 실내의 신단(神棚)이나 실외의 토지신(屋敷地)을 모시는 두

가지 형태가 있다[107].

신내리기가 끝이 나면 죽은 자의 영혼을 내리는 '호도케오로시'에 들어간다. 죽은 자의 연령, 성별, 그리고 죽은 날짜(命日)을 확인한 후에 시작한다. 죽은 자의 영혼을 불러내는 경문을 비롯하여 수많은 지옥을 거쳐 유족과 이야기할 수 있게 되는 과정이 그 내용으로 되어 있다. 그리고 앞으로 유족에게 발생할지도 모를 질병, 상해, 사고, 경사 등의 흉사나 길상을 예고하고 흉사의 예방책을 일러주기도 한다. 마지막으로 유족의 공양 덕분에 극락으로 갈수 있어 기뻐하며 유족과의 결별을 고한다. 영가천도(佛送り)의 경문으로 영가를 보내고, 송신의 경문으로 신을 보냄으로써 구치요세의 모든 절차가 끝이 난다[108].

이타코의 호도케오로시의 경우에는 특정한 영혼(호도케)를 내리는 영혼의 구치요세가 되지만 신 내리기에서는 일본 전국의 신들을 모시고 오보스나신, 씨족신, 약사여래(藥師如來樣), 오시라사마(オシラ樣)등의 신 내리기가 거행된다.

(전략) 일본 국중 육십육 주의 신들이시여. 해뜰 때의 명성(明星), 해질 때의 명성, 천조대신님, 서른세 곳의 대신님, 만대의 신들이시여. 받들어 원하옵니다. 씨족신인 오보스나님이시여. 가내안전, 병기, 병난, 사고, 재난이 없도록 받들어 원하옵니다. 감사합니다. 어쨌든지 서른세 곳 각 지역의 신들이시여. 이 세대의 씨족신, 신명님, 이곳의 오

107) 桜井德太郎, 앞의 글, p.145.
108) 桜井德太郎, 앞의 글, p.136.

보스나님, 이나리님(お稲荷様), 하치만님(八幡様)…109)

    필자가 참관한 1997년 7월 21일 오소레산 대제(恐山大祭)의 구치요세에서는 신내리기가 간략화 또는 생략되고 호도케오로시만이 거행되었다.

    이타코의 신 내리기 중에서 주로 등장하는 신은 앞에서 언급한 오보스나신, 씨족신, 오시라신 등이다. 오보스나신은 지역의 수호신이며, 씨족신 집안의 수호신이다. 특히 이타코에 서 매우 중요한 행사 중의 하나가 오시라놀리기(オシラ遊ばせ)의 오시라신이다. 오시라신은 길이 30㎝, 폭 3㎝ 정도의 뽕나무(혹은 대나무)로 말머리 모양과 여인상으로 조각하여 옷을 입힌 두 개의 인형이다. 오시라는 동북지역, 관동지역, 중부지역의 민간에서 신앙되고 있는 남녀 한 쌍으로 된 부부신인데 농업신, 혹은 잠업(蠶業)신이기도 하고 가족을 지켜주는 수호신이라 하기도 한다. 정월, 3월, 9월 16일이 오시라신의 제삿날이다. 제삿날에는 가족 단위 또는 동족 단위로 오시라신 제사가 거행된다. 오시라신 제사의 주요 행사는 오센타쿠(オセンダク)라 하여 인형에 새 옷을 갈아입히는 것과 이타코에 의한 오시라 놀리기(오시라아소바세)이다. 오시라 놀리기는 신단이나 당집(木祠)에서 오시라신을 꺼내어 양손에 한 개씩 들고 상하 전후좌우로 흔들면서 오시라 제문을 암송한다. 오시라 제문은 오시라신의 유래담이다. 부잣집(長者) 딸인 센단 구리모(千段栗毛)와 말(馬)이 결혼한 동물과의 혼인 담이

---

109) 高松敬吉 앞의 글, p.90.

162

다. 오보스나신이나 씨족신과 마찬가지로 매우 친근한 존재로서 모셔
진다.

3-2 이자이호 신녀(イザイホウ—神女)가 건너는 다리(橋)

오키나와(沖縄)의 지넨 구다카(知念久高) 섬에서 거행되던 이자이
호[110]라는 행사는 12년에 한번씩 말띠해(午年)인 음력 11월15일부터
4일간 연행되었다. 이것은 구다카전(久高殿: 우동미야)이라는 건물을
중심으로 행해지는 신녀(神女)의 자격수여 의례이다. 구다카섬은 오
키나와현 난조시(南城市) 지넨(知念)에 속하는 작은 섬으로 현재는
하나의 촌락으로 되어 있다. 과거에는 호카마촌(外間村)과 구다카촌
(久高村)의 두 개의 마을이었다고 한다. 구다카섬은 옛날부터 섬의 가
운데에 고바우 숲(コバウ森)과 나카 숲(ナカ森)이라는 두 개의 성지
(大御嶽, クボー御嶽)가 있었다. 나카 성지(우타키는 성지의 총칭)를
중심으로 두 개의 마을로 구성되어 있었고 섬의 신녀도 호카마노로
(外間ノロ)와 구다카노로(久高ノロ)의 두 개의 제사집단으로 나누어
있었다. 노로는 종신 세습제의 무녀(巫女)를 말하며 그 밑에 신녀가

---

110) 이자이호에 대해서는 다음의 자료를 주로 참고하였다. 이자이호행사에 대한 설명에 대해서는 인용
표시를 생략하기로 한다.
鳥越憲三郎, 『琉球宗教史の研究』, 角川書店, 1965.
桜井満編, 『神の島の祭りイザイホウ』, 雄山閣, 1979.
三隅治雄, 『祭りと神々の世界』, 日本放送出版協会, 1979.
比嘉康雄, 「イザイホウ」, 『神々の祭祀』(植松明石編), 1991.
이자이호의 행사는 난추가 될 신녀가 없어서 1978년(午年)을 마지막으로 중단되었다.

네 단계로 조직되어 있는데 난추(30-41세), 야지쿠(42-53세), 운사쿠(54-60세), 다무토(61-70세)로 구성된다.

신녀들은 섬에서 태어나 섬사람에게 시집을 가서 섬에서 생활하고 있는 여성 중에서 30세 이상 70세 이하의 모든 여성이 신녀가 된다. 신녀로서의 자격을 부여받는 행사가 바로 이자이호이다. 12년에 한 번씩 거행되는 이자이호는 그 해에 30세가 되는 여성에서부터 12년 전에 29살이어서 신녀가 되지 않았던 그 해 41살이 된 여성까지를 신녀 집단에 가입시키는 입무 의례이다. 이자이호의 본 행사는 음력 11월 15일부터 4일간 진행되지만 그 준비는 한 달 전부터 시작된다.

난추가 되는 여성은 이자이호가 시작되는 한 달 전부터 우간다테(御願ダテ)라고 하여 성지참배(우타키마이리: 御嶽詣り)를 일곱 번 반복한다. 그 사이에 신명(神名)을 받는다. 본 행사의 전날 마을 사람들은 남녀를 불문하고 나와 행사준비를 한다. 남자들은 난추가 삼일 동안 첩거할 이자이야(イザイヤー)라고 하는 가설 건물을 설치하고 가미아샤기(神アシャギ)라는 건물의 벽에 들풀로 벽을 둘러친다. 난추가 될 사람은 백사장에서 흰모래를 가져와 제장의 주변과 노로(무녀)의 집과 길에 뿌린다.

첫날의 행사를 유쿠네 아시비(夕神遊び)라고 한다. 행사 당일이 되면 난추는 목욕재계하고 머리를 감고 흰색 옷을 입고 흰색 머리띠를 두르고 노로(무녀)의 집으로 모인다.

구다카노로와 호카마노로의 집에 두 그룹으로 나뉜다. 노로의 집에서 의식을 마치고 난추는 지도자격인 이티티구르를 선두로 제장인

우돈미야(御殿庭)에 질주해 들어간다. 정면에는 가미아샤기(神ア
シャギ)의 안과 밖을 '에화이, 에화이'라고 소리를 지르고 박수를 치
면서 일곱 번 선회한다. 가미아샤기의 입구에는 나나츠바시(七つ橋)
라고 하는 다리가 놓여 있다. 나나츠바시는 다리라고는 하지만 나무
를 모래밭에 나란히 묻은 것을 말한다. 만약에 나나츠바시에서 넘어
지면 부정 탔다고 해서 신녀 집단에의 가입이 거부된다.

　난추는 감은 머리를 늘어뜨린 채 흰색의 상의(도우진: 胴衣)과 하
의(가간: 下袴)을 입는다. 다른 선배 신녀들은 모두 머리를 틀어 올리
고 흰색의 머리띠를 두른다. 일곱 번 빠르게 선회한 후 난추를 제외한
노로나 신녀들이 나나츠바시를 둘러싸듯이 장벽을 이룬다. 손을 비비
면서 발을 굴리고 소리를 지른다. 그 때 난추가 두 줄로 가미아샤기에
서 정원으로 들어갔다가 나오는 행위를 일곱 번 반복한다. 난추가 가
미아샤기 안으로 들어가면 그 외 노로나 신녀들도 안으로 들어가 정
면의 문을 닫는다. 우돈미야(御殿庭)라고 하는 정원 서쪽 편에는 남신
인(男神人)으로 구성된 구다카(久高)와 호카마(外間)의 간토리진(竿
取神), 하리만가나시, 닛추(根人)가 정좌한다. 가미아샤기의 동쪽에
는 다무토(61-70세)와 문중의 우쿠리신이 정좌하여 신맞이노래(티루
루)를 부른다. 마치면 가미아샤기의 안쪽인 이자이야에 모두 들어간
다. 이때부터 난추는 삼일동안 칩거생활에 들어간다.

　가미아샤기 건물 앞에 설치된 나나츠바시는 구조상으로 다리에서
떨어질 리는 없지만 부정한 자는 다리에서 떨어진다고 한다. 나나츠
바시는 성(聖)과 속(俗) 사이에 위치한 경계라고 할 수 있다. 나나츠

바시를 건너 가미아샤기에 들어가는 것은 일상공간에서 신성공간으로의 이동이며 신의 세계에 들어간다고 볼 수 있다. 삼 일간 칩거했다가 다시 다리를 건너 나오면 일상의 여성이 아닌 신의 여성 즉 신녀의 자격이 부여된다. 경계를 통과함으로서 변신하게 되는 것이다. 고라이(五來重)는 나나츠바시를 슈겐도(修驗道)의 '다테야마 만다라(立山曼陀羅)'의 누노하시(布橋)와 같은 구조임을 지적하고 다리를 건넘으로써 인간이 신으로 변신하는 장치라고 하였다[111].

가미아샤기 입구에 설치된 나나츠바시(七つ橋)
(「櫻井滿博士畫像資料의 디지털화」에서)

111) 五来重,「布橋大灌頂と白山信仰」,『白山・立山と北陸修験道』, 名著出版, 1997, p.165.

유쿠네 아시비(夕神遊び)
(「櫻井滿博士畫像資料의 디지털화」에서)

스미요시 대사(住吉大社)의 북다리(소리바시)

나나츠바시는 인간 세계와 신의 세계의 경계지점에 놓여져 두 세계를 연결하는 가미미치(神道)의 구조를 갖추고 있음을 알 수 있다. 오쿠미가와(奧三河: 아이치현의 동부에 해당)의 하나 마츠리(花祭り)가 전승되는 지역에 과거에 거행되었다고 하는 오오가구라(大神樂)에 '백산에 들어가기(白山入り)'라는 행사가 있다. 백산은 서방정토의 정토를 말하며 '정토에 들어가기(淨土入り)'라는 절차이다. 백산(정토)에 들어가기 위해서는 무명의 다리(無明の橋: 무묘노하시)를 건너야 한다. 이러한 다리는 스미요시 다이샤(住吉大社)라고 하는 신사의 입구에 세워진 소리바시(反橋), 혹은 다이코바시(太鼓橋)라고 불리는 다리와 같은 기능을 한다고 하겠다. 다리는 일반적으로 일상의 편의를 위해 설치되지만 스미요시 신사 앞에 놓인 소리바시는 말 그대로 다리가 길보다 매우 높게 설계되어 있다. 성계와 속계를 구분하기 위한 다리임을 알 수 있다. 다리가 차원이 다른 두 세계의 경계임을 강조하고 있는 것이다.

나나츠바시와 무녀의 신들림은 직접적인 관계가 없어 보이지만, 그 다리를 건넘으로서 신녀(무녀)의 자격이 부여된다는 것은 신과 인간의 교섭을 나타내는 상징물임을 알 수 있다.

둘째 날에는 머리풀기 놀이(髮垂れ遊び), 삼일 째는 꽃을 꽂고 놀기(花さし遊び)와 인주찍기 놀이(朱づけ遊び) 행사가 이어진다. 삼일 째인 인주찍기놀이(朱づけ遊び)와 마지막 날인 아리쿠야 줄다리기(アリクヤー綱引き)라는 행사에 노로에 의한 신들림이 있었다고 한다.

여기서 신들림의 양상에 관한 전후 행사에 대해서 언급하기로 한다. 삼일 째가 되면 난추는 신에 봉사하는 신녀로서 인정된다. 난추의 의복이 바뀌고 머리모양도 바뀐다. 풀어헤친 머리카락을 올려 묶고 흰머리띠를 하고 앞머리에 이자이꽃을 꽂는다. 이 날이 되면 난추의 가족(형제: 이끼)은 경단떡을 가지고 온다. 인주 찍기 놀이(朱づけ遊び)는 난추가 신녀의 증표로서 이마와 양 볼에 붉은 인주를 바른다. 제장인 우동미야(御殿庭)에는 절구통 세 개를 엎어 놓는다. 닛추(根人 대표무녀의 남편)가 가운데 손가락으로 노로를 비롯한 전원에게 이마와 양볼에 붉은 인주를 찍는다. 연지곤지를 찍은 난추는 엎어놓은 절구통 위에 걸터앉는다. 노로는 가족(이끼)으로부터 받은 경단떡(슈지)으로 인주를 찍은 같은 곳에 찍는다. 신들림은 닛추(根人)가 노로에게 붉은 표식을 찍으려고 하는 순간에 있었다고 한다. 일행이 닛추의 앞에 일렬로 조용하게 춤을 추면서 오면, 먼저 닛추는 선두의 호카마노로(外間ノロ)의 이마와 양 볼 세 곳에 붉은 인주를 찍고, 다음에 구다카노로(久高のノロ)의 순서가 되어 닛추가 손가락 끝으로 노로의 이마를 건드리는 순간 갑자기 노로는 신들림 상태가 되어 무녀들의 무리에서 뛰쳐나와 손을 높이 흔들면서 얼굴은 먼 하늘을 향해서 높은 소리로 절규하는 것이다. 얼마 후 흥분 상태가 가라앉으면 다시 닛추의 앞에 와서 주인(朱印)을 받는다[112].

그 밖에 신들림이 있었던 것은 아리쿠야 줄다리기(アリクヤー綱引き)때이다. 이 행사는 4일째 마지막 날에 거행된다. 난추는 참가하지

---

112) 鳥越憲三郎 앞의 글 p.258.

않는다. 가미아샤기 건물 앞에서 신녀들이 동쪽을 향해 나란히 선다. 거기에 남자들이 이자이꽃(イザイ花)를 머리에 꽂고 줄을 가져와서 신녀들을 향한다. 신녀들은 위에서 남자들은 아래에서 줄을 잡는다. 일동은 노래를 부르며 줄로 파도치기를 한다. 줄다리기처럼 줄을 당기지는 않는다. 도리고에(鳥越憲三郞)에 의하면, 줄은 배의 밧줄을 의미하며 니라이카나이(ニライカナイ: 저승, 타계)에서 순차적으로 선조들이 온 길의 행로를 따라 배를 끌면서 섬에서 섬으로, 항구에서 항구로 저어가는 것을 의례화한 것이라고 한다[113]. 이 행사는 신을 맞이하는 의례라고도 하고 신을 보내는 의례라고도 한다[114].

아리야쿠야 줄다리기가 끝이 나면 사용했던 줄은 남자들이 산으로 가져가서 버린다. 신녀들은 남자들이 줄을 산으로 가져가는 것을 배웅한다. 이때 신녀 중 한 사람이 신들림 현상이 있었다[115]고 한다. 줄다리기의 줄을 산으로 가져 갈 때 신들림과 유사한 상황이 한국의 굿에서도 볼 수 있다. 동해안 오구굿에서는 굿을 시작하기 전에 죽은 자의 유품들을 굿당으로 가지고 간다. 이때 유족들은 기다란 흰 천을 잡고 무당 뒤를 따른다. 집을 출발할 때 유족 중의 한사람(미망인)이 갑작스럽게 죽은 자의 영혼이 실려 신들림 상태가 된 것이다. 마지막으로 집을 떠나는 망자에 대한 슬픔이 극에 달해 신들림 현상으로 나타

---

113) 위의 글 p.259.

114) 桜井満編, 『神の島の祭りイザイホウ』, 雄山閣, 1979.
三隅治雄, 『祭りと神々の世界』, 日本放送出版協会, 1979.
아리쿠야 줄다리기를 마치고 줄을 산에 버리기 때문에 송신이라는 설도 있다.

115) 尾崎富善義, 「神女誕生－イザイホー まつりの日々 祭儀―」, 桜井満 編, 『神の島の祭りイザイホウ』, 雄山閣, 1979, p.108.

난 것이다. 미망인은 죽은 자의 목소리로 '집을 떠나기 싫다', '내 집을 두고 내가 왜 가느냐'며 미친 듯이 소리를 지른다. 물론 신들림과 유족들이 잡고 가는 흰 천과 어떤 관련이 있는지 확인할 수 없지만, 어쨌든 기다란 흰 천과 이자이호의 줄다리기의 줄은 같은 형태임을 알 수 있다.

이 밖에도 줄과 관계된 신들림은 오모토 가구라(大元神樂)나 비고 비추 가구라(備中神樂)등 주고쿠지방(中國地方)의 가구라에서 볼 수 있다. 여기서 줄은 신의 영역으로 들어가는 상징물이며 가미미치(神道)의 일종이라고 할 수 있을 것이다.

난추 신녀의 입무의례인 이자이호 행사에서는 신들림이 난추에게 일어나는 것이 아니라 기존의 무녀인 노로에게 있었다. 보고에 의하면 신들림이 있었다고 하더라도 신탁(공수)이 있었던 것은 아닌 것 같다. 신들림 신의 정체도 확인할 수 없다. 노로는 세습무녀이다. 난추의 입무식에서 신들림 현상을 보임으로서 신의 존재를 확인시켜주고 있다. 줄이 니라이 가나이와 연결된 길(道)의 상징이라는 해석에 따르면, 신들림의 신은 죽음의 나라(根の國) 즉, 니라이 가나이에서 방문하는 불특정의 신임을 추측할 수 있다. 신의 존재를 확인시켜주는 행위가 중요시되며 신들림의 신탁을 통해 신들림의 상태를 확인하게 된다.

마지막 날에는 난추가 각자의 집에 들러 형제와 대면한다(구키마이: 御家回り). 이때 형제는 난추를 윗자리에 앉힌다. 방안의 가운데에 다무토라고 하는 억새풀을 묶은 둥치 위에 난추가 앉으면 술(神酒)

과 죽을 바친다. 이자이호의 행사 전과는 다른 신녀(神女)로서 대접하
는 것이다.

세파우타키(齋場御嶽)에서 구다카섬(久高島)을 향해 기도하는 유타

이자이호 축제를 통해 일반 여성이 신에 봉사하는 신녀로 변신되었
음을 보여주고 있다. 즉 일반 여성이 나나츠바시라고 하는 경계영역
을 넘어 일정기간동안 칩거생활을 하면 신녀로 거듭나게 되는 것이
다.

이상 이자이호의 신들림에 대해서 살펴보았는데 현재 이자이호 행
사는 난추가 될 여성의 부족과 무녀(노로)의 노령화로 중지된 상태이
다. 이자이호가 거행되었던 구다카섬은 그 자체가 오키나와의 성지이
다. 오늘날도 유타(강신무)들이 구다카섬을 향해서 기도를 올리는 모

습을 볼 수 있다[116]. 성지인 구다카섬에 가미아샤기라고 하는 신성공
간 앞에 나나츠바시라는 경계구역을 설정하는 등 중첩적인 장치들을
통하여 보이지 않는 존재를 확인하는 표상화의 일종이라고 할 수 있
다.

4. 질주하는 신들 – 슈겐도(修驗道)의 신들림

앞서 무녀의 신들림에 대해서 언급했지만 또 하나 무시할 수 없는
것이 슈겐자(修驗者)에 의한 신들림이다. 일본에서 슈겐도는 민간 산
악종교로서 불교의 천태종, 진언밀교의 습합 형태로 성립되었다. 슈
겐도의 신들림은 무자(巫者: 신들리는 사람)와 신들리게 유도하는 슈
겐자에 의해 행해진다. 젠자(前座)라고 불리는 기성의 슈겐자가 나카
자(中座)라고 하는 무자(巫者)에게 신을 내리게 하여 신과 문답을 한
다[117]. 젠자는 사니와(審神)[118]와 같은 존재로 무자(巫者)에게 신들
리게 하고 신탁을 듣고 해석하는 자이기도 하다. 미야게(宮家準)는 무
녀(巫女)가 슈겐교단에 소속된 경우가 많으며, 슈겐도의 무술(巫術)

---

116) 2001년도에 필자는 오키나와 세파우타키에서 유타를 만났다. 우타키(御嶽)는 신이 강림하는 숲이
    나 바위 등으로 성지를 뜻한다. 한국의 성황당과 유사하다. 특히 세파우타키는 오키나와 최고위의
    우타키로 구다카섬이 건너보이는 곳에 위치하고 있다. 유타들이 이곳으로 와서 구다카섬을 향해
    기도를 올린다.

117) 白水寬子,「木曽御嶽講の御座」,『山の祭りと芸能』, 宮家準編, 平河出版社, 1948, p.157.

118) 사니와(審神)는 경기도 도당굿에서 남자무당을 화랭이 혹은 사니라고도 하는데 발음뿐만 아니라
    역할까지도 유사함을 보이고 있으나 양자의 관계를 규명하는 연구는 이후 과제로 한다.

로 받아들이고 있다. 여기에서 무녀(巫女)가 스스로 신들리는 경우는 앞서 언급한 무자(巫者)의 신들림으로 구별해서 논하고자 한다. 슈겐도의 슈겐자는 산악에서 수행하여 신령과 교류하고 신령을 다루기도 하고 신령의 힘을 빌려 능력을 발휘하여 신도들의 신앙적인 욕구를 충족시켜준다. 슈겐자의 능력 중 하나가 신들리게 하는 것이다.

슈겐자에 의한 신들림은 과거에는 매우 널리 성행하였지만, 메이지 시대의 신불분리정책으로 슈겐도가 폐지됨으로써 그 역할은 거의 사라졌다고 해도 과언이 아니다. 1945년 이후에 슈겐도가 인정되었으나 신들림 현상은 거의 사라졌으며 단지 그 잔재만이 남아 있을 뿐이다. 슈겐도의 신들림에 대한 사례보고를 보면 오카야마현 미마사카(岡山縣美作)지방의 고호사이(護法祭)[119], 사이타마현 혼죠시(埼玉縣本庄市)의 후간영장(普寛靈場)의 고좌(御座)[120], 니이가타현 이와후나군 아사히마을(新潟縣岩船郡朝日村)의 산신제 때 거행되는 시라모노츠케(シラモノ憑(け)[121], 후쿠시마현 시노부군(福島縣信夫郡)의 하야마고모리(ハヤマごもり)[122], 나가노현 기소군(長野縣木曾郡)의 온다케고(御嶽講)의 오좌다테(御座立て) 등이 있다. 다음에서 개인의 레인 히키좌(引座)와 마을 공동제의인 고호사이(護法祭)에 신들림에 대해서 기존의 보고서를 근거로 간략하게 소개하고 슈겐도의 신들림

---

119) 『両山寺の護法祭』, 二上山鎭守護法祭記錄保存委員会・中央町教育委員会 編, 1980.
　　 豊島修,「美作の護法まつりと修驗道」五来重 編著, 『修驗道の美術・芸能・文学Ⅱ』, 名著出版, 1981.

120) 白水寬子, 앞의 글

121) 山路興造,「神懸りから芸能へ」, 『祭りは神々のパフォーマンス』, 力富書房, 1987.

122) 岩崎敏夫, 『東北民間信仰の研究. 上 』, 名著出版社, 1982.

에서 신령과 신들림이 동반되는 표상의 장치에 대해서 살펴보기로 한다.

4-1 히키좌(引座)—신령의 좌정(乗り物)

슈겐도의 신들림과 신탁의 종교의례를 요리기도(憑祈禱)라고 한다. 요리기도에는 작법에 따라 가미좌(神座), 토비좌(飛座), 그리고 히키좌(引座)라고 하는 세 종류가 있다. 가미좌(神座)는 신령을 의도적으로 불러내려 신탁을 듣는 것으로, 오좌(御座), 요리좌(憑座)라고도 하는 신들림과 신탁(공수)이 동반되는 요리기도(憑祈禱)이다.

토비좌(飛座)는 제의가 거행되고 있는 도중에 신령이나 부동명왕(不動明王)이 갑자기 나카좌(中座)인 무자(巫者)에게 내리는 신들림 현상이다. 갑자기 신이 내려 뛰어나가기 때문에 토비좌라고 한다. 신령강림과 신탁은 신전이나 불전에서 거행되는 제사 때, 축사와 부정경 등을 읽어 내려갈 때, 혹은 호마(御護魔)[123]를 태울 때, 또는 수행자가 폭포수 밑에서 수행할 때 갑자기 신들리는 경우를 말한다.

히키좌(引座)[124]는 가미좌나 토비좌와는 달린 신보다 저급한 인간

---

123) 호마는 부동명왕(不動明王)·애염명왕(愛染明王) 등을 본존으로 하여, 그 앞에 단을 쌓고 화로를 마련하여, 호마목(護摩木)을 태우며 재앙과 악업을 없애 줄 것을 기도하는 밀교 의식이다.

124) 鈴木昭英,「越後八海山行者の憑祈祷 "引座"について」,『論集 日本人の生活と信仰』, 大谷大学国史学会, 1979. 青木保는 히끼좌에서 저급한 정령인 경우는 귀신붙는다(憑く)고 하고 고위급의 신인 경우는 강림한다(降りる)라고 하여 표현의 차이를 지적하고 있다. 青木保,「神が降りる」,『現代思想』127, 1984.

의 영혼(生靈 혹은 死靈), 동물령(츠키모노라고 하여 동물의 영이 붙는다고 믿고 있다)을 전문적으로 불러내어 의도적으로 나카좌(中座)에 붙게 하여 신탁을 하는 요리기도(憑祈禱)이다. 행방불명된 사람의 생령(生靈)을 불러내거나 잃어버린 물건이 있는 경우, 사령(死靈)을 불러내어 가르침을 받는다. 그 밖에 여우, 늑대, 표범, 산돼지, 마루소, 개, 돼지 개구리 등의 동물영혼을 끌어내는 요리기도(憑祈禱)의 작법이다.

히키좌(引座)는 축제 기간 중에 신자들로부터 의뢰를 받아 '고'(講: 경전(經典)을 듣거나 신불에 참배하는 모임)의 사무소나 신자의 일반 가정에서 행한다. 이때 다이진구(大神宮)나 핫가이산(八海山), 혹은 온다케산(御嶽山)의 족자를 걸어놓고 그 앞에서 거행한다. 히키좌는 적어도 6명이 필요하다고 한다. 신들리는 나카좌, 신들리게 하는 마에좌, 그리고 나카좌와 마에좌의 옆에 앉아서 보조하는 보조자로 요리기도를 할 때, 다른 사악한 악령들을 물리치고 사방을 지키는 역이다. 적어도 네 명이 필요하기 때문에 사천(四天)이라고도 하고 옆에 있는 존재라고 하여 요코좌(脇座)라고도 한다.

가미좌(神座)는 히키좌(引座)와 같이 요코좌가 필요 없으며 그 구성도 요코좌처럼 복잡하지 않다. 여기에서는 스즈키(鈴木昭英)의 보고서를 참조하여 히키좌의 기본적인 절차를 살펴보도록 하겠다.

① 집 입구 지킴(家の出入口固め): 히키좌를 주도하는 선달(先達: 선배, 지도자)이 금속 혹은 나무로 된 봉폐로 사방 부정치기를 하고

사천(四天)에게 명하여 구지(九字: 도가(道家)에서 시작되었다고 하는 호신(護身)의 비법이라 하여 외는 임병투자진열재전(臨兵鬪者皆陣列在前)의 9글자의 주문(呪文)으로 출입구에 부정이 들어오지 못하게 한다.

② 오츠토메(お勤め): 대부정경(大祓詞) 3회, 반야심경(般若心経) 3회, 혹은 10회, 그리고 기도문, 부동진언을 암송한다.

③ 좌정종이(座紙)를 깐다. 사령(死靈)을 나타내는 혼백(魂魄)이나 신도구자(神道九字)라고 쓴 종이를 깐다.

④ 인(印: 손가락으로 여러 가지 모양을 만드는 주술적인 작법)을 행하고 오대존(五大尊)을 불러내어 사방을 지키게 하고 구지(九字) 작법으로 사천(四天)을 형성한다.

⑤ 선달(先達)은 좌정종이(座紙) 가운데를 반으로 자른 종이(半紙)를 종횡으로 7겹 겹쳐 놓고 그 위에 검지 손가락으로 종이 한 장 한 장에 해(日), 달(月), 거울(鏡)등의 글자나 별, 만다라의 기호, 망(網) 모양의 기호 등을 쓴다. 이것은 먹을 묻히지 않고 쓰기 때문에 글씨가 남지는 않는다.

⑥ 7겹의 종이와 좌정종이 사이에 종이를 오려 만든 인형을 넣는다. 이때 주위에 있던 사천(四天)이 부동진언(動真言) 혹은 광명진언(光明真言)을 암송한다.

⑦ 나카좌(中座)를 좌정종이와 7겹의 종이를 겹쳐놓은 위에 앉게 하여 귀와 눈에 솜을 대고 머리에 관(宝冠)의 끈으로 묶는다. 그리고 봉폐를 양손에 한 개씩 들게 한다.

⑧ 사천(四天)중의 한 사람은 대문 출입구 쪽으로 가서 문을 조금 열고 '오-이 오-이 오-이'하고 세 번 혼백을 부른다. 이때 혼백 부르는 소리는 다른 사람이 들리지 않도록 발성한다.

⑨ 선달(先達)은 안쪽에서 금강계대일여래(金剛界大日如來)의 글자와 신맞이 노래를 묵서한 잔을 꺼낸다. 잔에는 신전에 받친 정화수를 넣고 비쭈기 나뭇잎(榊葉)으로 잔의 물을 오른쪽으로 세 번 저어 묵서의 글자가 물에 풀리게 하고 잎에 붙은 먹물을 나카좌의 좌우 중앙으로 세 번 뿌린다. 남은 물은 나카좌에게 3번에 나누어 마시게 한다. 비쭈기 나뭇잎은 살아있는 사람이나 생사불명한 사람을 끌어당길 때는 푸른 나뭇잎을 사용하고, 죽은 사람의 영혼을 이끌어 낼 때는 마른 잎(枯葉)을 사용한다.

⑩ 나카좌(中座)의 엉덩이 밑에 있는 반 자른 종이 중에서 맨 위쪽에 놓인 '차(車)'라고 쓰인 종이 한 장을 꺼내어 옆에 놓는다.

⑪ 마에좌(先達)가 구자의 작법을 하고 신가(神歌)를 부른다.

⑫ 반야심경을 암송한다. 반야심경을 암송할 때 영혼이 붙는다고 한다. 영혼이 붙으면(신들림) 나카좌가 가지고 있는 봉폐가 흔들린다. 나카좌의 왼손의 봉폐가 흔들리면 남자의 영혼이, 오른손의 봉폐가 흔들리면 여성의 영혼이라고 한다. 봉폐가 격렬하게 흔들리면 재앙을 주는 이나리(稻荷)가 붙었다고 여긴다.

⑬ 의뢰자가 바라는 영혼이 나타나면 마에좌(先達)가 여러 가지 질문을 한다[125]. 질문에 대해 나카좌에 붙은 영혼이 대답한다. 영혼의

---

125) 鈴木昭英, 위의 글, 번호는 행사의 순서에 따라 필자가 임의로 붙인 것이다.

응답이 있은 후 더 이상 질문할 것이 없으면 송신의 노래를 부르고 영혼을 보낸다. 송신의 노래에 이어 반야심경을 암송한다. 일반적으로 죽은 자의 영혼은 반야심경을 세 번 암송하면 돌아간다고 하지만 재앙을 주는 여우나 뱀의 영혼은 12번 정도 암송하지 않으면 돌아가지 않는다고 한다.

위와 같이 히키좌(引座)의 절차를 개관하였는데, 여기서 신들림의 작법 중에 주목할 만한 것은 좌정종이(座紙)의 위에 7겹 겹쳐놓은 종이 중에서 맨 위쪽에 있는 차(車)의 글자를 검지로 쓰는 것이다. 그리고 '차(車)'의 글자가 씌어진 종이를 한 장 꺼내어 나카좌의 옆에 놓고 신가(神歌)를 부른다. 여기서 차(車)는 신령이 타는 이동수단이다. 먹으로 씌어진 잔에 정화수를 넣고 저어 나카좌에게 뿌리거나 마시게 한다. 잔은 신령이 강림할 때 타는 배의 상징이기도 하다. 잔에는 신맞이의 노래 한 구와 신령을 부르는 사람의 이름이 적혀있다. '험난한 바다를 건너게 해주는 하늘의 배, 늦으면 누가 건네줄 것인가(八苦な り海を渡せる天津船 乗りおくれては誰か渡さん)'와 같이 잔은 신령이 바다를 건너게 해주는 천상의 배(天津船)로 여긴다. 사천(四天)이 출입문 쪽으로 가서 출입문을 열고 영혼을 부른다. 이때 출입문은 현관문 뿐 만아니라 창문이라도 상관없으며 신령이 집 밖에서 안으로 들어온다고 믿고 있다. 불러낸 신령은 나카좌에 붙는다(신들린다).

이상에서 히키좌(引座)의 의례는 마을 공동축제와는 달리 개인의 례이기 때문에 영혼을 불러내는 작법도 신령이 도래하는 신의 길(가미미치)이 확실하지 않음을 확인할 수 있었다. 히키좌(引座)에서 신들림의 대상이 되는 것은 인간의 사령(死靈), 생령(生靈), 동물의 영혼이라고 한다. 이러한 영혼들은 의뢰자가 히키좌의 의례를 거행하는 이유와 깊은 관계가 있다. 즉, 히키좌의 신들림의 대상은 의뢰자와 밀접한 관계가 있는 특정한 존재임을 알 수 있다. 나카좌에 영혼이 붙으면 마에좌(前座)의 선달(先達)이 의뢰자 대신에 질문을 하고 영혼이 붙은 나카좌가 대답하는 문답형식으로 되어있다.

이는 앞에서 언급한 이타코의 시구치(死口)와 같이 개인적인 의례에서는 신들림의 대상이 의뢰자와 밀접한 관계에 있는 특정한 영혼이며, 개인의례와 관계가 없는 영혼들이 모여드는 것을 막기 위해 다양한 작법이 고안되어 있음을 알 수 있다. 예를 들어 호마(護摩)를 태우거나 구자(九字)의 작법을 사용하는 것은 이러한 관계없는 신령들이 들어오는 것을 막기 위한 방편이라고 할 수 있다.

한편, 슈겐자의 영력에 영향을 주는 요리기도(憑祈禱)에는 가능한 한 높은 상위신이 신들리기를 바란다. 핫가이산(八海山)이나 온다케산(御嶽山) 등의 산악신앙 집단의 상위신에는 핫가이산신(八海山神), 온다케산신(御嶽山神), 아마테라스오미가미(天照大御神), 천신칠대(天神七代), 부동명왕(不動明王), 후간영신(普寛靈神), 타이겐영신(泰賢靈神) 등이 있다[126].

한국의 무속의례에서도 특히 입무식(내림굿) 때 신의 특징이 가장 잘 나타난다. 무자(무당)의 영력은 입무식 때 신들리는 신령의 지위에

---

126) 鈴木昭英, 위의 글, p.466.

좌우된다고 할 정도이다. 상위신이 강림할 때까지 몇 번이고 반복해서 신 내리기를 한다. 한국 무속에서는 개인적인 차이가 있지만 천신(天神)을 지칭하기도 한다. 천신은 일월칠성신, 옥황상제, 천존 등으로 불리는 신이다. 입무식의 최초에 실시하는 것이 잡귀잡신이라고 일컬어지는 잡령들을 퇴치하는 의식이다. 무당이 되려고 하는 사람에게는 영혼들이 잘 붙는다고 한다. 입무식에 다양한 잡령들이 모여들기 때문에 이를 제거하는 작업이 선행된다. 잡령들이 붙으면 입무자의 스승(신어머니)이 미나리 등으로 때리면서 쫓아내며 원하는 신이 강림할 때까지 반복해서 거행한다.

히키좌(引座)나 이타코의 시구치(死口) 그리고 한국의 사령제(死靈祭)에서 신들림의 주요 대상은 의뢰자와 친인척 등의 밀접한 관계에 있는 신령들이다. 즉 다양한 신령에 대한 여러 가지 작법으로 거행되는 가운데 제의의 목적에 따라 가장 중심이 되는 신령이 신들림의 대상이 되는 것이다.

4-2 고호제(護法祭)

슈겐도의 신들림 행사로서 오카야마현 구메군 주오초(岡山縣久米郡中央町)의 료잔사(兩山寺)[127]라고 하는 절에서 8월 14일(오봉) 밤

---

127) 양산사(兩山寺)라고 하는 사찰은 해발 689미터의 니죠산(二上山)의 미센(弥山)과 시로야마(城山)사이의 능선에 위치하고 있다. 본당은 산에서 조금 더 들어간 곳에 고호젠신사라고 하는 작은 신사가 있는데, 이 신사에 고호젠진을 모신다.

에 거행되는 고호제(護法祭)128)라는 행사가 있다. 고호(護法)는 본래 불법을 보호하고 유지한다는 의미이지만, 일반적으로 불법이나 법력이 있는 슈겐자, 수행자를 보호하고 그에게 복종하는 신령을 말한다. 고호젠신(護法善神)이라고 불리는 신령으로 슈겐자의 심부름꾼으로서 그 모습은 일본의 신, 노인, 귀신, 도깨비, 까마귀, 개, 여우, 뱀 등으로 나타나는데 가장 일반적으로는 동자의 모습이 많다고 한다. 이들이 하는 일은 본존(本尊)의 권속으로 수행자를 수호하고 인도하며 수행을 쌓은 슈겐자를 따르면서 역할을 수행한다고 믿는다. 산악수행(峰入修行)에서 획득한 능력을 시험(驗競べ)하거나 무자(巫者: 요리마시(憑座)라고 함)에게 신령을 내리게 하는 요리기도(憑祈禱), 질병 치료의 기도(加持祈禱) 등 슈겐도의 주요한 의례는 고호(護法)의 작법을 통해서 실행하는 경우가 많다. 료잔사(兩山寺)에서 거행되는 고호사이(護法祭)는 마을사람에게 슈겐자의 고호를 내리게 하는 신내림 행사이다. 즉, 고호자네(護法実)라고 불리는 무자(巫者)에게 슈겐자의 고호젠신(護法善神)을 내리게 하는 축제인 것이다. 고호자네(護法実)라고 불리는 역할을 하는 인물은 마을 사람 중에서 선출한다. 선출된 사람은 고호제가 거행되기 일주일 전부터 료잔사의 절에 가서 '아카즈노마'(あかずの間)라고 하는 방에 기거한다. 고호자네는 절에서 기거하는 동안 매일 산 속의 용왕지라고 하는 못에서 목욕재개를

---

128) 三浦秀宥,「護法祭」,『美作の民俗』, 和歌森太郎 編, 吉川弘文館, 1963.
　　新谷尚紀,『ケガレからカミへ』, 木耳社, 1987.
　　吉川周平,「静寂が破られ、立ち上がつて走る―護法祭の神がかりの表現と環境」,『音のフィードワーク』, 民博「音樂」共同研究編, 1996.
　　宮家準,『修験道儀礼の研究』, 春秋社, 1985.

하고 고호젠신의 신상을 향해 절을 한다. 그리고 미센(彌山)이라는 산의 정상에 있는 타이초(泰澄)[129]의 사당, 고호사(護法祠), 본당 등의 가람을 순배하며 일상의 생활과는 다른 엄격한 금기생활을 하게 된다.

고호제 당일이 되면 무자(巫者)인 고호자네는 마지막으로 목욕재개를 하고 고호젠 신사에 가서 신 맞이를 기다린다. 한편 본당에서는 아침 일찍부터 료잔사의 주지승을 비롯하여 고호제 봉찬회원들이 모여 제식 준비를 한다. 세 번 소라고둥을 분다. 세 번째의 소라고둥소리를 신호로 주지승, 슈겐자—산에서 수행하기 때문에 야마부시(山伏)라고도 한다—복장을 하고 소라고둥을 부는 사람, 각 역할을 담당하는 사람들과 게이고(ケイゴ)역할의 소년들이 집합하여 행렬을 이루어 고호젠신사로 고호자네를 맞이하러 간다.

행렬은 안내역(御案內), 등불(神灯持), 소라고둥(立螺師), 대북(大太鼓持, 大太鼓打), 허리잡이역(腰取), 종이 든 사람(紙手持), 신목가지(榊葉持), 작은 북(小太鼓持, 小太鼓打), 그리고 게이고(ケイゴ)라고 불리는 소년들의 순서이다. 행렬의 전후좌우에 사이카라는 8명이 일행을 호위하듯 푸른 대나무를 짚으며 따른다. 시데는 고호자네가 머리에 쓰는 것을 말한다. 시데는 흰 천을 뭉쳐 둥글게 만들고 거기에 백지를 붙여 관과 같고 료잔사의 주지승이 만든다.

종이 모자를 든 사람(紙手持)은 행렬 도중 본당 계단 근처에서 허

---

129) (681?-767?) 나라시대의 수행자, 카가(加賀)의 시라야마(白山)라고 하는 산에서 수행하면서 묘리대보살(妙理大菩薩)을 감득하고 백산을 창시하였다고 전해지고 있다.

리잡이(腰取)에게 양겨드랑이를 부축 받으며 허리를 굽히지 않고 양 발끝으로 위아래로 뛰듯이 앞으로 나아간다. 대북을 두 번 치면 이것을 신호로 소라고둥을 불고 큰북, 작은북을 연타한다. 게이고의 소년들은 큰소리로 '바라온 사라온'이라고 주문을 외운다. 고호젠 신사에서는 고호자네가 백색 옷을 입고 신전에 웅크리고 기다리고 있다. 행렬이 도착하면 고호자네는 신사의 안에서 금속제 봉폐를 꺼내어 손에 들고 손을 떨면서 수직으로 펄쩍펄쩍 뛴다. 허리잡이 역은 고호자네를 붙잡아 행렬 속으로 들어가게 하여 본당으로 데리고 돌아간다.

본당에 도착하면 고호자네가 들고 있던 봉폐는 신전에 안치한다. 신전에 받쳐진 용지수(竜智水)를 제단에서 내려 먼저 산주와 고호자네가 마시고 나머지 사람들도 마신다. 고호자네는 흰옷을 벗고 검은색의 하의(股引: 내복과 같이 몸에 딱 붙는 옷)를 입는다. 또 가슴에는 방패와 같은 것을 달고 핫비(法被)를 입고 종이모자(紙手)를 머리에 쓰고 돗자리(半畳の畳)위에 앉는다.

산주가 주문을 외우면서 불과 물로 정화한다. 본당 앞과 아래쪽 광장에 횃불을 피운다. 외진 내진을 향해 북을 두 번 치고 앉아 있던 고호자네는 서쪽을 향해 앉게 한다. 고호자네의 주위에 소년들이 빙 둘러서서 원을 이룬다. 진수총대(鎮守総代)가 고호자네를 향해 예(禮)를 표하고 신목가지를 건네준다. 고호자네는 신목가지를 받아 수직으로 세워 잡는다. 신목가지의 밑둥치를 뒤쪽 양발 사이에 꽂는다. 양옆에서 허리잡이 역이 고호자네의 무릎을 누르고 진수총대는 정면에서 신목가지가 뽑히지 않도록 양손으로 붙잡는다. 대북과 소북이 울려 퍼지고 소라고둥을 분다. 게이고의 소년들은 고호자네의 주위를 돌기 시작한다. 신목가지도 회전한다. 본당 안에서는 산주가 고호젠신을 향해 비법을 행하고 있다. 북소리가 점점 빨라지면서 고호자네가 들고 있던 신목가지도 점점 빠르게 흔들린다. 게이고의 소년들이 '갸테이 갸테이'하고 소리치면서 격렬하게 고호자네의 주위를 돈다. 고호자네에 신이 내릴 때까지 몇 번이고 반복한다. 신이 내리면 돌리고 있던 신목가지가 전후로 흔들린다. 그러면 진수총대는 신목가지를 고호자네에게서 빼앗는다. 고호자네는 그 자리에서 펄쩍뛰면서 양손을 크게 벌려 상하로 크게 흔든다. 까마귀가 날개 짓하는 동작이다. 허리잡이는 급히 고호자네의 허리춤을 잡고 펼친 양팔을 내리게 한다. 고호자네는 날갯짓하면서 본당 앞으로 달려간다. 불 담당자(手火持)는 횃불을 가리고 허리잡이 역은 고호자네를 쫓는다. 게이고 소년들은 '갸테이 갸테이'라고 소리치면서 따라간다. 고호자네가 달리다가 지치면 휴식돌이 있는 곳으로 와서 허리잡이역의 무릎위에 걸터앉아 쉰다. 다른 보고서에 의하면 고호자네가 휴식돌(休み石)에 걸터앉아 쉰다고 한다. 쉬고 있는 동안 고호자네의 몸에서 고호신이 떨어져 나가지 않도록 고호자네의 귀밑에서 슈겐자가 소라고둥을 불거나 석장(錫杖)을 흔들면서 주문을 외우고 소년들은 '갸테이 갸테이'하고 소리친다. 얼마동안 쉬고 난 후 다시 뛰면서 돌기 시작한다. 이것을 반복하면서 본당의 내진 안으로 들어간다. 불상 앞의 정화수(切火水)를 마시고 나면 고호신 놀이는 끝난다.

산주가 고호자네를 향해 주문을 외고(加持) 정화수를 뿌린다. 머리의 관(시데)과 검은 옷을 벗는다. 휴식 후 신맞이와 같은 행렬을 지어 본당에서 고호젠신사로 간다. 고호자네는 금속 봉폐를 고호젠신사에 받친다. 일동은 본당에 돌아오고 산주가 제식 종료를 고하고 마친다.

위에서 고호제의 신들림(護法樣憑き)의 작법130)을 개관하였는데, 실제로 신들림이 있었는지에 대해서는 이설이 있다131). 슈겐자들이 고호자네에게 고호젠신을 신들리게 하기위해 달리게 하였던 것이다. 전체의 구조로 보아 신맞이, 신놀이, 신보내기의 순서로 되어 있다. 신이 내리면 달리기 때문에 신탁(공수)을 내릴 여지가 없다. 신탁이 목적이 아니라면 왜 이러한 기묘한 신들림 행사를 거행하는가. 신들려 달리는 것을 '놀이(お遊び)'라고도 하는 것처럼 신을 즐겁게 놀리는데 그 목적이 있다.

깃카와(吉川周平)는 신들림의 결과로 신이 출현했음을 표상하는 방식은 두 종류가 있다고 하였는데, 하나는 신탁을 동반하는 것과 또 하나는 신탁을 동반하지 않고 일어서거나 달리거나 하는 무용적인 동작으로 신놀이 양상을 보여주는 것이라고 하였다132).

신들림은 신의 의지를 듣는 신탁뿐만 아니라 신들림을 통해 제장을 일상의 공간과는 다른 차원의 공간으로 유도하는 기능이 있다고 하겠다. 즉 경계영역을 만들어내는 것도 신들림 기능 중의 하나라고 할 수 있다.

---

130) 新谷尚紀, 『ケガレからカミへ』, 木耳社, 1987.
131) 고호제은 신과 인간에게 내리는 신들림이 아니고 정진결제한 인간이 신의 상태에 근접하는 것이라고 한다. 이러한 설에 따른다면 고호제의 신들림은 빙의형이 아니고 탈혼형으로 볼 수도 있겠다.
132) 吉川周平, 앞의 글, p.53.

그렇다면 고호제 신들림의 주신은 어떠한 신일까. 고호(護法)는 범천(梵天), 제석천(帝釈天), 사천왕(四天王), 십이신장(一二神将), 십육선신(一六善神), 이십팔부중(二八部衆) 등 불법을 수호하는 선신(善神)이라고 한다. 특히, 고라이(五來重)는 산신을 변형된 도깨비(天狗)라고 지적한 바 있다[133].

결국, 신들림이라고 하는 민속적인 행위가 료잔사(兩山寺)라는 불교의 사원에서 거행된다는 점, 그리고 슈겐자들의 작법으로 이루어지고 있다는 점을 생각할 때, 토착적인 민간 산악신앙의 요소가 강함을 알 수 있다. 고호젠신(護法善神)은 본래 민간 산악신앙의 신이었던 것이 민간신앙과 불교(특히 밀교)가 결합되어 고호신으로 바뀌었다고 볼 수 있다. 이는 고호신이 니조산(二上山)의 사부로후료세(三郎房養勢)라고 하는 산 귀신을 퇴치하였다는 설화에서도 확인할 수 있다. 고호젠신(護法善神)의 종교적 성격에 대해서는 생략하기로 하지만, 고호자네(護法実)에 내린 고호신(護法神)이 고호제(護法祭)의 주신임은 말할 나위가 없다.

5. 맺음말

이상에서 살펴본 바와 같이 신들림의 현상을 일본 민속이라는 콘텍스트 속에서 개관하였다. 일본의 제의는 지방에 따라 다양하지만 지

---

133) 五来重, 『山の宗教 修験道』, 淡交社, 1970, p.101.

금은 신들림 현상을 거의 볼 수 없다. 그 배경에는 근대과학의 발달도 있겠지만, 보다 일본적인 맥락에서 본다면 메이지 정부로부터 내려진 신직연무 금지령(神職演舞禁止令), 혹은 신들림 금지령(神がかり禁止令)에 의한 영향을 무시할 수 없다. 그래서 지금은 제의를 통한 신들림의 잔재만이 남아 있을 뿐이다.

사실 제의의 근본적인 목적은 인간의 힘이 미치지 못하는 것을 신에게 기원하는 데 있다. 이때 신의 의지를 들을 수 있는 구체적인 방법이 신들림이다. 앞에서 언급한 바와 같이 제의에는 선신(善神) 뿐만 아니라 악신(惡神)도 등장한다. 그리고 제의의 목적에 따라서 맞이하는 신도 다르다. 신이 제의장소에 등장하여 신의 존재를 보이는 시스템 역시 제의에서 차지하는 신의 직능이나 고저에 따라 다르다. 신들림, 그리고 신탁은 제의에서 가장 핵심적인 요소임에 틀림없으며, 제의에 등장하는 다양한 신들 중에서 이 신들림의 방법에 따라 표상화되는 양식 역시 다름을 알 수 있었다.

이타코(イタコ)의 구치요세(口寄せ)의 경우에 신구(神口)와 사구(死口)가 있지만, 죽은 영혼을 내리는 호도케오로시(佛降ろし)가 주요 기능이다. 즉 신들림의 일종으로 구치요세를 생각할 경우 죽은 자의 영혼을 불러들여 신탁(口寄せ)을 얻는 데 그 목적이 있다. 여기에서 의뢰자 유족이 원하는 구치요세는 일반화된 신이 아니라 의뢰자와 친인척 관계에 있는 근친자의 영혼이다. 다시 말하면 특화된 존재인 것이다.

한편 집단적 의례인 이자이호(イザイホウ)는 개인 의례처럼 신들림의 주체인 신이 명확하지 않아 어떤 직능을 가지며 어떤 성격의 신인지가 분명하지 않다. 막연한 신적 존재임을 알 수 있었다. 말하자면 집단적인 축제에서 신들림의 주체인 신은 개인의례에서처럼 구체적이지 못하다는 것을 알 수 있다. 이자이호의 경우 신들림은 특정한 신보다 신들림 자체가 보다 중요한 의미를 지니고 있는 것이다. 또한 나나츠바시(七つ橋)라고 하는 장치는 일상세계와 다른 비일상적 공간을 창조하는데 필요한 장치이기고 하다.

또 다른 경우인 슈겐도의 신들림에서도 개인의례 히키좌(引座)에서는 신탁의 내용이 보다 구체적이며 특정한 신임을 알 수 있지만, 집단의례인 고호제(護法祭)에서는 뛰면서 빙글빙글 도는 고호자네(護法実)의 행동에 의해 축제에 참가한 집단 전체가 신들림의 상태에 있음을 확인시키기 위한 장치로서의 기능이 더욱 중요하다.

도호쿠지역의 이타코의 구치요세(死口)나 슈겐도의 히키좌(引座) 등은 개인적인 의례이기때문에 구체적이고 명확한 존재가 신들림의 대상이 되지만, 이자이호나 고호제(護法祭)와 같은 공동축제의 경우에는 다양한 신령들이 축제의 대상이 되며 그중에서도 최고의 존위신임을 알 수 있다. 특수한 긴장감을 동반하기 때문에 엄격한 금기사항을 준수하지 않으면 안 되며 흉내내기나 웃음을 유발시키는 예능과는 다소 거리가 있음을 확인할 수 있다.

결론적으로 말하자면, 신들림 현상이 발달된 곳에는 예능적 기능이 상대적으로 약함을 알 수 있다. 특히 개인의례에서는 무엇보다도 신과의 직접적인 교류가 요구되기 때문에 경제적인 측면이나 규모면에서 오락이 개입될 여지가 적지만, 공동축제 현장에서는 진정한 신들림보다 신들림의 표상화가 가속화되어 그 가운데 오락적인 요소가 개입될 여지가 생기는 것이다.

신앙적인 측면이 강한 신들림이 그 자체에서 오락화, 기능화의 단계로 넘어가기 전 단계의 모습에 대한 고찰로서 가구라(神樂)이다. 다양한 신들림의 표상화에 대하여 본격적인 연구는 향후 과제로 남겨놓는다.

6장

춤추는 신과 춤추지 않는 신

─일본 도야마 마츠리(遠山祭り)를 중심으로

1. 머리말

일본은 축제의 나라라고 일컬을 정도로 다양하고 풍부한 축제가 전승되고 있다. 11월, 12월경이 되면 축제달력이 배포될 정도이다. 1년 12달 365일 축제가 행해지지 않는 날이 없다고 해도 과언이 아니다. 축제가 많은 만큼 신들도 다양하다. 일본의 신을 통칭 팔백만신(야오 요로즈노 가미)이라고 한다. 그만큼 다양한 신이 존재하고 있음을 나타낸다.

종교 학자이자 사상사가인 야마오리 데츠오(山折哲雄)는 일본의 신들은 눈에 보이지 않는 존재이며, 신의 모습을 감추는 특성이 있다고 하였다[134]. 물론 신이 일반인의 눈에 보일리가 없지만 신이 보이지 않는다는 것은 확립된 구체적인 신 관념을 지니지 않다고 할 수 있으며 구체적으로 신의 모습을 감지하기 어렵다는 것을 의미한다. 보이지 않는다는 속성에는 여러 가지 의미가 내포되어 있다. 즉 보이지 않는 존재이기 때문에 감지할 수 있도록 여러 가지 장치가 필요해진다. 일본의 가면은 세계적으로 비교할 수 없을 정도로 그 양에서나 질에서 타의 추종을 불허할 정도라고 할 수 있다. 가면이 많은 이유 중의 하나는 일본의 신관념이 다신적이며 눈에 보이지 않는 신들이기 때문이라고 할 수 있다.

이러한 보이지 않는 다양한 신들을 인식하고 구체적으로 어떻게 표현할 것인가의 문제는 제의(祭儀) 구성에 중요한 위치를 차지한다. 일

---

134) 山折哲雄『日本の神1 神の始原』平凡社, 一九九五年, p.18.

본에서는 이러한 제의를 마츠리라고 한다. 마츠리에 대한 어원은 여러 설이 있지만, 한국의 마지(맞이하다)와 동어원이라는 설이 유력한 학설 중의 하나이다. 마츠리는 보이지 않는 신을 맞이하여 여러 가지 제물을 바치고 기원을 성취시키고자 하는 데에 목적이 있다. 또한 마츠리는 보이지 않는 신을 어떻게 느끼고 어떻게 표현하는가에 관건이 달려 있다고 하겠다.

일본뿐만 아니라 다른 나라도 마찬가지지만 정식화된 경전이나 교리를 가지지 않는 신앙을 살펴보기 위해서는 축제라는 행위에서 유추해볼 수밖에 없다. 마츠리라는 행사를 통해서 신의 성격이나 일본인들의 신 관념을 살펴보는 방법이다. 물론 신들에 대한 유래담이나 신화 등이 남아 있는 경우도 있지만, 이것들은 오히려 마츠리를 해석하고자 덧붙여진 해설적인 성격이 강하다. 신화가 먼저인가 마츠리(제의)가 먼저인가라고 하는 큰 과제에 봉착하지만 기본적으로 일본의 신앙 혹은 일본인의 신관념은 마츠리를 통해서 살펴보는 수밖에 없다. 실제로 일본의 신사를 들여다 보아도 불상과 같은 신상을 안치한 곳은 거의 볼 수 없다. 대부분 둥근 거울이 놓여 있을 뿐이다. 혹시 신상이 안치된 곳이 있다고 하더라도 그것은 불화나 불상이 도입된 이후 불교 영향으로 나타난 현상이라고 할 수 있겠다.

일본의 토착 신앙에 의하면 신의 형상을 눈으로 보는 것을 오히려 불경한 행위로 간주해 왔던 것이다. 신의 숭고함을 오히려 신의 신체를 숨김으로써 강조해왔다고 할 수 있다. 하지만 마츠리의 날이 되면 숨겨져 보이지 않던 신들을 어떻게 해서든지 민중(신도)들에게 확인시키고 느끼게 할 필요가 있었던 것이다.

일본의 마츠리 특히 가구라에는 다양한 신들이 등장한다. 이러한 신들을 구체적으로 재현시켜 그 존재를 확인하는 행위가 바로 마츠리인 것이다. 다종다양한 신들이 존재하는 만큼 신들의 재현 방식도 다양하다. 그러한 의미에서 마츠리는 일본문화를 가장 잘 담고 있는 거울이라고 할 수 있다. 그렇다면 마츠리에서 다종다양한 신들이 어떻게 재현되고 있는가를 검토해보자.

앞서 결론을 말한다면 신들의 종류에 따라서 재현방식이 다르다. 다시 말하면 마츠리에도 모습을 드러내는 신들이 있는가 하면 모습을 드러내지 않는 신들이 존재한다. 예를 들어 마츠리에는 빼놓을 수 없는 신의 가마(미코시: 神輿)라는 것이 있다. 마츠리에 참여하는 마을 주민들이 미코시(神輿)를 둘러매고 마을주위를 도는 것이다. 한때 미코시 안으로 신을 이동시키는 장면(タマイリ)을 목격한 적이 있다. 신의 신체라고 일컬어지는 헝겊으로 쌓여진 달걀 크기 정도의 것이었다. 사진을 찍으려고 하다가 담당 제관에게 질책을 받았다. 규모가 크고 격식을 갖춘 마츠리의 경우에는 전문적인 사제 이외에는 신체를 볼 수 없도록 흰 천막을 두르고 엄숙하게 거행한다. 신의 실체를 목격해버리면 신의 존귀성이 실추되는 것일까. 여하튼 신은 보여서도 안되며 보아서도 안된다는 관념이 존재하는 것이다. 하지만 모든 신이 그러한 것은 아니다. 가면을 쓰고 구체적으로 표현되는 신들도 존재한다.

신가마에 태워 힘차게 흔들면서 이동시키는 신은 마츠리에 가장 중심되는 신이다. 하지만 마츠리에는 주신만 등장하는 것이 아니라, 주신에 대한 권속신이나 하위 신들도 등장한다. 이러한 사상적인 배경은 한국의 굿의 사상과도 통하는 바가 있다. 다시말해서 한국의 굿에서는 중심되는 굿거리를 마친 후, 마지막 뒷전 혹은 거리굿, 거리메기기라고 해서 정식으로 초대되지 않았지만 북소리 장구소리를 듣고 모여든 잡귀잡신들을 풀어먹이는 절차가 반드시 있다. 특히 오구굿이나 진오귀 굿 등에서 저승 세계를 관장한다고 하는 염라대왕이나 시왕 등 상위 신들은 직접 굿판에 등장하는 경우는 거의 볼 수 없다. 굿의 담당자(무당, 혹은 악사)가 분장하여 구체적으로 표현되는 신은 저승사자와 같은 권속신인 것이다. 다시말해서 굿판에 연극적인 분장을 통해 직접 등장하는 것은 상위신이 아니고 그의 권속신이나 하위신임을 알 수 있다. 이러한 현상이 일본의 가구라에서도 확인할 수 있다. 구체적으로 일본의 가구라 중에서 특히 일본 중부지역에 전승되고 있는 도야마 마츠리(遠山祭)를 중심으로 신들의 체계를 살펴보고자 한다.

2. 신들의 계급 - 도야마 마츠리

2-1 기원

도야마(遠山)지역은 산악지대로 벼농사는 거의 없고 대부분 보리 밀 조 콩 등 산비탈을 이용한 밭작물을 주로 생산하는 지역이다. 옛날 이 지역의 수령이던 도야마의 일족이 주민들을 혹독하게 착취했기 때 문에 마을주민들이 이를 견디지 못하고 봉기한다. 그래서 도야마 일 족을 죽이고 쫓아낸 것이다. 그런데 마을주민의 봉기가 있고 도야마 일족이 멸망한 후부터 계속 흉년이 들고 질병이 만연하게 된다. 마을 주민들은 이렇게 질병이 들고 흉년이 계속되는 것은 죽음을 당한 도 야마 일족의 원혼 때문이라고 판단한다. 도야마 일족의 원혼을 달래 기 위해서 제사를 지내게 된 것이 마츠리의 시작이었다. 다소 기묘한 이야기이긴 하지만 주민들이 도야마 일족을 죽이고 그 원혼을 달래기 위해 다시 제사를 지내는 것이다. 그래서 그런지 축제의 중간 부분에 도야마 일족들이라고 하는 여덟 명이 가면을 쓰고 등장하는 장면이 있다. 가면은 흰 살색의 가면으로 무사 복장을 하고 그 중 한명은 여 자로 솜으로 된 보자기를 덮어쓰고 등장한다. 이러한 전설은 이전부 터 전승되어 오던 마을 축제에 도야마 일족이라는 가면춤이 추가된 것이라는 설이 일반적으로 인정되고 있다.

도야마 마츠리가 행해지는 이곳은 일본 열도의 한 가운데 있는 나 가노현(長野縣)의 남단에 위치하고 있다. 도야마 마츠리(遠山祭)라는

196

명칭은 정식 명칭이라기보다 근대에 들어와서 학자들이 다른 지역의 축제와 변별하기위해 임의적으로 붙여진 이름이다. 본래는 상달 즉, 11월에 행해지기 때문에 시모츠키 마츠리(霜月祭り)라고 한다. 또 '가즈기마츠리(撮ぎ祭り)'라고도 한다. 이는 옛날에 마츠리가 있는 밤에 남녀가 모여 함께 어울려 노는 것이 허용되었다고 하는데 젊은 청년들이 젊은 여성을 등에 업고 (가즈기) 돌아다녔다고 하는 데서 나온 명칭이다. 현재는 그런 풍습이 없어졌지만 축제 기간에는 남녀 간의 성적인 교류가 개방되었다는 사실은 인근 지역인 하나마츠리(花祭り)가 행해지는 곳에도 확인할 수 있다. 하나 마츠리라고 하는 지역에서 혹시 부부사이에 태어난 아이가 이웃집 아저씨와 닮았을 경우에 아이를 하나노코(花の子)라고 불렀다는 구전도 있다. 다시 말해서 축제가 있는 밤에는 결혼한 남녀를 막론하고 성적 개방이 이루어졌다는 것이다. 그래서 이 축제기간 동안에 이루어진 남녀 간의 정사에 의해 태어난 아이라는 의미가 있는 것이다.

한편 '오세마츠리'라고도 한다. 오세라는 말은 밀어붙인다는 뜻이다. 축제가 끝날 무렵에 도깨비 가면이나 여우 가면 등을 쓰고 나와 구경꾼들에게 몸을 날려 밀어붙이는 행위가 이루어진다. 이때 구경꾼들은 일제히 오세 오세(밀어 밀어)라고 하면서 축제의 절정기에 이른다. 구경꾼과 춤꾼이 함께 하는 장면이기도 하다.

또 하나 빠뜨릴수 없는것이 '사령(死靈)마츠리', '도야마사마 마츠리(遠山樣祭り)'라고도 한다. 앞에 언급한 도야마 마츠리의 기원유래담과 관련된 명칭이다. 현재 도야마 마츠리의 분포도를 보면 다음과 같다.

도야마 마츠리의 분포

祭日	住所	神社名
12月3日	南信濃村八重河內此田	大野田神社
12月6日(12月1日)	南信濃村八重河內梶谷	三条神社
12月8日	南信濃村南和田十原	城白山神社
12月8日	南信濃村木澤中立	稲荷神社
12月8日	南信濃村木澤八日市場	日月神社
12月10日	南信濃村木澤	正八幡社
12月11日	南信濃村和田夜川瀬	愛宕神社
12月11日	上村上町	正八幡社
1月4日(12月12日)	南信濃村木澤上島	白山神社
12月12日	上村中郷	八幡社
1月3日(12月12日)	上村下栗	正八幡社(十五社大明神)
12月13日	南信濃村八重河內下和田	諏訪神社
12月14日	南信濃村木澤小道木	熊野神社
12月14日	上村程野	才若八幡神社
12月15日	南信濃村和田尾野島	正八幡社
12月16日	南信濃村木澤須澤	宇佐八幡神社
12月17日	南信濃村和田大町	天満宮

이상 표에 나타난 바와 같이 축제가 벌어지는 일정이 연속되어 있음을 알 수 있다. 이것은 축제를 담당하는 제관(담당관: 神職)이 각 지역으로 돌아가면서 행했음을 시사하고 있다. 다시말해 과거에는 이

축제를 담당하는 사제자가 있었으며 마츠리가 이들 사제자들에 의해 마츠리가 행해져온 것이다. 축제를 '오세마츠리'라고 부른 이유를 각 마을의 마츠리가 연속적으로 이루어진다는 뜻으로 해석하기도 한다. 마츠리를 집행하는 사제자는 이 지역 전체를 담당하였기 때문에 동일한 날짜에는 할 수 없었다는 이유에서이다. 마츠리에서 대부분은 마을 주민들이 담당하지만 제사의식 부분만은 전문적인 사제자가 담당해 왔다. 다시 말해서 도야마 마츠리뿐 만 아니라 일본 대부분의 가구라는 신도 신관에 의한 제사와 마을 사람들에 의한 춤으로 구성된 2부 형식을 취하고 있다. 한국의 마을굿이 유교식 제사와 무당에 의한 굿으로 구성된 이중구조와도 유사함을 볼 수 있다.

도야마 마츠리는 도야마 일대의 십여 곳에서 행해지는데 부락에 따라 조금씩 차이를 보이고 있지만 전체적인 구성 면에 있어서는 대동소이하다. 도야마 마츠리는 1979년 2월 24일 국가지정 중요무형문화재로 지정되었다. 필자가 견학한 곳은 12월 8일 미나미 시나노 마을(南信濃村)의 기사와 요카이치바(木澤八日市場), 12월11일 가미마을(上村)의 가미마치 쇼하치만사(上町正八幡社), 12월 12일 가미마을(上村)의 나카고 하치만사(中鄉 八幡社), 그리고 12월 10일 미나미 시나노마을 (南信濃村)의 기사와 쇼하치만사(木澤正八幡社) 네 곳이지만, 여기에서는 2000년 기사와 쇼하치만신사(木澤正八幡社)에서 거행된 마츠리를 중심으로 하면서 1999년에 참관한 가미무라 가미마치 쇼하치만사(上村上町正八幡社)의 마츠리와 함께 언급하고자 한다.

2-2 마츠리를 담당하는 사람들

도야마 마츠리는 마을축제이기 때문에 마을사람들에 의해 이루어지는 것은 당연하다. 하지만 마츠리에 제사의식을 담당하는 사람은 특별히 전문적인 사제자(신관)가 있어 그들이 책임을 지고 마츠리를 진행한다. 직업적인 신관에 의한 의례와 마을사람들에 의해 진행되는 의례로 구분할 수 있다. 도야마 마츠리 뿐만 아니라 일본의 대부분의 마츠리가 그러하듯이 마을 주민들이 주축이 되어 거행되는 본 마츠리 전에 반드시 신도(神道) 식의 제사의식이 거행된다.

신도식 제사의식은 전문적인 자격을 갖춘 자가 아니면 주관할 수 없다. 그리고 마츠리 전체를 책임지는 네기(禰宜)가 있다. 기사와(木澤)에는 7명의 네기 주도하에 마츠리가 거행된다. 가미무라(上村)에서는 네기 외에 다유(太夫), 미야모토(宮本)가 있다. 이들은 집안 대대로 세습된다. 그리고 네기를 보좌하는 역으로 미야세와닌(宮世話人)이 있다. 미야세와닌은 말그대로 마츠리의 전체 진행위원이기도 하고 심부름꾼이기도 하다. 이들에게는 각각 담당하는 부서가 정해져 있다. 봉폐─유보쿠: 湯木, 두개의 막대기 사이에 봉폐의 종이를 끼우고 막대에는 종이로 싸서 삼베실로 묶었다. 봉폐 춤을 출때 실을 풀어 양손에 한 개씩 들고 춤을 춘다─담당, 식사담당(가시키), 음식재료나 제물 담당자(마카나이), 가마솥의 장작담당, 가마솥의 물담당, 회계담당 등이 있다. 그리고 본 마츠리에 춤꾼(우지코)의 역할을 정한다. 이러한 일련의 과정을 비롯한 마츠리 전체는 마을의 자치회에 의해 집행된다.

2-3 전야제(요이마츠리: 宵祭り)[135]

12월 9일 전야제(宵祭り)가 있고 다음날 본 마츠리가 거행된다. 12시경에 집집마다 한사람씩 나와서 전야제 준비를 한다. 신사경내를 청소하고 노보리─마츠리 행사장을 표시하는 폭이 좁고 길다란 천의 옆과 위에 고리를 달고, 장대를 끼워서 세우는 깃발─를 세우고 등을 신사입구에 단다. 금줄을 꼬아 제장 주위에 친다. 또 쌀을 찧어 떡을 만들어 대나무 잎으로 싼다. 오히야시라고 하는 제물의 일종이다.

전야제의 과정을 순서대로 정리하면 다음과 같다.

① 좌즈케 (座づけ): 준비가 끝나면 오후 두시 즈음 참석자 전원이 가마솥 주위에 모여 앉아 일동이 조라술(神酒)를 마신다.
② 오오하라이(大祓い): 네기(신관)가 부정치기의 경문을 읽어 내려간다.
③ 산조 하라이(三條の祓): 북을 치는 북잽이를 중심으로 제장의 부정을 가시고 정화하는 노래를 부른다. 그리고 제당이 있는 토지 부정치기, 여러 제구의 유래에 대한 노래를 부른다.
④ 십육 가구라(拾六神樂): 가구라 노래를 부른다. 먼저 네기가 선창

---

135) 전야제때에는 직접 참관하지 못하였다. 『木澤の民俗』을 참고로 해서 약술한다.

을 하면 일동이 후창을 한다. 노래는 "마츠리가 시작되고 폭포의 물, 신사, 숲, 도리이(鳥居 ; 신사입구에 세워진 문), 금줄을 정화하여 설치하였으니 문을 열고 신들이 나타나 그 신들에게 가구라를 받친다"는 내용이다. 악기로는 대북과 징, 방울이 사용된다. 그리고 사용할 여러가지 소도구를 돗자리위에 오려놓는다. 일종의 도구 부정치기이다.

⑤ 다마노 미가구라(玉の御神樂): 제당 부정치기를 한 번 더 반복하고 네기는 봉폐를 들고 흔든다. 그리고 가구라 노래를 또 반복해서 부른다. 오후 7시경이 되면 가마솥 주위에 둘러 앉아 식사를 한 후 해산한다. 식사는 두부와 된장국(미소시루)과 야채 소금절임이다.

2-4 본마츠리(本祭り)

마츠리에서 가장 중요한 것은 제장 한가운데 설치된 가마솥 아궁이이다. 과거에는 매년 새롭게 만들었다고 하지만 현재는 파손된 부분만을 수리하는 정도이다. 아궁이는 진흙에 잘게 자른 짚을 섞어 만든 점토를 바른다. 지역에 따라 아궁이의 형태가 다르다. 가마솥을 한 개 거는 지역, 두 개 거는 지역, 세 개 거는 지역이 있다. 와다(和田) 지역에는 화덕과 같은 것을 이용해 일부러 가마 아궁이를 만들지 않는다. 모든 행사는 이 가마솥을 중심으로 해서 이루어진다. 가미마치에서는 두 개, 기사와에서는 세 개의 솥이 사용된다. 각각의 가마 아궁이 위

하치만 신사(八幡神社)-기사와(木沢)

유다테(湯立)가마-기사와(木沢)

천정에는 종이를 오려 만든 장식품을 장식한다. 이를 유노우에(湯の上)라고 한다. 하나마츠리나, 오모토가구라 등에서 천정에 매다는 천개(텐가이: 天蓋, 白蓋)이다. 천개는 불교의 사원에 불상 머리 위에 설치하는 삿갓 모양의 장식에서 온 용어이다. 마츠리에 사용되는 각종 봉폐를 제작하고 도리이에 금줄을 치고 재물로 오히야시(떡)을 만드는 등의 준비를 한다. 마츠리의 준비가 끝이 나면 다음과 같은 순서로 본 마츠리가 진행된다.

　도야마 마츠리의 전체 구성을 보면 이중구조로 되어 있다. 전반부는 신들을 모시고 제사를 지내는 의식적인 부분이고 후반부는 마을의 토착신이 가면으로 등장한다. 전반부를 춤추지 않는 신들의 축제라면 후반부는 춤추는 신들의 축제라고 할 수 있다. 이를 구분해서 서술하고자 한다.

유노우에(湯の上)ー기사와(木沢)

2-4-1 춤추지 않는 신들의 축제

① 좌즈케((座づけ): 제관(네기)과 제관보조자(미야세와닌), 마을 총
대, 마을주민(우지코) 등이 가마솥 주위에 둘러 앉아 정화의 제문
-좌석을 정화하는 노래, 사람이 지닌 감각과 지각이 부정을 가져
온다고 하여 눈, 코, 입, 및 몸 전체에 대한 정화, 동서남북 중앙의
오방의 정화, 하늘과 땅의 정화-의 봉독이 지속된다.

② 오미야기요메(大宮清め): 제관(네기)이 방울을 들고 흔들면서 가
구라 노래를 부른다. 봉폐를 들고 당 앞으로 가서 정화를 하고 가
마솥과 그 외 사용도구의 부정을 없앤다. 그리고 밖으로 당 입구에
위치하고 있는 후지텐바쿠사(富士天伯社)의 앞에서도 정화의 노래
를 부른다. 이때 당 앞마당에는 신이 내려오는 표식이라고 할 수
있는 오와키(おわき)를 세운다. 오와키는 약 2미터 정도의 대나무
로 끝에 새끼줄로 감고 오색종이로 만든 봉폐를 단 것이다.

③ 당문열기: 신이 모셔져있는 신사의 본당 문을 연다.

④ 산조노하라이(三條の祓): 전야제와 마찬가지로 산조하라이를 한
다. 한편 가미마치에서는 상폐(上幣: あげのさ)라고 하여 범천제석
(梵天帝釈)에서 텐바쿠(天伯)에 이르기까지 신사에 부속된 작은
당(末社)에 봉폐를 받친다.

⑤ 히요시노 가구라(ひょしの神樂): 북과 방울과 징(鉦)을 울리면서
가구라 노래를 부른다. 노래는 일본 전국의 신들이 오는 길을 소금
으로 정화하고 신이 좌정할 자리를 마련하였으니 신들이 오기를

염원하는 내용이다. 가미마치에서는 가미호기(かみほぎ)라고 하여 나까토미하라이(中臣祓), 일대월대 부정치기, 제물축사, 조라술 축사, 마을 수호신(우부스나 가미)를 정화하는 노래를 부른다.

⑥ 신명장(진메이초 神名帳)봉독: 전국의 신들을 맞이하기 위해 신명장이라고 하는 두루마리에 씌여진 신의 이름을 봉독한다. 마을주민을 대표해서 마을 총대가 신의 이름을 봉독하고 '오늘과 같이 좋은날 도야마 신사의 신들이 전국의 신을 가마솥 위에 모셔 가구라 춤을 보여드립니다. 봄에 뿌린 씨앗이 풍작을 이루게 해주시고 상업하시는 분들에게도 많은 이익이 있기를 이 마을을 잘 보호 해주십시로'라고 하는 내용으로 기원한다.

신명장(神名帳)봉독-기사와(木沢)

⑦ 유다테(湯立て): 처음 행해지는 유다테를 '첫 탕(先湯)', 혹은 '끓는 물 열기(湯びらき)'라고 하는데 유다테는 가마솥에 물을 넣고 불을 지피고 김이 무럭무럭 나는 가운데 봉폐로 가마솥의 물을 휘젓거나 신들에게 더운 물을 바치는 행위이다. 제관이 가마솥 주위에 소금을 뿌리고 차돌을 서로 부딪쳐 불빛이 나게 하고 양손을 이용하여 여러 형태의 주술적인 모양을 만든다. 이를 인(印)을 묶는다고 한다. 오대존(五大尊)을 신사에 모신다. 다음에 방울과 부채를 들고 수호신의 춤을 추고 다음에 이어 유복(湯木)를 들고 춤을 춘다. 유복이라고 하는 것은 얇게 깎은 각목 두 조각을 서로 붙여 한끝에는 폐의 종이를 끼우고 이를 다시 종이로 묶은 것이다. 처음

유보쿠(湯木)의 춤 — 기사와(木沢)

에는 두개로 묶여진 것을 들고 춤을 추다가 나중에는 묶여진 종이를 풀어내고 양손에 하나씩 들고 춤을 춘다. 가장 먼서 본 신사의 신인 하치만신(八幡樣)의 탕(湯)을 비롯하여 유다테를 일곱 번 반복한다. 지대명신(池大明神) 유다테, 가시마신(鹿島神社) 유다테, 츠시마신(津島神社) 유다테 등 각 신에 대한 유다테 춤이 계속 된다.

⑧ 식전행사(式の祭): 마츠리의 제사부분에 해당되는 것으로 제관인 네기를 중심으로 신전앞에서 거행한다. 가마솥의 물을 신전에 받치고 방울과 봉폐를 들고 가구라 노래를 부르는 당 부정치기(미야기요메: 宮きよめ)를 한다. 이때 개인적으로 특별히 소원을 비는 칠석의 물(七石の湯)이라는 것을 거행한다. 또 특별한 요청이 있을 경우에는 제관 중의 두세 명이 한조가 되어 가마솥의 물을 떠서 마을 주민의 집으로 가서 부정치기와 기원을 해주는 유노하나(湯の花)가 있다. 요청한 집에서는 음식을 성대히 장만하여 대접하고 제관은 집안에 모셔져 있는 제단(佛壇 혹은 神壇)을 향해서 기원한다.

⑨ 사인방 춤(요츠마이 四つ舞): 네 명의 춤꾼(두 명이 한조)이 부채와 칼을 들고 가마솥 주위를 돌면서 춤을 춘다.

⑩ 덴바쿠의 유(天伯の湯): 덴바쿠는 도야마 마츠리에서 매우 중요한 존재이다. 지역을 수호하는 수호신과 같은 역할을 한다. 마츠리의 마지막에 코가 큰 가면을 쓴 덴바쿠가 등장하지만, 여기에서는 덴바쿠 신에게 가마솥의 물을 바친다.

⑪ 중간 부정치기(中祓い): 오전 2시경이 되면 춤꾼 일동이 가마솥 앞에 모여 앉아 새롭게 부정을 가시도록 한다. 이것으로 마츠리의 전반부가 일단락 끝난다. 그리고 마츠리 장소에 모셔진 전국의 신들을 돌려보내는 송신의 가구라 노래를 부른다. 가미마치(上町)에서는 이를 일월춤(日月の舞)이라고 하여 방울과 부채를 들고 가마솥 주위를 돌면서 신명장 봉독에서 맞이했던 일본 전국의 신들을 돌려보내는 송신의 노래를 부른다.

⑫ 어깨띠의 춤(襷の舞): 사인방춤과 유사하지만 민중들의 봉기에 의해 죽임을 당한 도야마 일족의 영혼을 위한 춤이다. 네 명의 춤꾼이 어깨띠와 붉은색 머리띠를 두르고 방울과 부채를 들고 춤을 추다가 다시 부채와 칼로 바꾸어 들고 가마솥 주위를 돌면서 춤을 춘다.

⑬ 진혼의 유다테(しずめの湯): 전야제의 유다테와 같다. 등장하는 가면의 신들에게 끓는 물을 바치는 행위이다. 가미마치에서는 신, 부처를 비롯하여 모든 사물에게 받치는 유다테로 제사장이 담당한다. 야쿠유(役湯)혹은 호도게노유(佛の湯)라고 하여 특별히 중요하게 여긴다. 또 집 유다테(家湯立て)라고 해서 도야마 일족의 원혼을 위한 유다테가 있다. 이것으로 전반부가 끝이 난다. 그외에 개인적인 기원으로 '신의 아들 바치기(神子上げ)'라는 행사가 있다. 선천적으로 신체가 약한 아기를 신의 아들로 입적하는 행사이다. 즉 신의 아들로 다시 태어나게 하는 행위로 아기에게 제관의 옷을 입히는 흉내를 낸다. 제관의 옷을 입는다는 것은 신에게 바쳐

진 아들로서 신의 가호를 받으면서 건강하게 성장하기를 기원하는 의미가 담겨 있다.

전국으로부터 맞이했던 신들에게 가마솥의 물을 바친 후 돌려보낸다. 새벽 3, 4시경부터 가면을 쓴 신들이 등장한다. 마츠리가 전반부와 후반부로 나누어지게 된 이유는 확실하지 않지만 등장하는 신들의 성격상 후반부에 가면을 쓰고 등장하는 신들이야 말로 마츠리가 거행되는 지역의 토착신이라고 할 수 있다. 일본의 마츠리는 과거부터 위(정부)로부터 제제를 받아왔던 것으로 보인다. 신도를 국가이념으로 삼았던 메이지시대는 말할 것도 없지만 그 이전에도 국가신도의 영향을 받으면서 마츠리의 전반부와 같이 표면적으로는 순응하면서도 후반부에서 지역고유의 토착적인 마츠리를 유지해온 것으로 유추할 수 있다.

2-4-2 춤추는 신들의 축제

① 노부부의 여행(海道下り): 간다유(神太夫)라고 하는 늙은이의 가면을 쓴 노인과 노파의 가면을 쓴 노부부가 이세 신궁(伊勢神宮)을 참배하러 가는 도중에 마을 축제에 들르게 되었다. 가마솥 주위를 돌기도 하고 관중석으로 들어가기도 한다. 특히 노파는 손에 사가키(榊) 나뭇가지를 들고 관중들의 머리를 때린다. 일종의 부정치

기이다. 노파와 노인이 주위를 돌면서 관중들을 때리면 모두 피하지만 싫지는 않은 듯 와와 웃음소리가 터지고 흥분의 도가니로 접어든다. 마을 사람들과 대화를 하면서 이세 신궁 참배를 그만두고 되돌간다. 마지막에 노인과 노파는 서로 끌어안고 사이좋게 퇴장한다.

영감(爺)과 할미(婆) - 기사와(木沢)

② 행렬(行道): 도야마 일족을 가면으로 형상화한 것이다. 로쿠보(六方)라는 독특한 걸음걸이로 가마솥 주위를 돌고 퇴장한다. 도야마 일족이라고 하는 여덟 명의 가족이 가면을 쓰고 방울과 부채를 들고 한사람 씩 차례로 나와 한 바퀴 혹은 두 바퀴 돌고 퇴장한다.

③ 가마솥물로 부정치기: 수대왕(水大王) 화대왕(火大王)이라는 가면
을 쓰고 펄펄 끓는 물을 맨손으로 튀긴다. 지역에 따라 조금씩 다
르다. 불대왕 만이 나오거나 수대왕 만이 등장하는 경우도 있고 불
대왕과 수대왕이 함께 등장하는 경우도 있다. 뜨거운 물을 맨손으
로 튀기면서 신의 영험을 나타내고 튀기는 물을 맞으면 일년 내내
감기 걸리지 않고 운수가 좋다고 여긴다.

하치만 대신(八幡大臣)－기사와(木沢)

핫샤의 신(八社神)―가미무라(上村)

수대왕(水の王)―기사와(木沢)

④ 덴바쿠의 춤(덴바쿠: 天伯): 덴바쿠(天伯)가 악령을 퇴치하는 춤이
   다. 붉은색 가면을 쓰고 손에는 활과 화살을 들었다. 활을 사방으
   로 쏘기도 하고 허리에 찬칼을 빼어 사방으로 가르는 흉내를 낸다.
   신사를 수호하는 신으로 악귀를 물리치는 역할을 한다.

⑤ 사방신 춤: 토. 목. 수. 화의 네 신이 나와서 가마솥 주위를 뛰면 축
   제는 절정에 달한다. 구경꾼들도 가장 많이 모일 때이다. 사방신
   춤은 여우, 원숭이, 도깨비(텐구)등의 가면을 쓴 이가 나와 가마솥
   주위를 뛰면서 관객들을 향해 몸을 날린다. 관객들은 '오세 오세'
   라고 소리를 지르면서 가면 쓴 신들을 받아낸다. 방향을 바꾸어 가
   면서 수 차례 반복된다. 일종의 신을 즐겁게 하는 신놀이라고 할
   수있다.

⑥ 이나리의 춤(稲荷の舞): 여우 가면을 쓰고 붉은 내복과 같은 옷을
   입었다. 가마솥 주위를 도는데 처음에는 방울과 부채를 들고 두 번
   째 돌 때는 맨손으로 여우의 행동을 하면서 춤을 춘다.

⑦ 다이고쿠텐의 춤(大黒天の舞): 양손에 유보쿠(湯木)를 들고 나와
   가마솥 주위를 돈다. 큰 북을 든 악사가 이를 인도하듯 앞장 선다.

⑧ 원숭이춤(猿の舞): 붉은 색으로 몸에 꽉 조이는 옷을 입고 부채와
   봉폐를 들고 나와 원숭이가 뛰어다니듯 춤을 추며 원숭이 동작을
   보인다.

⑨ 송신(神返し): 제관 두명이 국자에 물을 떠서 들고 신들을 돌려보
   내는 노래를 부른다.

⑩ 봉폐 놀리기(遊びぬさ): 제관이나 춤꾼은 말할 것도 없이 구경꾼들

214

이 모두 나와 천정위에 설치된 시렁(湯の上) 위에 봉폐를 던져 올린다. 던진 봉폐가 천정에 잘 걸리면 '좋다'고 하여 서로 먼저 올리려고 경쟁한다.

⑪ 음복: 마지막으로 참가자 전원이 가마솥 주위에 둘러 앉아 식사를 하면서 술을 마신다. 이로써 모든 일정의 행사가 끝이 난다.

이상, 도야마 마츠리의 전체적인 진행을 살펴보았다.

3. 춤추는 신과 춤추지 않는 신

도야마 마츠리의 구성은 전반부와 후반부로 나눌 수 있다. 먼저 마츠리의 장소를 정화시키는 부정치기를 한 후 전국의 신들을 맞이한다. 맞이한 신들에게는 가마솥의 끓는 물을 바치고 기원한다. 전반부를 전국 각지의 신들을 모시는 과정이라고 한다면, 후반부는 토착신들을 모시는 과정이다. 마츠리에 등장하는 신들의 명칭은 가구라 노래(神樂歌)와 신부르기(神ひろい), 그리고 신명장(진묘초: 神名帳)[136]에 나타난다. 신부르기 노래에 보이는 신의 명칭을 보면 다음과 같다.

梵天帝(泰)釋, 東西南北方の大神小神, 中央の十二ヶ方大神小神, お

---

136) 일본 전국 신사의 등록대장으로 특히 헤이안 시대 중기에 제정된 율령 「延喜式」에 게재된 전국의 신사의 명칭을 말한다. 신사명칭과 신명을 동일시하고 있음을 알 수 있다.

ぶすな, 天津神, 五代天神, 七代地神, 諏訪大明神, 八幡, 高津權現, 和田村の神社, 八重河內神社, 上村總社, 木 澤の村社, 白山(しろやま)神社, 三能神社, お熊野神社大明神, 日月神社, 三峰神社, 五社大神, 東の天伯, 西の天伯, 宇佐八幡社, 淺間神社, 親城大神, 愛宕大神, 池大明神, お鍬大神, 小 山塚稻荷, 小嵐稻荷大神, 一の宮, 二の宮, 西大神, 八幡大神[137]

또 신명장에는 기사와(木沢)마을 마츠리의 주신인 쇼하치만궁의 신을 비롯하여 일본 전국(五畿七道)의 신들(明星王護 鎭守八幡三社, 加茂社, 稻荷, 祗園, 大原, 春日, 住吉, 日吉, 松尾, 吉田, 平野, 北野御山天神, 貴船 山山宇都宮, 山王七社의 宮, 일본 육십육주의 대소(大小)의 신(神祇), 오만오천오백오십신(五万五千五百五十余神)의 천신(天神)과 그의 권속신, 하늘(天)의 이십팔숙(二十八宿)과 땅(地)의 삼십육(三十六)의 대소신(大小神)과 그의 권속신, 그리고 연기식신명(延喜式神名)에 보이는 일본전국의 삼천 백삼 열두 곳의 신사 이치노미야(一の宮)[138]의 신명이 등장한다.

이상과 같이 헤아릴 수 없을 정도로 많은 신명이 불리워지지만, 각 신들의 구체적인 개성은 거의 볼 수 없다. 즉 기호화된 신들이며 구체성이 결여된 신들인 것이다[139].

---

137) 早稻田大學日本民俗鶴硏究會 『木澤の民俗-長野県下伊那郡南信濃村木澤-』 1986. p.108-116.
138) 헤이안시대 말기에서 중세에 걸쳐 민간에서 명명된 신사의 등급으로 그 지역(國)에서 제1위의 신사를 말한다.

216

기사와 마을의 쇼야치만 신사에 모시는 신(譽田別尊, 御鍬樣, 天照皇大神, 御社大神, 兩大神, 池大明神)과 신사의 본당을 향해서 오른쪽에는 오쿠와사마(御鍬樣)의 신당(祠)이 있으며 왼쪽에는 이케다이묘진(池大明神)의 신당이 있다. 오쿠와사마(御鍬樣)는 신의 상징물로서 괭이와 활이 모셔져 있다. 이케다이묘진(池大明神)의 상징물은 괭이자루이다. 괭이자루로 사용하는 나무를 연못에서 잘라왔기 때문에 이케다이묘진(池大明神)이라고 한다. 도야마 마츠리의 중심신은 신사에 모시고 있는 신들(譽田別尊, 御鍬樣, 天照皇大神, 御社大神, 兩大神, 池大明神)과 신명장에 등장하는 전국 각지의 여러 신이라고 할 수 있다. 그런데 마츠리의 후반부에 등장하는 가면의 대상에는 위에 열거한 신명들은 보이지 않는다. 가면의 등장은 마츠리의 후반부인 새벽 3-4시경이다. 마츠리의 진행과정에서 살펴본 바와 같이 가면이 등장하기 전 마츠리의 전반부에 모셔진 여러 신들은 돌려보낸다. 이러한 신들은 가면과 같이 구체성을 띠지 않으며 단지 이름만이 열거될 뿐이다.

　　가면의 신은 도야마 마츠리의 기원 전설과 관련된 여덟 명의 인격신과 코가 큰 도깨비 가면 (텐구: 天狗) 그리고 매우 화난 얼굴 모습을 한 수신(水神), 화신(火神)의 가면, 그리고 원숭이, 여우와 같은 동물 가면 등이다.

　　기사와 마을의 마츠리에서 현재 사용되는 가면의 명칭을 열거하면 다음과 같다.

---

139) 山折哲雄 위의 책 p.23.

大天狗(火の王), 兩大神(源王大神), 兩大神(政王大神), 一の宮, 二の宮, 八幡大神, 親城大神, 若殿大神(火吉明神), 若殿大神(住吉明神), 若殿大神(日吉明神), 若殿大神(大タイ權現), 若殿大神(八幡), 若殿大神(鎌倉八幡), 若殿大神(大明神), 多賀大社, 淺間大神, 津島大神, 子安大神(木花咲 屋姫命), 小嵐大神(小嵐稻荷) 4, 四面(山の神), 四面(天彦根命), 四面(奧山羊僧坊大權現), 四面(猿田彦命), 大黑天, 兩老面(婆), 兩老面(爺, 神太夫), 舞稻荷, 小天狗(水の王), 天伯, 古代面(현재 사용하지 않음)140)

이상의 가면들에는 모두 신명이 붙어 있다. 이 가면들은 신성시되어 평상시에는 가면들을 볼 수 없으며 신체(神體)로 여기는 것이다. 현재 사용되고 있는 가면들은 제작연대가 각각 다르다. 대부분은 새롭게 만들어진 가면이지만. 그중에서 제작상 오래된 가면으로는 노인(兩老面(爺)), 노파(兩老面(婆)), 간다유(神太夫), 행렬가면(行道面), 대텐구(大天狗-火の王)), 소텐구(小天狗-水の王), 덴바쿠(天伯) 등이다141). 현재 사용되고 있는 가면들의 제작연대가 다르다고 해서 반드시 새롭게 첨가된 가면이라고 단정할 수는 없지만, 다른 지역과 비교해보았을 때 이상 열거한 여섯 종류의 가면이 먼저 사용되었고 그 후에 다른 가면들이 첨가되었음을 알 수 있다.

---

140) 南信濃村敎育委員會『神社と面: 遠山霜月祭』.

141) 櫻井弘人,「遠山霜月祭の面-その構成のあり方と變容過程-」,『遠山の霜月祭考』, 1993, 後藤總一郎, 遠山常民大學 p.69.

마츠리의 전반부에 봉독된 여러 신들은 송신, 즉 신을 돌려보낸 단계에서 가면들이 등장하기 때문에 마츠리의 구조 상 모순적이다. 이러한 모순점은 마츠리가 마을주민들에 의해 주관되던 것에 위로부터의(국가 신도) 힘에 의해 왜곡, 변경되었다고 할 수 있다. 다시 말하면, 토착적인 신을 모시던 마츠리에 국가신도의 권력에 의해 마츠리의 구조 자체가 변해버린 것이다. 인근 부락인 사칸베(坂部)의 겨울마츠리(冬祭り)에서는 마츠리의 전반부에 모신 신들을 모두 송신한 후 밤 3-4시 경에 가면을 모셔온다.

가면 명칭으로 전반부의 신명장 등에 등장했던 가면들의 이름이 부여된 것은 어떤 이유에 의해서 인지는 확실치 않다. 단만 국가신도의 영향이 아닐까 추측해 볼 수 있다. 그에 대한 사례로서 다카치호가구라(高千穗神樂)를 들 수 있다. 다카치호가구라는 삼십 세개의 절차로 구성되어 있는데 각 절차에는 신의 이름이 부여되어있다. 심지어 부정치기와 같은 절차에도 신의 이름이 부여되어 있다. 이를 미고토즈케(命づけ)라고 한다. 명칭이 없던 토착 신들에 억지로 신도식 신의 이름이 부여된 것이다. 어떤 지역에 단절된 가구라를 복원하려는 움직임이 있었다. 각 절차마다 신명을 부여하고자 했던 것이다. 즉 미고토즈케를 한 것이다. 이를 본 일본의 한 민속학자의 제지로 겨우 신명 부여를 그만두었다고 하는 에피조드가 있다. 권위있는 『일본서기』나 『고사기』에 등장하는 신명을 부여 함으로써 마츠리의 권위를 세우려는 의도에서 비롯된 것임은 두말 할 나위도 없다. 하지만 도야마 마츠리에 등장하는 가면의 신들은 『일본서기』나 『고사기』에는 등장하지 않은 토착신들이다.

가면을 쓰고 등장하는 신중에는 불의신(火の神(大天狗)), 하치만 대신(八幡大神), 고아라시 대신(小嵐大神), 물의신(水の神)은 반드시 제관인 타유(太夫)가 담당하지만 다른 가면들은 누가 써도 상관없다. 불의신(火の神)을 다이텐구, 물의신을 소텐구(小天狗)라고도 한다. 네기(신관)가 담당한다. 코가 높은 가면을 쓰고 첫번째 가마솥 앞에서 주술적인 동작(九字を切り)을 한 후 가마솥의 끓는 물을 맨손으로 튀긴다. 하치만 대신(八幡大神)과 고아라시 대신(小嵐大神)은 새롭게 첨가된 가면들이다[142].

료다이진(兩大神)은 도야마도사가미(遠山土佐守)와 그의 아들 가헤이(加兵衛), 여성가면인 이치노미야(一の宮), 니노미야(二の宮)는 그들의 부인, 그리고 노인가면(親城大神)은 그의 아버지인 도우토미노 가미(遠江守), 여덟 개의 가면으로 구성된 젊은이 가면(若党八人)은 도야마 일족으로 도야마 전설에 등장하는 영혼들이 신격화된 와까도노 다이진(若殿大神)이다.

다가 대신(多賀大神), 센겐 대신(淺間大神)과 고야스 대신(子安大神), 츠시마 대신(津島大神)은 가구라 노래(神樂歌)나 신명장에도 보이는 신들이지만 나중에 새롭게 첨가된 가면들이다. 이들은 본래부터 가면을 쓴 모습으로 등장하는 신들이 아니다.

이상 가면을 쓴 모습으로 등장하는 신의 특징을 정리해 보면, 마츠

---

142) 櫻井弘人, 「遠山霜月祭の面－その校正のあり方と變容過程」, 『遠山の霜月祭考』後藤總一郎遠山常民大學 編, 1993. p.73.

리의 주관자인 제관(禰宜)이 담당하는 불의신(大天狗), 하치만 대신(八幡大神), 고아라시 대신(小嵐大神), 수신(小天狗)과 마지막의 미야텐바쿠(宮天伯)는 마츠리의 직능신적인 성격을 띠고 있다. 그리고 새롭게 첨가된 가면의 신은 주신에 대한 부신(副神)이라고 할 수 있다. 그 밖에는 도야마 일족의 원혼들과 하위신들이다.

다시 말하면 가면을 쓰고 모습을 드러내는 신들은 마을 사람들에게 친근감을 지닌 하위신들, 특히 도야마 일족의 원혼들이며 직능신들이다. 마츠리의 주신들은 가면으로 등장하는 경우가 거의 없음을 확인할 수 있다. 도야마 마츠리를 일명 사령마츠리(死靈まつり), 도야마사마 마츠리(遠山樣祭り)라는 명칭에서도 알 수 있듯 진혼제의 성격이 강하다. 흉작이 계속되고 질병이 만연된 원인을 민중들의 봉기로 인해 멸족한 도야마의 원혼들에게 있다고 보고 그 원혼들을 달래려고 했던 것이다. 원혼을 달래야 한다는 민중들의 사상적 배경은 도야마 일족뿐만 아니라 구전으로 전해오는 다음의 전설에서도 찾아 볼 수 있다.

후타세(二瀨)라고 하는 곳에 큰 산을 소유하고 있는 영감과 할미가 살고 있었다. 사냥꾼 일곱 명이 강을 건너 노부부의 집에 강도가 들어왔다. 노부부는 강도들이 원하는 대로 금전을 내놓는다. 그들은 또 먹을 것을 요구했다. 술과 음식을 준비하여 상을 일렬로 내놓았다. 할미는 앞치마 끝에 불을 붙혀 그 불로 화승총에 불을 댕기자 나란히 앉아 음식을 먹던 강도들은 한꺼번에 죽음을 당한 것이다. 그 후 이 강도 일곱명을 위해 신명님(神明樣)이라는 신으로 모시게 되었다.

다니노오쿠(谷奧)라는 곳에서 이십 리 들어간 산속에 할머니와 아들이 살고 있었다. 도둑 열두 명이 들어왔다. 마침 아들은 출타 중이었다. 할머니는 이렇게 멀고 깊은 산중까지 왔다고 음식을 대접하였다. 돌아온 아들은 도둑들이 왔음을 알고 총으로 한꺼번에 열두 명 모두 죽였다. 그 후 죽은 도둑들의 원혼에 의한 탈이 생기자 신명님으로 모시게 되었다[143].

이상의 두 에피소드는 도야마 일족의 죽음과 비슷하다. 죽음을 당한 자는 선한 인물이 아닌 악한 인물로 설정되어있다. 그러나 그러한 악한 존재이지만 죽어서는 신으로 모셔지는 것이다. 이러한 사상은 비록 도둑이나 강도, 혹은 민중을 착취한 악독한 인물이라 하더라도 죽음을 당한 그 원혼들에 의해 재해를 입는다는 사고방식이 존재하였던 것이다. 재해를 방지하기 위해 그러한 원혼들을 신으로 모셔 제사를 지내는 소박한 서민적인 사상을 엿볼 수 있다.

일본의 습속으로 보아 혹시 무녀(미코)들이 주재했다면 가면의 등장보다는 죽은 자의 영혼을 불러내어 신내림을 하여 그들의 억울한 사정을 들어주고 위로하는 행위로 마츠리가 행해졌을 가능성을 상상할 수 있다. 하지만 여기에서 가면을 쓰고 등장하는 것은 전문적인 종

---

143) 『木澤の民俗－長野県下伊那郡南信濃村木澤－』, 早稻田大學日本民俗學硏究, 1986. p.85

교인이 아니라 일반 마을 사람들이 중심으로 행해지기 때문에 원혼들의 가면을 쓰고 나와 마츠리의 장소에서 한바탕 놀게 하고 그들을 위로하는 방식을 택했으리라 보여진다. 결국 도야마 일족의 영혼들은 봉기를 한 민중들에게는 호의적인 존재가 아니었음에도 불구하고 단지 쫓아내는 것으로 끝나지 않고 그들을 위로하는 놀이로 마츠리가 형성되었다고 볼 수 있다.

도야마 마츠리는 도야마 일족의 여덟 개의 가면 이외에도 다양한 가면이 등장하지만 귀신이나 여우도 전문적인 사제가 담당하는 절차에는 등장하지 않고 오히려 일반 서민들이 담당하는 것으로 되어있다. 이러한 현상은 한국의 동해안 별신굿 등에서 볼 수 있는 소위 초대받지 않은 신들이다. 음악소리(쇠소리)에 이끌려 모여든 수비 영산(잡귀 잡신)들과 같은 성격을 띠고 있다고 하겠다.

4. 맺음말

이상에서 도야마 마츠리의 춤추는 신과 춤추지 않는 신들을 살펴보았다. 도야마 마츠리는 제장 가운데에 가마솥을 설치하고 물을 끓이는 행위가 특징으로 전형적인 이세 가구라이다.

도야마 마츠리가 다종다양한 일본의 가구라 중에서 특히 주목받고 있는 것은 가구라의 전반부에 가면이 등장하지 않는 데 비해 후반부에는 가면을 쓴 신들이 등장하는 가면춤으로 구성되어있다.

다시 말하면 전반부의 가면을 쓰지 않고 춤을 추는 행위는 신을 위해 거행하는 인간의 입장에서의 행위라고 한다면, 후반부에 등장하는 가면은 신의 가면이며 그 행위는 신의 행위라고 할 수 있다. 전반부 인간의 춤, 후반부 신의 춤으로 구성되어 있는 것이다. 이러한 구조는 일본 가구라 뿐만 아니라 한국의 굿에서도 엿볼 수 있는데, 신의 춤과 인간의 춤으로 상정할 수 있겠다.

예를 들어 한국의 동해안 별신굿 등에서 무녀가 나와서 한 거리를 행하면 연이어 양중(화랭이)들이 나와서 앞에서 무녀가 행한 행위를 촌극형식으로 재현하는 것이다. 대표적인 것으로 동해안 별신굿의 세존굿을 들 수 있다. 색동 장삼을 입고 머리에는 고깔을 쓰고 손에는 바라를 들고 춤을 춰가면서 당금애기의 이야기를 풀어나간다. 당금애기의 스토리가 끝이 나면 무녀는 수양하던 산에서 중이 내려오는 과정을 묘사한다. 산에서 내려오는 도중에 낮잠을 자고 일어나 얼굴을 씻고 거울을 보고 이를 잡는 행위, 그리고 짚신을 삼는 등의 행위를 구체적으로 연출한다. 이러한 무녀의 행위가 있은 후에 양중들이 나와서 중놀이를 한다. 중을 별신굿의 제주 중의 한사람을 제장 중앙에 앉혀 놓는다. 그리고 막둥이와 싹불이가 나와서 도둑질한 중을 잡았다고 하여 자루 속에서 밥주걱, 국자, 등 다양한 물건들을 꺼낸다. 한국의 경우에는 촌극의 등장인물이 인격화되어 놀이성이 강조되어 있지만, 일본의 가구라에서는 주술적인 성격이 아직 많이 남아 있다고 하겠다.

한국과 일본의 민간신앙은 팔만팔천신, 팔백만신 등으로 불리는 것처럼 다신성을 보여주고 있다. 이러한 신들이 마츠리 혹은 굿의 제장에 등장하는 방식도 신위의 고저에 따라 다름을 볼 수 있다. 또한 주신이나 부신들은 전문적인 사제자에 의해 모셔지지만, 탈이 생길까 무서워서 하는 수 없이 모시는 소위 초대받지 않은 존재들에 대해서는 비전문인(동해안 별신굿에 있어서 화랭이라고 불리워 지는 남무들은 무녀에 비해 비전문인이라고 할 수 있다)들에 의해 진행된다. 이러한 초대받지 못한 신들이야 말로 연극, 예능화에 있어서는 중심적인 역할을 하였던 것이다. 이러한 한·일 양국의 중심적인 신이 아닌 주변적인 신의 존재와 표현양태는 한국의 전통가면극에 등장하는 인물들의 성격연구에 사사하는 바가 크다고 하겠다.

7장

장송의례와 가구라

1. 머리말

지금까지 샤만(무녀), 슈겐도에 있어서 신들림의 현상적 사례를 중심으로 살펴보았다. 신들림 현상에는 하나의 공통점을 발견할 수 있는데 신들림의 대상인 신령들은 주로 죽은 자의 영혼(死靈), 동자령(童子靈), 조상령(祖上靈) 혹은 이에 준하는 신들이다. 즉 인격성이 짙은 존재로서의 신(神)임을 알 수 있다. 이와타(岩田勝)는 고문헌에 나타난 사례를 들어 가카루(들림: カカル)는 보통명사로서 신, 혹은 신명(神明)과 같은 신의 이름에서 구체성을 띠지 않는 일반신의 경우에 사용되었으며, 쓰쿠, 요루(붙음: ツク・ヨル)는 신의 이름이 정해져 있는 특정의 신에 대해서 한정적으로 사용되었다[144]고 하였다.

오늘날 거행되고 있는 신들림(가미가카리 神がかり)은 일반명사로서의 신이 아니라 제의를 주관하는 사람과 특별한 관련을 지닌 신, 인간적인 속성이 강한 신임을 알 수 있다. 신들림은 과거에 일반의 신, 특정한 신에 관계없이 거행되었지만, 일반의 신으로서의 신들림이 없어지고 인간과 특별한 관계에 있는 신, 사람과 친숙하고 인격성이 짙은 신의 경우에 한해서 신들림 현상이 잔존하게 되었던 것으로 추측할 수 있다.

오늘날 가구라(神樂)에 있어서 신들림이 주고쿠 지방(야마구치 현, 돗토리현, 시마네 현, 히로시마 현, 오카야마 현으로 일본의 서부지역)에서만 볼 수 있는 이유로써, 이시쓰카(石塚尊俊)는 주고쿠지방 가

---

144) 岩田勝,『神樂新考』, 名著出版社, 1992, p.296.

구라의 예능화가 너무 진전되어 고의로 과거의 형태를 남기려는 의식이 강하게 작용하여 오늘날과 같이 신들림이 주고쿠 지방에 남게 되었다[145]고 하였다. 또 다른 지역의 가구라에서 신들림 현상이 보이지 않는 것은 법사(法者)의 활동이 없었다는 점과 유일신도 혹은 복고신도의 신직들이 신들림, 신탁을 불식시키려는 노력의 결과라고 여겨진다[146]는 것이다. 하지만 신들림 잔존여부에 대해서 외부적인 요인을 부정할 수는 없지만 신들림의 내적인 측면에서 고려되어야 할 것이다.

즉, 주고쿠 지방에 신들림 현상이 잔존하게 된 이유는 제의의 신들이 인간들에게 친근한 존재들로서 원래는 인간이었지만 사후 그 영혼이 신격화된 조상신이 신들림의 대상이 되었기 때문에 오늘날 신들림 현상이 가장 왕성하게 남게 된 것이 아닌가라는 점이다. 개성이 강하고 안정되지 않는 영혼, 인간에게 화를 가져다주는 존재를 조상신으로 승화시키게 위해 거행된 고진 가구라(荒神神樂)에 비교적 신들림 현상이 남아 있음[147]을 확인할 수 있다. 도호쿠지방 무녀, 특히 이타코의 구치요세도 구치요세의 대상자는 의뢰인과 가장 가까운 영혼(死靈)이라는 사실이 그러하다.

신들림은 신의 의지를 듣기 위한 수단이다. 신들의 뜻을 알아보는 수단에는 신들림만 있는 것이 아니다. 다양한 주술적인 수법이 동원

---

145) 石塚尊俊, 『西日本の諸神樂の研究』, 慶友社, 1979, p.139.
146) 石塚尊俊 「神樂とシャマニズム」 『日本ノシャマニズムとその周辺』(加藤九祚 編) 日本放送出版協会 1984, 四 p.285 77) 牛尾三千夫 「祖先加入儀礼としての荒神神樂」 『まつり』 12号.
147) 牛尾三千夫 「祖霊加入の儀式としての荒神神樂」 『まつり』 12号 まつり同好会.

된다. 작은 동전을 던지거나, 봉폐로 종잇조각을 붙여 들어 올린다거나, 쌀로 점을 치는 행위도 신의 뜻을 알기위한 수단이다. 그중에서도 가장 적극적인 수단이 바로 신들림을 통해 신탁을 받는 것이다. 일반인이 알아듣는 경우도 있지만 종교적 전문가가 아니면 알아들을 수 없는 경우가 많다. 언어라는 것은 인간이 만들어낸 소산물인 만큼 신탁을 주는 신령은 매우 인성적인 존재라는 사실을 알 수 있다.

가구라의 신들림으로서 유명한 시마네현(島根縣)의 오모토 가구라(大元神樂)의 오모토신이나 비추 가구라(備中神樂), 빙고 가구라(備後神樂)의 황신(고진荒神)은 모두 본래 혈연공동체의 조상신이었다는 사실은 널리 알려져 있다. 가구라는 조상신 가입의례(祖先神加入儀禮)의 성격으로 인하여 조상에 대한 관념의 보수성을 찾기란 어렵지 않다. 아울러 가구라의 한 특성으로서 사령제(死靈祭)와의 관련성을 살펴볼 수 있다. 사령(死靈)은 아직 신격으로 승화되지 않은 상태의 영혼으로 죽기 전 인간의 속성을 유지하는 존재이다. 사령에 대한 관념은 보수성이 매우 강해서 사람이 죽으면 그 영혼은 생전의 속성을 유지한다고 여겼다.

그러한 의미에서 장송의례는 죽은 자를 물리적으로 처리하는 절차이기도 하지만 죽음을 확인하고 이승에 대한 미련을 끊고 저승으로 편하게 보내는 의례이다. 본 장에서는 장송의례와 관련된 예능에 대해서 살펴보고 장송의례와 가구라의 관계성에 대해서 논하고자 한다. 장송의례와 가구라 관계에 대한 문제는 가구라의 본질을 파악하는 데에 있어서도 매우 중요한 테마이다.

그런데 가구라와 장송의례와의 관련성에 대한 기존의 논고는 크게 두 가지로 나눌 수 있다. 하나는 장송의례가 가무를 동반한다는 점에서 죽음 관에 대한 고찰과 가무(歌舞) 즉, 예술의 기원을 다루는 측면에서의 탐색이다. 또 하나는 일찍부터 주목해온 진혼의 문제이다. 결국 가구라의 목적이 무엇이냐는 질문이다. 다시말하면 가구라의 목적은 진혼인데 진혼의 재생과 진압이라는 양면성에 대한 연구이다. 고라이(五來重)는 일본 종교문화의 근원은 장제에 있으며 가구라도 장송의례의 역사와 예능사의 접점에 위치하고 있다[148]고 하였다. 또 『일본서기(日本書紀)』, 『고사기(古事記)』, 『위지왜인전(魏志倭人傳)』등 고문헌에 보이는 장송의례 기간 중에 거행되는 가무야말로 가구라의 원형이라고 지적하고 있다.

2. 죽음과 예능

가구라가 장송의례의 일환으로 일찍부터 거행되었다는 기록은 있지만 현재 그러한 풍습은 거의 찾아볼 수 없다. 장송의례로서의 가구라에 대해서는 우시오(牛尾三千夫)가 이시쓰카(石塚勝太郞)로부터 들었다는 이야기[149]와 마쓰우라(松浦鷹呂)가 문헌자료로서 보고한 오키섬(隱岐島)의 장제 가구라(葬祭神樂)[150]와 영제 가구라(靈祭神

---

148) 五来重,『葬と供養』東方出版, 1992, p.49.
149) 牛尾三千夫,『美しい村−民俗探訪記』石見郷土研究懇話会, 1977.

樂), 이를 구체적으로 논한 니시쓰노이(西角井正慶)와 구라바야시(倉林正次)의 논고151) 등이 있다.

혼다(本田安次)는 전국의 가구라를 분류 보고한 가운데 장제 가구라(葬祭神樂), 보제 가구라(菩提神樂), 영제 가구라(靈祭神樂)라고 불리는 가구라가 과거에 존재했음을 보고하고 있지152)만 자세한 사정은 알 수 없다고 하였다. 한편 고라이(五來重)는 가구라의 기원을 장송의례에서 찾으면서 가구라와 장송의례와의 밀접한 관련성을 언급하였다153).

오늘날 일본에서 장송의례 때에 거행되는 가구라 혹은 그에 준하는 예능이 연행되는 경우는 찾기 어렵지만 장송의례에 가무음곡이 동반되었다는 사실은 문헌을 통해 쉽게 찾아볼 수 있다.

일본 고대사에 관한 최고(最古)의 기록이라고 일컬어지는 『위지왜인전(魏志倭人傳)』에는 '죽음에 관은 있지만 곽은 없으며 흙을 모아 봉분을 만든다. 죽은 후 10여 일을 장례기간으로 육식을 하지 않고 상주는 곡읍을 하며 타인들은 가무음주를 한다. 장례가 끝이 나면 집전체를 물로 씻고 목욕을 한다'154)고 하였다.

『후한서위전(後漢書倭傳)』에도 '죽음에는 10여 일의 장례기간이

---

150) 松浦鷹呂, 「隠岐に於ける葬祭靈神樂について」, 『山陰研究』第二冊, 遠藤文庫, 1955.

151) 西角井正慶, 「靈祭神樂考ー隠岐芸能の一面ー」, 1970, 倉林正次, 「芸能の伝播ー靈祭神樂考(二)」, 1971.

152) 本田安次, 『神樂』, 木耳社, 1966, 『霜月神樂之研究』, 明善堂書店, 1954.

153) 五来重, 앞의 글 1992.

154) '其の死には棺は有るも槨は無く、土を封じて家を作る。始め死するや停喪十餘日、時に当りて肉を食わず、喪主哭泣し、他人就いて歌舞飲酒す。己に葬れば、家を挙げて水中に詣りて澡浴し、以って練沐の如くす'.

232

있으며 가족들은 곡읍을 하고 술과 음식을 먹지 않지만 이웃친지들은 가무을 하고 음악을 연주한다'155)고 하였다.

『수서왜국전(隋書倭國傳)』에는 '죽은 자를 염하는 것은 관곽으로 하고 친척손님들은 죽음에 대해서 가무를 하고 형제 처자는 흰 천으로 옷을 만들어 입었다. 귀인은 3년 동안하며, 서민은 날짜를 잡아 한다. 장례는 시신을 배 위에 놓고 육지로 끌어당긴다. 혹은 작은 수레로하기도 한다'156)고 하였다. 상주나 유족들은 울고 조문객은 음주가무를 했다는 사실을 알 수 있다.

『일본서기』에 불의 신(火の神)을 낳다가 이자나미노 미고토가 불에 타 죽자 기이국(紀伊國) 구마노(熊野)의 아리마 마을(有馬村)에서 장사를 지냈다는 기록이 보인다. 또 고취번기(鼓吹幡旗)를 사용하고, 노래하고 춤추며 제사지냈다라고 하듯이 북, 피리를 연주하고 노래와 춤이 동반되었음을 알 수 있다. 번기는 한국의 전통장례에서 사용되었던 만장기(挽章旗–죽은 자를 애도하기 위해 시나 문장을 쓴 천이나 종이의 깃발을 만들어 상여가 가는 장례행렬에 참가한다)와 같은 깃발이다.

일본서기 제23대 인교천황(允恭天皇) 조에는 42년의 봄 정월 을해(乙亥) 초하루(朔) 무자(戊子) 날에 천황이 죽었다. 아직 젊었을 때이다. 이때 신라의 왕이 천황이 죽었다는 사실을 듣고 놀라서 슬퍼하며

---

155) '其の死には停喪すること十餘日、家人哭泣し、酒食を進めず、而して等類就いて歌舞し樂を為'

156) '死者は斂(おさ)むるに棺槨(かんかく、そとばこ)を以ってし、親賓、屍について歌舞し、妻子兄弟は白布を以って服を製す。貴人は三年外に殯(もがり)し、庶人は日を卜して瘞(うず)む。葬に及んで屍を船上に置き、陸地之を牽(ひ)くに、或は小轝(よ、くるま)を以ってす'

배 80척에 각종 악인 80인을 보냈다고 하였는데 각종 악기를 연주하면서 나니와(難波: 오사카)에서 교토로 가는 길에 읍곡(泣哭)을 하고 또는 춤추고 노래하면서 빈소(빈궁)에 도착하였다'157)라고 하고 있다. 신라의 조문객은 11월에 귀국하였다. 여기에서 악인 80인이라고 할 정도로 가무를 동반한 대규모 조문객이었음을 알 수 있다.

텐무천왕이 원호를 새롭게 하여 9월 병오일(9일)에 죽었을 때에도 빈궁을 남쪽정원에 마련하고 차례로 조문행렬이 있었다. 그중에 백제의 왕 랑우가 부친인 선광 대신으로 조문하였다고 한다. 여기에 '각 나라의 왕이 참배객들을 데리고 왔는데 각종의 가무를 연주하였다'고 하였다. 이 조문은 계속해서 시토천왕 원년에는 텐무천왕의 빈궁에 '다음에는 일반 민중들이 애도하고 선기, 진인 등이 애도하였으면 선부인 이나매들도 애도하고 악관이 음악을 연주하였다고 기록되어있다. 장례기간 중에 악관이 음악을 연주했다는 것은 음악기관인 아악료 등의 국가음악기관이 가무음곡을 담당했음을 알 수 있다. 시토천왕 2년(688) 4월조에는 구사카베 황자, 공경, 관인 이웃나라의 내빈들을 데리고 텐무천황의 빈궁에 가서 통곡하였다. 이때 방패춤(楯伏舞: 다테후세마이)을 추었다고 한다. 방패춤에 대해서는『령해집(令集解)』 4권「직원령(職員令)」에 그 모습을 알 수 있는데 방패춤꾼은 10명으로 하지수쿠네가 5명, 문기손이 5명으로 갑옷을 입고 칼과 방패를 들

---

157) 四十二年の春正月の乙亥の朔戊子に、天皇崩りましぬ。時に年若干。是に、新羅の王、天皇既崩りまいぬと聞きて、驚き愁へて、調の船八十艘な、及び種種の樂人八十を貢上る。(中略)且種種の樂器を張へて、難波より京に至るまでに、或いは哭き泣ち、或いは儛ひ歌ふ。遂に殯宮に参会ふ。

었다는 것으로 보아 방상씨와 같이 갑옷을 입고 칼과 방패를 들고 춤을 추었음을 알 수 있다. 이상과 같이 악관이 연주하였다는 부분에서도 혹시 방패춤을 추었을지도 모르겠다. 『속일본기(續日本紀)』「덴표소호(天平勝寶) 4년 4월 9일 조」에는 동대사(東大寺)의 대불개안 때 아악료 및 여러 사찰의 음악이 연주되었는데 오절춤(五節舞), 구메춤(久米舞) 등과 함께 방패춤이 보인다. 동대사 요록 2권 공양초 제3에 의하면 대불공양 때에 40명의 방패춤이 연행되었다고 한다.

『고사기(古事記)』에는 천손강림에 앞서 지상의 나라(아사하라 나카쓰쿠니 葦原中國)에 내려간 아마노와카히코(天若日子)가 시간이 지나도 돌아오지 않자 이에 문책의 사자로서 꿩(나루메)을 보낸다. 아메노와카히코는 활을 쏘아 죽인다. 아마노와카히코가 쏜 화살은 꿩의 가슴을 관통해서 천국까지 도달하였다. 천상의 신들은 이 화살을 살펴보고 화살을 되돌려 보내자 되돌아 온 화살에 맞아 아메노 와카히코가 죽게 된다.

와카히코의 처인 시모테루히메(下照比売)의 통곡소리를 듣고 아버지인 아마츠쿠니 다마노가미(天津國玉神)는 처와 함께 내려와 슬퍼하면서 이곳에 빈소를 만들고 8일 낮밤을 '놀았다'고 한다. 『일본서기』에서는 8일 밤낮을 통곡하고 슬픈 노래를 불렀다고 기록되어 있다. 즉 8일 동안 밤낮으로 가무를 하였던 것이다. 8일간은 장례기간임을 알 수 있다. 이러한 장례기간 중에 가무를 연행하였던 것이다. 고대 조정에서 대상을 치룰 때 빈소를 담당하는 직종을 아소비베(遊部)라 한다. 아메노와카히코의 장례 기간 중에 놀이(遊び 놀이)를 하였음을 알 수 있다 또한 이는 가구라를 신놀이(神遊び)라고 부르는 것과 관련이 있음을 알 수 있다. '아소비'는 관현가무를 말하는 것으로 진혼으로 해석되는 데 가구라가 장송의례와 깊은 관계가 있음을 충분히 짐작할 수 있다. 진혼에는 재생과 진압이라는 상반된 개념이 존재한다. 오늘날 장례식 때에 가구라가 거행되는 경우는 보기 어렵지만 와타나베(渡邊伸夫)의 보고에 의하면 미야자키현의 시바가구라의 하나인 쓰가오(栂尾) 가구라에 춤꾼(祝子)이 죽으면 출관하기 전에 이치 가구라(壹神樂)를 춤췄다고 한다. 자세한 사항은 알 수 없지만 이 보고서에 의하면 생전에 가구라에 봉사한 춤 꾼에 한해서 이치 가구라가 거행되었다는 것으로 춤꾼을 애도하는 의미에서 가구라의 시키삼바(式三番)의 한 종목으로서 이치가구라를 추었다고 볼 수 있다. 하지만 과거에는 춤꾼 뿐만 아니라 일반인의 경우에도 장례 때에 가구라가 거행되었을 가능성을 충분히 생각할 수 있다. 오키(隱岐)섬의 사례나 혼다(本田安次)가 보고한 장제 가구라, 영제 가구라, 보제 가구라 등 지금까지 보고된 죽음과 관련된 가구라를 장제 가구라와 영제 가구라로 분리해서 정리할 수 있다. 장제 가구라는 죽음 직후에 장송의례의 일부로서 거행한 가구라이며, 영제 가구라는 사후 수개월 혹은 수년 후에 거행되는 가구라이다. 장제 가구라와 영제 가구라로 장례시기를 기준으로 분리한 이유는 진혼의 의미를 밝히는 데 있어서 매우 중요한 실마리를 제공하기 때문이다.

2-1 장제(葬祭) 가구라

죽음 직후부터 출관하여 무덤을 만들기까지의 일련의 행사를 장례
식이라고 한다. 장제 가구라는 장례기간 동안에 거행되는 가구라를
일컫는다. 죽은 자와 이별을 슬퍼하고 죽은 가 부활했으면 하는 인간
의 기본적인 심리에서 가구라의 의미를 생각할 수 있지만 어떤 풍습
으로 실제 전해지고 있는지를 살펴보고자 한다. 장례기간 동안에 가
구라가 거행되었다고 하는 사례를 찾기란 매우 어렵지만 앞에서 언급
한 미야자기현(宮崎縣) 히가시우수키군(東臼杵郡) 시이바촌(椎葉村)
의 쓰가오 가구라(栂尾神樂)의 춤꾼(祝子: 하후리 혹은 하후리코)이
죽은 경우 장례식 때 관 앞에서 이치가구라(壹神樂) 후반부(下の条:
後段の幣の手)에 봉폐(御幣)를 들고 춤을 추는 풍습이 있었다고 한
다.

이치가구라의 봉폐는 본래 색깔이 있는 것이지만 이때에는 백색의
봉폐를 들고 춤을 추며 방울도 가구라 방울(神樂鈴)이 아니라 엽전 모
양으로 된 윤령(輪鈴)을 사용한다. 미야자기현 다카하라쵸(高原町)의
하라이가와(祓川)에서는 집주인이 죽은 경우 밤새도록 시신 앞에서
가구라의 신즈이(神隨)라고 하는 종목의 춤을 추는 풍습이 있다. 하라
이가와에서는 관에 시신을 넣고 난 후에 춤을 추는 경우도 있다.

이와테현(岩手縣)의 미즈사와시(水沢市)에서는 장례식 후에 가구
라의 '미야시즈메(宮しずめ)' 혹은 칼춤(劍舞)으로써 공양하는 경우
가 있다[158]. 장례기간 동안 거행되는 가구라에 대한 보고가 많지는

않지만 시이바 쓰가오의 이치가구라 때 부르는 노래 중에는 법화경, 석가, 서방정토 등의 용어가 등장하는 것으로 보아 출관 전에 사자를 서방정토로 인도하기 위한 춤으로 볼 수 있다. 즉 죽은 자를 부활시키려는 것이 아니라 서방정토로 인도하고 성불시키기 위한 춤이다. 쓰가오의 장례식 때 거행되는 이치가구라를 놀이(遊び 아소비)의 일종으로 볼 경우 재생이 아니라 죽은 자를 정화시키고 죽음의 부정을 쫓아내는 의식춤이라고 생각할 수 있다. 정화된 죽은 자만이 다시 태어날 수 있다는 인식에서 재생의 의미도 포함될 수 있겠지만 여기서는 부활의 의미와는 다소 거리가 있음을 알 수 있다. 하라이가와의 경우에 시신을 관에 넣은 후에 춤을 춘다든가. 미즈사와시에서 장례식이 끝난 후에 미야시즈메(宮しずめ), 칼춤(劍舞)이 추어졌다는 것은 쓰가오의 이치가구라와 마찬가지로 부활 재생의 의미로서의 초혼(招魂)이 아니라 진정시키기(鎭める)위한 목적임을 알 수 있다. 미야자키현의 휴가 가구라(日向神樂)가 전승되는 지역이나 사도섬(佐渡島)의 가모무라(加茂村) 등에서도 장례기간 동안 가구라가 연행되었다는 사실이 니시쓰노이(西角井慶正)의 『마을 놀이(村の遊び)』에 기록되어 있지만 구체적인 사실은 알 수 없다[159]. 미야자키현의 산간지역에서는 마을장(村葬)라는 공동장례식의 경우 시신 앞에서 춤을 춘다. 그러지 않으면 죽은 자의 영혼이 승천할 수 없다는 믿음이 있어 전사자의 영령(英靈)에 대해서 제자를 지낼 때도 거행했지만 신 앞에서의 춤과는 달

158) 渡辺伸夫「椎葉神樂発掘 九十九 葬送と神樂」,『広報しいば』, 1989. 5.
159) 西角井正慶,『村遊び』, 岩崎美術社, 1966, p.197.

리 모두가 거꾸로 춤을 춘다고 한다. 사도의 가모무라의 장제 가구라에서는 우선 이와토가구라(岩戶神樂: 일본 건국신화를 내용으로 함)를 한 후 봉폐를 받치고 축사를 읊는다. 그리고 일반 장례식에 따라 거행된다고 한다. 일반장례식을 거행하기 전에 이와토 가구라를 연행하는 것은 죽은 자의 영혼을 불러내어 재생시키고자 하는 의도가 담겨져 있다고 생각할 수 있다. 또 이러한 이와토 신화를 내용으로 한 가구라가 장례식에 거행된 것은 이와토 신화의 장례기원설을 뒷받침하는 점에서 주목할 만하지만 구체적인 내용을 알 수 없어 안타깝다.

오키(隱岐)섬의 장례식가구라에 대해서는 우시오미치오(牛尾三千夫)의 『아름다운 마을(美しい村)』에 기록이 보인다. 묘소에 긴 푸른 대나무장대를 세우고 이것을 기다란 흰 무명천을 늘어뜨리고 그 밑에서 음악에 맞추어 회전무를 춘다. 기회를 보아 무명천을 당기면 큰 대나무 장대가 쩍하며 부러진다고 한다. 야나기타(柳田)가 도고(東鄕) 마을의 신직자에게 들었다는 이야기로 푸른 대나무를 세우고 그 밑에서 혈족이 가구라의 음악에 맞추어 돌고 있을 때 손도끼로 대나무를 자른다. 그러면 대나무는 잘려진 채로 그대로 서있다고 한다. 이때 대나무를 올려다보면 대나무의 끝은 불처럼 타오르고 있어 아무도 직시하지 못한다고 한다. 이때에 처음으로 죽은 자와 인연이 끊어진다고 전해지고 있다[160].

장례식을 거행하는 목적 중의 하나는 죽은 자와 산 자의 인연을 끊는 것이라고 할 수 있다. 한국의 사령제에 사자가 생전에 사용하던 밥

---

160) 牛尾三千夫(1977) 앞의 글.

그릇을 큰소리가 나게 깨뜨리는 풍습과 유사하다고 하겠다. 이승에 미련을 가지지 말고 저승으로 잘 가라는 의미이다. 일본의 장례식에 출관을 현관으로 하지 않고 창문(縁側)으로 내는 풍습도 죽은 자가 되돌아오지 못하게 하기 위함이다. 즉 장례기간 동안에 거행되는 가구라를 비롯한 다양한 행사는 죽은 자와 산 자의 이별을 확인시키는 목적이라고 할 수 있다.

장례식 때 예능을 연행하는 민속자료는 극소수에 불과하지만 앞에서 언급한 것처럼 장례식에 거행되었다는 관현(管弦) 즉 예능이 연행되었음을 상기할 때 장제 가구라가 출관 때나 장례식 후에 거행되었다는 것은 죽음 직전에 넋부르기(魂呼ばい)가 지닌 재생 혹은 부활을 기원하는 의미와는 다르다는 사실을 알 수 있다.

2-2 영제(靈祭)가구라

가구라는 일반적으로 축제(마츠리)와 마찬가지로 매년 같은 기간에 거행되는 경우와 3년, 5년, 7년, 13년 만에 한 번씩 하는 식년(式年) 가구라가 있다. 또 부정기적으로 거행되는 임시적인 가구라도 있다. 그중에서 특히 수년 만에 한 번씩 거행하는 가구라는 대규모로 거행되는 것이 일반적이다. 이 식년이라고 하는 것은 신사나 축제에 따라 다르며 식년을 정하는 기준도 다양하다. 예를 들어 같은 오모토가구라(大元神樂)가 전승되고 있는 시마네현(島根縣)오오치군(邑智郡)

지역에서도 촌락에 따라 4년, 5년, 7년만에 거행한다. 비추(備中)의 고진가구라(荒神神樂)의 경우 7년 혹은 13년 만에 한 번씩 열린다. 12간지에 의해 13년 또는 그 중간인 7년째에 한다는 설도 있다.

2003년 3월 이바라기현(茨城縣)의 가나사 신사(金砂神社)의 이소데(磯出) 대제례가 72년만에 대대적으로 거행되었다. 소제례는 6년마다 거행된다. 5년, 7년,13년 주기로 정해진 것은 어떤 기준에 의한 것인가를 살펴보면 하나의 단서가 되는 것이 식년제(式年祭)이다. 『신도대사전(神道大辞典)』에서 식년제를 찾아보면 다음과 같다.

일정한 해를 정해 정례적인 의식으로 거행되는 제의, 황실 제사령에 의하면 붕어의 날로부터 3년, 5년, 10년, 20년, 30년, 40년, 50년, 백년 및 이후 백년으로 정해져있다. 이 기간에는 붕어의 날짜에 상당하는 날이다. (중략) 또 신사에서도 식년제를 거행하는 풍습이 있다. 근세의 법령이지만 가시마 신궁(鹿島神宮)에서도 13년마다 9월 1일에서 3일까지 어선제(御船祭), 어행제(御幸祭)를 거행하는데 이도 여기에 속한다[161].

---

161) 一定の年を期し、定例の儀式として執行する祭儀、『皇室祭祀令』によれば、崩御の日より、三年、五年、十年、二十年、三十年、四十年、五十年、百年、及び以後毎百年とすと定められてゐる。その期に地は崩御の日に相当する日であつた、(中略)また神社に於いても、式年祭を行なう風が存してゐる。近世の令であるが、鹿島神宮に於いて、毎十三年の九月一日-三日に御船祭、御幸祭を行なう如き、それに属する。『神道大辞典』 平凡社 1937-1940.

식년제는 천황의 장례식과 깊은 관계가 있음을 알 수 있다. 이것과 관련해서 '연기(年忌)'는 사후 일정한 연수를 기간으로 해서 거행되는 사자의 공양의례를 원칙으로 하고 죽은 날짜에 거행한다. 회기(回忌)라고도 한다. 천황의 회기를 국가근신일이라고도 하고 이날 사자공양의 법회가 거행된다. 1주기(무카와리), 3회기, 7회기, 13획, 17회기, 25회기, 27회기, 33회기, 50회기, 100회기가 있다. 통상적으로 33회기로 끝이 난다. 정통진종(淨土眞宗)에서는 50회기, 100회기를 거행하기도 한다[162]. 연기(年忌)때에는 승려를 부르거나 절에 가서 공양을 하고 친척들을 초대해서 향응하는 것이 일반적인 풍습이다. 이는 불교와 신도의 습합된 한 모습이기도 하다.

한편 가구라의 식년은 축제(마츠리)의 주신(사령(死靈)에서 신격화된)의 연기(年忌)와 깊은 관련이 있다[163]. 미야자기현(宮崎縣)휴가(日向)지역의 다카치호 가구라(高千穗神樂)는 일본 건국신화와 관련된 천손강림지로서 알려진 곳으로 33 절차로 구성된 가구라(夜神樂: 밤에 연행되기 때문에 '요가구라'라고 한다)로 다른 지역의 가구라와 마찬가지로 가면을 쓰고 춤추는 장면이 연출된다. 민가에 설치된 가구라 장소를 '미고우야'라고 하는데 신사에 보관하고 있던 가면(神)

---

162) 사후 수년이 지난 후 죽은 날자에 거행한다. 이를 회기(回忌)라고 하고 천황의 회기를 국기(国忌)라고 한다. 이 날에 사자공양(死者供養)의 행사를 한다. 일주기(ムカワリ), 삼회기(三回忌), 칠회기(七回忌), 십삼호기(十三回忌), 십칠회기(十七回忌), 이십오회기(二十五回忌), 이십칠회기(二十七回忌), 삼십삼회기(三十三回忌), 오십회기(五十回忌), 백회기(百回忌)가 있다. 통상 삼십삼회기에 끝나지만 지역에 따라서는 오십회기, 백회기도 거행된다. 『神道大辞典』, 平凡社, p.198.

163) 한국의 별신굿의 경우 매년 거행되는 마을제사와는 달리 별도로 5년,7년, 13년마다 대규모로 거행된다. 마을에 따라 다르긴 하지만 신의 공수(신탁)에 기초하여 거행되는 곳도 있다.

을 맞이해 온다. 가구라의 가면 중에는 신의 가면 외에 죽은 자의 가면 즉 죽은사람의 면상을 가면으로 제작한 것이 있다[164]. 그렇다면 구체적인 사실은 알 수 없지만 죽은 자의 가면이 있었다는 것은 가구라의 일부로서 죽은 자를 애도하는 의도가 있었음을 짐작할 수 있다. 죽은 자의 가면을 쓰고 춤을 추었을지도 모른다.

도야마마츠리(遠山祭り)의 유래가 마을사람들의 봉기에 의해 살해 당한 도야마 일족을 애도하기 위해 시작되었다는 설이 있다. 실제 축제 중에는 팔사(八社)의 가면이라고 하여 도야마 일족인 8명이 사람 형상의 가면을 쓰고 유다테(湯立)의 가마솥 중위를 돌면서 춤을 추는 장면이 있다.

그 외 영제 가구라 사례들을 정리하면 다음과 같다[165].

① 호로와산(保呂羽山: 아키타현(秋田縣) 요코테시(横手市) 오모리마치(大森町)에 위치하고 있는 산의 주변지역에서는 메이지 시대 초기까지 보제가구라(菩提神樂), 후생 가구라(後生神樂), 영제 가구라(靈祭神樂) 등으로 불리는 고인을 명복을 비는 가구라가 연회기(年回忌)나 조상 제사 때 연행되었다.

② 센부쿠군(仙北郡) 니시키촌(西木村) 사이묘지(西明寺)의 다이조인(大蔵院)에 남아있는 1866년의 보제유다테 가구라 목차(菩提湯立

---

164) 西角井慶正, 앞의 글.

165) 本田安次, 『霜月神樂の研究』, 明善堂書店, 1954, 『神樂』, 木耳社, 1966, 岩田勝, 「鎮魂の神樂と神樂歌 – 近世前期における備後の浄土神樂と能 –」, 『芸能史研究』, 71号, 1980. 10. 이와타마사루(岩田勝)는 영제가구라(靈祭神樂) 및 장제가구라(葬式神樂)를 지역별로 정리하고 있다.

神樂次第)에 의하면 망자를 부른 후 염라대왕과 제관(先達)의 정
토문답이 있고 무녀(神子) 4인으로 구성된 칼춤에 의한 신탁(千倉
託宣卸)이 진행된다. 초망자에서는 북잽이의 법인신가의 노래에
의해 무녀가 사방으로 춤을 추면서 신들림이 일어난다. 사방에는
각각의 망자를 부를때마다 북잽이가 노래와 춤을 춘다.

③ 일본 도호쿠지방의 시모헤이군(下閉伊郡), 구노헤군(九戸郡), 산
노헤군(三戸郡), 하치노헤시(八戸市)일대에서는 야마부시 가구라
(山伏神樂)의 곤겐춤(権現舞)을 무덤사자(墓獅子), 무덤염불(墓念
佛), 가구라염불(神樂念佛)이라고 하여 죽은 자의 공양을 위한 가
구라가 거행된다. 백일기, 일년기, 3년기, 첫오봉(죽은 후 처음으
로 맞이하는 오봉(お盆)때에 야마부시가구라(山伏神樂)의 집단이
불단(佛壇)의 위패 앞이나 무덤 앞에서 음악과 가구라노래(神樂
歌)에 맞춰 사자춤(権現獅子)을 춘다.

④ 하나마츠리(花祭)로 알려져 있는 아이치현(愛知縣) 미가와(三河)
지방의 미나미시다라(南設樂)의 오노(大野), 도고(東郷), 나가시노
(長篠) 등의 지방교겡(地狂言)은 주로 전사자의 무덤이 있는 장소
나 재앙신, 망혼이 깃든다고 여기는 마을경계 지역에 무대를 설치
하고 회향교겡(回向狂言), 봉교겡(盆狂言)이라는 연극을 한다.

⑤ 이자나기류 신도(いざなぎ流神道)로 알려져 있는 고치현(高知縣)
모노베마을(物部村)에서는 제관직(太夫職)이 죽었을 경우 불교식
으로 장례식을 치르고 2, 3년이 지난 후 망령을 진혼 정화하기 위
해 망령(荒みこ神)을 신격화시키는 가구라(荒みこ神取り上げ神

樂)가 거행된다. 그리고 3, 4년 후에는 망령을 조상신(みこ神: 祖靈)으로 모시는 가구라가 거행된다. 무덤에서 망령의 무덤세우기(墓オコシ)를 하고 봉폐로 가구라의 무대에 맞이하여 망령을 위한 춤을 춘다.

⑥ 부젠(豊前 현 오이타현(大分縣)의 나가쓰시(中津市) 나오노(植野)의 나오노가구라(植野神樂)가 전승되고 있는 곳에서는 유다테가구라(수행자가 유다테의 불 건너기(火渡り)를 하는 구마노슈겐(熊野修驗)계통의 가구라), 고우자카 가구라(神坂神樂)와 함께 진혼의 연회 가구라(年回神樂)가 전승되고 있다. 연회 가구라(年回神樂)는 가루라 집단(社家)인 아키미쓰(秋満)집안의 조상령 혹은 가구라단원의 연기(年忌)때 연행된다. 지팡이를 든 귀신역이 무덤을 돌면서 춤을 춘후 후 무덤에서 가구라 장소까지 모셔온다. 이때 봉폐든 자(幣持), 대검을 든 자(太刀持), 창을 든 자(薙刀持)가 차례로 행렬을 이루어 이동하면서 춤을 춘다. 죽은 영혼을 모시는 행위이다. 영혼이 가구라장소의 단위에 진좌한 후에는 본가구라(本神樂)가 차례로 진행된다.

이상에서 언급한 죽은 영혼을 위로하기 위한 영제 가구라는 3년, 5년, 13년 등의 연기(年忌)에 거행한다. 가구라의 식년과 일치는 우연이 아닐 것이다. 또 영제 가구라 중에서는 센부쿠군(仙北郡) 니시끼마을(西木村)의 사례에 보이는 바와 같이 죽은 자의 신들림(神がかり)과 신탁(託宣) 등에서 오늘날의 가구라와는 다른 모습을 엿볼 수 있다.

영제 가구라의 보고에서도 가장 구체적으로 기록되어 있는 것은 오키섬(隱岐島)의 영제 가구라이다. 메이지 시대 초기까지 연행되었다고 하는 사령진혼의 야에시메 가구라(八重注連神樂)는 마츠우라 마로(松浦康麿)에 의해 보고되고 있다.

이 기록에 의하면 가구라 집단(샤케: 社家)의 사람이 병사한 경우에는 가구라 장례식(神樂葬式)을 거행하고 7일째 되는날에 교경(하시교(橋経)을 낭독하는 행사가 진행되고 병사한 해로부터 2년에서 3년이 지나면 영제 가구라(靈祭神樂)를 거행하였다. 영제 가구라는 묘소에서 거행한다고 한다. 영제 가구라때 신매노(身ウリ能), 교경(橋経), 야에가끼(八重垣) 등의 곡목이 연행되었다[166].

일본의 장제 가구라나 영제 가구라는 한국의 오구굿, 진오귀굿, 씻김굿, 망묵굿, 수망굿 등과 같은 영혼 천도의 일종이라고 할 수 있다. 장제 가구라는 곽머리씻김굿과 같이 장례식의 일부로서 거행되었으며, 영제 가구라는 마른오귀와 같이 죽은 후 수년이 지난 후에 거행되었음을 알 수 있다. 현재 일본에서는 죽음과 관련된 가구라를 볼 수 없으며 그 기록도 매우 제한되어 있지만 한국과 일본의 양국의 영혼 천도의식으로서 비교연구는 양국의 신관념에 관한 이해를 비롯하여 예능의 기원 및 기능적인 성격을 이해하는데 매우 유효하다고 하겠다. 한국에서의 장송의례와 관련된 예능의 상황을 살펴보기로 한다.

---

166) 西角井正慶·倉林正次「靈祭神樂考―隱岐芸能の一面―」1970.
倉林正次「芸能の伝播―靈祭神樂考(二) 1971.
岩田勝,「身ウリ能の形成と伝播」,『山陰民俗』第三六号, 山陰民俗学会, 1981.

3. 죽은 자들의 웃음 – 한국 장송의례와 예능

한국의 장송의례에 가무가 연행되었다는 사실은 일찍부터 기록에 보인다. 『수서(隨書)』권 81 고(구)려 조에 장례 풍습이 기록되어 있다.

사람이 죽으면 실내에 빈(殯)을 설치하고 3년 후에 길일을 택하여 장례식을 거행한다. 부모나 남편의 상일 경우 3년, 형제의 상은 3개월로 시종 곡을 한다. 장례 때는 고무작악(鼓舞作樂)으로 보낸다. 매장이 끝나면 죽은 자의 생전의 옷을 무덤 옆에 놓고 장례 참석자가 가져간다[167].

백제의 장제는 고구려와 대동소이하며(喪制如高麗), 신라의 경우는 왕이나 부모처자의 상은 기간이 1년이었다(死有棺斂、葬起墳陵。王及父母妻子喪。持服一年). 또 신라가 삼국통일에 공헌한 김유신의 장례에서는 대왕이 군악고취대(軍樂鼓吹隊) 백 명을 보내 연주하게 하였으며 금산원(金山原)에 장례를 치루었다[168]. 왕이 신하의 죽음에 군악고취대 백명을 연주하게 하였다는 기록은 고구려의 고분에서 볼 수 있는 무용도(舞踊圖)나 대행렬도(大行列圖)를 연상하게

---

167)「死者於室内、経三年択吉日而葬、居父母及夫之喪、皆三年、兄弟三月、初終哭泣、葬則鼓舞作樂以送之、埋訖、悉取死者生時服翫車馬、置於墓側、会葬者爭取而去。」
168) 金富軾 著・林英樹 訳 『三国史記』下), 三一書房, 1975, p.123.

한다.

고구려의 광개토대왕(375-413)의 무덤이라고 일컬어지는 중국 길림성 압록강 중류지역에있는 집안현 통구의 무용총은 벽면과 천정에 변화가 그려져 있다. 동쪽 벽면에는 무용도가 그려져 있어 무용총이라고 불리고 있다. 무용도에는 중앙에 5명의 남녀춤꾼과 전방에는 지휘자로 보이는 인물이 그려져 있으며 밑 부분에는 7명의 악사 혹은 노래반주를 하는 사람이 보이다. 춤꾼은 긴 소맹 흰색바탕에 검은색 혹은 황색의 물방울 모양의 옷을 입고 있다.

중국(전연) 고구려에 귀화한 동수의 무덤이라고 일컬어지는 안악3호분(동수묘)의 남쪽벽에는 무악의장대(舞樂儀仗圖), 현실의 도성 벽에는 무악도(舞樂圖)가, 복도벽에는 행렬하는 수레의 전후에 악대가 따르는 그림이 그려져 있다. 팔청리의 벽화고분에는 고족(高足), 환도(玉刀)와 같은 산악백희계통의 곡예하는 모습이 그려져 있다. 이두현은 이상의 고분에 그려져 있는 가무, 잡기, 주악행렬 등을 장송의 모습이라고[169]지적한 바 있다. 하지만 무용도나 주악대의 행렬 외에도 소마굿간, 우물, 부엌 등 일상생활의 모습이 그려져 있는 것으로 보아 주악행렬도를 곧 장송의례의 주악대로 보기에는 다소 망설여진다. 위에 언급한 김유신의 장송의례 때 백 명의 군악고취대가 주악을 했다는 사실에서 고구려에도 장례 때 가무나 잡기를 동반한 주악행렬이 있었음을 알 수 있다. 장례에 가무나 잡기를 동반한 풍습은 조선시대

---

169) 이두현, 「葬礼와 演戲考 −特히 珍島 다시래기를 중심으로−」, 『한국무속과 연희』, 서울대학교출판부, 1996, p.205.

에 들어와서도 계속된다. 『조선왕조실록』권38 성종5년(1474) 신축 (1월 1일)에 장송의례에 지나치게 과다한 비용이 드는데도 불구하고 주찬에 널리 이웃사람을 초대하여 밤새도록 노래 소리가 끝나지 않을 정도였다고 한다. 이것을 오시(娛尸)라고 한다. 지나치게 사치스러워 파산하는 사람도 많으며 비용을 준비할 수 없는 가난한 사람은 몇 년이 지나도 장례식을 치룰 수 없었다고 한다. 이와 같이 풍속을 해치는 행위는 엄하게 금지해야 한다[170]고 하였다. 같은 성종 25년 5월조에도 같은 유사한 기록이 보인다.

전라도와 경상도의 풍속에는 민간에서 부모가 죽으면 장례를 치르기 전날 장막을 치고 그 안에 관을 놓고 제물을 준비하여 간단한 제사를 지낼 뿐만 아니라 승려와 이웃사람들이 모여 잡희음주가무(雜戲飲酒歌舞)로 밤을 지샜다. 양반들도 이러한 풍속대로 거행하지만 그 비용이 막대하여 가난한 자는 준비할 수가 없어 기일이 지났는데도 장례를 치룰 수 없기 때문에 엄하게 금지해야한다고 하였다. 이처럼 과도하게 사치스러운 장례를 금하는 법령이 몇 번이나 나왔지만 효과가 별로 없었다고 할 정도로 장례식에 잡희음주가무가 일반화되어 있었음을 알 수 있다. 이러한 풍습은 오늘날에도 형태는 변했지만 그 바탕에 깔려있는 사상은 그대로 유지되고 있다. 특히 음주가무가 동반되는 무속의례(굿) 중에서 죽음과 관련된 의례가 다른 목적의 굿보다도

---

170) 『朝鮮王朝實錄』巻三八 成宗五年(一四七四)辛丑(正月十五日)に「礼曹啓、令承伝教輪対者有言、慶尚全羅忠清道、俗尚浮誇、葬送之事、務為華侈、祭奠油蜜之費、幾至数斛、多辦酒饌、広招郷隣、大張声楽、終夜而罷、名為娛尸、以此破産者多、貧者難辦、累年不葬、傷敗風俗、莫此為甚、其痛禁之。」。

가장 끈질기게 남아있다고 하겠다.

벽화나 문헌기록을 통해본 한국에서의 장송의례에 있어서 예능이 동반되었다는 사실을 살펴보았다. 이에 비해 현재 민속적인 현상으로서의 장송의례와 관련된 예능의 현상은 매우 풍부하고 다양하게 전승되고 있다. 지면상 구체적으로 살펴볼 여유는 없지만 일본의 그것과 비교의 측면에서 간단하게 언급하고자 한다.

무엇보다도 풍부하게 남아 있는 죽음에 대한 무속의례라고 할 수 있다. 굿은 인생의 생로병사를 비롯한 모든 인간 삶과 관련되어 있다. 현대과학의 발달로 매우 쇠퇴하였지만 특히 죽음에 대한 의례는 여전히 명맥을 유지고 있는 굿의 종류 중의 하나이다. 동해안지역의 오구굿, 전라도지역의 씻김굿, 제주도 지역의 베포도업침, 서울경기지역의 진오귀굿 등이 있으며 북한지역의 망묵굿, 수망굿도 죽음에 대한 굿이다.

그 중에서도 전라도 지역에서는 다시래기라고 하는 상가놀이가 전승되고 있다. 다시래기는 장례예능의 전형을 보여준다. 다시래기의 어원은 여러사람이 모여서 같이 즐긴다는 다시락(多侍樂) 혹은 다시나기(다시 낳다)에서 나왔다고 한다. 또 다리래기의 이칭으로 대시(待時)레기라고도 하는데 망자의 영혼이 집에 머물다가 떠나는 시간을 기다리는 과정에서 노는 놀이다라는 말로 풀이된다[171]. 서울지역의 망자 천도굿인 새남굿의 새남 즉, 새로나다, 새롭게 태어나다라는 의미와 상통한다고 할 수 있다. 다시래기는 사당놀이, 사재놀이, 상제

---

171) 국립문화재연구소『진도다시래기』국립문화재연구소, p.8.

놀이, 봉사놀이, 상여놀이 등으로 구성되는데 즉흥성이 강하고 재담과 춤으로 장례식의 엄숙하고 슬픈 분위기를 웃음과 흥겨움으로 전환시킨다.

여기서는 1996년 3월에 거행되었던 경북 울진군의 오구굿 중에서 허혼굿에 대해서만 간단히 소개하기로 한다.

오구굿을 의뢰한 사람은 어머니와 장남, 딸 3명의 가족으로 장남은 결혼해서 어머니와 함께 살며 딸3명은 결혼한 상태이다. 이번 굿은 5년전 1991년에 등산 갔다가 낭떠러지에서 떨어져 죽은 막내아들과 2개월 전에 교통사고로 죽은 아버지를 위한 오구굿을 하게 되었다. 막내아들이 죽은 지 벌써 5년이 지났음에도 불구하고 이제에 와서 오구굿을 하게 된 것은 이유가 있었다. 1996년 1월에 아버지가 교통사고로 사망했기 때문이다. 즉 5년 전에 죽은 아들을 위한 천도 굿을 하지 않았기 때문에 이승을 방황하면서 아버지를 죽음으로 이끌게 되었다는 것이다. 굿을 하지 않으면 또 다른 가족 중의 누군가가 죽지 않을까하는 두려움이 그 배경에 깔려 있었다. 장남이나 딸들은 처음에는 모두 미신이며 경비가 많이 든다는 이유로 반대했지만 어머니의 간곡함에 어머니에 대한 효도라고 생각하고 할 수 없이 오구굿을 하게 되었다. 특히 막내아들은 결혼도 하지 않은 상태에서 죽었기 때문에 그 원혼을 달래주어야 한다는 이유에서 허혼굿을 겸해서 하게 된 것이다.

허혼굿은 영혼결혼식인데 전통결혼식으로 진행되었다. 굿을 하기 전에 미혼여성으로 죽은 자가 있는지 수소문하여 영혼들끼리 결혼시키기로 결정한다. 먼저 가까운 친척이 신랑과 신부의 인형을 들고 신랑신부를 대신하는 것이다. 먼저 신랑인형은 북쪽을 향해 2배한 후 신부인형이 나온다. 신랑신부는 손을 씻고 서로 마주보고 신부는 2배, 신랑은 1배를 하고 술잔을 교환한다. 초례상에 걸려있는 오색실 위로 술잔을 신랑이 신부에게 건네면 신부는 오색실 아래로 잔을 건네다. 술과 안주(대추)는 신랑신부인형을 조종하는 사람이 먹는다. 그리고 다시 신부4배, 신랑2배를 하고 기념사진촬영을 한다. 사진사는 굿을 취재하러온 사람이 촬영했다. 그리고 전체의 사회 역은 남무(화랭이)중의 한 사람이 맡았다. 신랑 신부가 절을 할때 주위에서는 신랑이 멋있다는 둥, 신부가 너무 예쁘다는 둥 농담을 던진다. 오구굿은 매우 슬픈 분위기에서 거행되지만 사회자는 농담을 섞어가면서 굿판을 웃음의 도가니로 몰아간다. 가족들에게서 사진 값이라고 하여 돈을 받기도 한다. 결혼식이 마치면 축하연회가 베풀어진다. 용선에 무명천을 묶어 흔들면서 참여한 모든 무당이 나와 축하의 춤을 춘다. 객석으로부터는 부조금을 받기도 하고 구경꾼들이 나와 유행가등을 부르고 춤추며 한바탕 논다. 그리고 신랑신부의 인형은 제단 밑에 이불과 베개를 마련하여 첫날밤을 보내게 한다.

신랑신부의 인형은 오구굿이 모두 끝난 다음날에 다른 제단의 조화들과 함께 불에 태운다.

무속의례(굿)에는 반드시 음악이 반주되면 노래와 춤, 그리고 이야기 등의 다양한 요소가 포함된다. 죽음은 유족에 있어서는 매우 슬픈 일이지만 단지 슬픔만이 아니라 웃음과 즐거움도 동반된다. 죽음에 대한 의례는 결국 죽은 자를 저세상으로 편안하게 보내는 천도의식이 기도 하지만 결국은 또 다시 불행한 일이 생기지 않기를 원하는 살아 있는 자들을 위한 의례이기도 하다.

4. 소도구를 통해본 장송의례와 가구라

지금까지 장례식 때 거행된 예능의 양상을 한국과 일본의 사례를 통해 살펴보았다. 그런데 장례식의 예능뿐 만아니라 일반 가구라에서 도 이러한 장례식에 사용되는 소도구나 그 의미가 그대로 혹은 응용 된 형태로 가구라에서도 사용되고 있다는 점에 주목하고자 한다. 현 행의 가구라에서 보이는 동작이나 소도구를 통해서 장송의례와의 관 련성을 살펴보고자 한다.

4-1 입술에 바르는 물

다카치호 가구라(高千穂神樂)의 〈지와리(地割り)〉라고 하는 곡목 에서 고진(荒神)은 스사노오노 미고토(素盞鳴命) 혹은 사루타히코(猿 田彦), 봉폐(幣挿し)는 후토타마노 미고토(太玉命), 활춤(弓舞)은 쓰 키요미노 미고토(月夜身命), 칼춤(太刀舞)은 다케미카즈치(武甕槌), 제관(神主)은 고야네노 미고토(児屋命)의 5인춤으로 구성되어 있다.

하지만 1995년 1월 1일 다카치호군(高千穂郡) 아사가베(浅ヶ部)에서 거행되었을 때는 활춤이 2명, 칼춤이 2명으로 모두 7인 춤이었다.

고진(荒神)은 오른손에 부채, 왼손에 봉(棒)을 들고 한쪽 어깨에만 띠(片襷)를 메고 등에는 사카키(榊) 나뭇가지를 꽂는다. 봉페와 제관은 스오(素襖)라는 무사의 예복을 입고, 에보시(烏帽子)를 쓰고 오른손에는 방울을, 왼손에는 대형봉페를 들었다. 활춤은 오비(기모노를 입을때 허리에 두르는 띠)로 어깨에 두르고 활과 화살, 그리고 방울을 든다. 칼춤은 오비를 어깨에 두르고 칼과 방울을 든다. 가면은 고진(荒神)만 쓰고 나머지는 가면을 쓰지 않는다. 7인의 춤이 끝난 후 고진의 1인무가 계속된다. 그리고 앞마당(神庭)에 설치해놓은 왕겨가마니를 두 개 꺼내어 고진과 제관이 가마니 위에 대좌하여 문답 형식으로 주고 받는다. 고진의 역할은 가면을 벗어 예를 취한 후 제관이 가지고 있던 봉페의 종이를 뜯어 준비된 조라술(神酒)을 묻혀 가면의 입술 주위에 바른다[172].

여기에서 주목하고자 하는 것은 고진이 가면을 벗어 조라술을 가면의 입술 주위에 바르는 행위이다. 〈시바고진(柴荒神)〉이라는 종목에서도 가면의 입술에 조라술을 바르는 동작을 볼 수 있다. 이것은 고진과 함께 술을 마시는 동작으로 신과 인간이 교류하는 모습으로 해석하기도 한다. 이와 유사한 동작을 장례식에서 찾아볼 수 있다. '말기의 물(末期の水)'이라고 하여 죽은 자의 입술에 물로 적시는 풍습이 있다.

---

172) 小手川善次郎『高千穂神樂』小手川善次郎遺稿出版会 1976, p.82.

이노구치 (井之口章次)는 말기의 물은 영혼 부르기(魂呼ばい)와 마찬가지로 죽음에 이른 사람을 되살려 내기 위한 작법이라고 하여 다음과 같은 사례를 소개하고 있다.

① 사람이 죽음에 이르게 되었을 때 되불러 내기라고 하여 그 사람의 얼굴에 물을 뿌리면서 죽은 자가 누워있는 머리 쪽의 지붕위에 올라가 지붕 위를 기면서 집안에 있는 죽음에 이른 사람을 향해서 그 사람의 이름을 크게 부른다. 이름을 새롭게 개명한 사람은 옛 이름을 부른다. 그러면 죽어가던 사람이 되살아난다고 한다(和歌山).

② 숨이 끊어진 후 죽은 자와 가까운 자가 물을 세 번 얼굴에 뿌리고 '누구는 되돌아오는가?'라고 외친다. 되살아나게 하는 의미라고 한다(德島).

③ 친족 중의 한사람이 술을 입에 물고 죽은 자의 얼굴에 내뿜은 후에 시신을 씻긴다(壹岐島).

④ 붓에 물을 듬북 묻혀 입술을 적신다.

⑤ 새의 깃털, 면(綿), 종이, 향나무(樒), 사카키 나뭇잎(榊の葉) 등을 물에 적셔 입술에 바른다[173].

---

173) 井之口章次, 『日本の葬式』, 筑摩書房, 1977, p.31-33.

한편 고라이(五來重)는 '말기의 물(末期の水)'이 절명한 직후에 근친자가 붓에 물을 적셔 죽은 자의 입술에 바르는 의식으로 임종 시에 떠나가는 영혼을 불러서 소생시키는 '영혼부르기(魂呼ばい)'와는 다른 것이다[174]라고 지적하였다. 고라이는 이노구치와 다른 사례를 들면서 소생의 예외적인 전승이라 하더라도 의례로서는 죽은 자를 정화시키는 행위는 깨끗한 물로 입을 정화시키는 행위라고 해석하였다.

말기의 물은 죽은 자를 소생시키는 작법이기도 하며 정화의 의례일 수도 있다. 그 의미가 무엇이든지 다카치호 가구라의 지와리에서 고진 가면의 입술에 술을 바르는 것과 동일한 발상에서 출발하고 있음은 매우 흥미로운 사실이다.

4-2 쌀, 가마니, 쌀밥의 기능

쌀이나 밥, 혹은 쌀가마니의 기능에서도 가구라와 장례식과의 관련성을 살펴볼 수 있다. 가구라에서 쌀과 쌀가마니는 매우 중요한 도구로 사용된다. 하나마츠리(花祭り)의 천개(天蓋)의 안 쪽에 '벌집(蜂の

---

174) 五來重는 말기의 물을 입술에 적시는 것은 임종직전(秋田県大曲町－田口松圃氏報), 밥그릇에 물을 떠서 입술을 적시기위해 종이를 받으로 접어놓는다. 베갯머리에 작은 소반을 놓고 향을 피운다. 새 수건이나 흰색 천을 걸어놓는다((青森県八戸市付近－小井川潤次郎氏報), 계속해서 사수(死水)를 입술에 바른다. 머리를 북쪽으로 해서 눕게 하고 병풍을 거꾸로 친다. (青森県野辺地地方－中市謙三氏報), 호흡이 끊어질때 주는 물을 말기의 물(末期水)이라고 한다. 죽은 후 침상을 북쪽으로 향하게 하는데 이를 침상고치기라고 한다. 물이 든 그릇을 머리 옆에 놓는다. 친척은 물을 감나무 잎(신도식은 사가키 나뭇잎)으로 죽은 자의 입에 넣는다. 이 것을 말기의 물이라고 한다(高知県長岡郡地方－高村日羊氏報)등을 사례로 들고 있다. 『葬と供養』, 東方出版, 1992, p.734-738.

256

巣)'이라고 하여 쌀이 든 종이주머니가 들어 있다. 또 가구라가 거행되는 도중에 쌀을 뿌리거나 쌀로 만든 떡을 던지는 행위는 흔히 찾아볼 수 있다. 주고쿠지방(中國地方)의 가구라에서는 반드시 가마니가 필요할 정도로 중요한 기능을 한다. 가마니에는 봉폐를 꽂기도 하고 가마니위에 앉아 신들리는(憑依) 경우가 있기도 하다. 오모토 가구라(大元神樂)에 천개 속에 쌀주머니와 신의 이름이 적힌 종이를 함께 넣는다. 천개를 내릴 때 쌀이 사방으로 흩어지도록 장치되어 있다. 역시 쌀이다. 이와 같은 장치가 아니더라도 가구라에는 쌀이 사용되는 경우는 매우 많다.

가구라에서 쌀이나 가마니 등이 왜 사용되는 것일까. 그 해답은 장송의례에서 찾을 수 있다. 사람이 죽으면 먼저 밥을 지어 죽은 자의 베개 머리 곁에 놓는다. 죽은 자의 밥을 짓는 방법은 지방에 따라 다소 다르지만 반드시라고 해도 좋을 정도로 사자밥(枕飯)을 짓는다. 그리고 무덤에까지 가져가 시신과 함께 묻거나 무덤 위에 놓아 새나 그 밖의 짐승이 먹게 한다. 이 사자의 밥은 죽은 자의 영혼을 부르는 힘이 있다고 믿고 있는 듯하다. 사람이 죽으면 근친자가 지붕 위에 올라가 동쪽을 향해 죽은 자의 옷을 흔들면서 죽은 자의 이름을 두 세 번 부른다.

도쿠시마현(德島縣)의 히가시이야야마(東祖谷山)마을, 이치우(一宇)마을, 고야다이라마을(木屋平村)등에서는 숨을 거두려고 하면 미리 준비해 둔 푸른 대나무통에 쌀을 넣어 흔들면서 '빨리 건강해야지 건강해라'라고 큰소리로 외치면 의식이 되돌아오는 경우도 있다고 한다. 또 지붕위에 올라가 용마루에 걸터앉아 '누구 님 되돌아오세요'라고 크게 외칠 때에도 쌀이나 보리의 양을 재는 되 아래쪽을 두드린다. 이 소리에 의해 떨어져 나가려는 영혼이 되돌아온다고 믿는다. 음식물의 소리가 영혼을 되돌아오게 하는 힘이 있다고 옛 사람들은 믿어 왔던 것이다[175].

'넋부르기(魂よばい)'때 쌀과 사자밥의 쌀은 같은 효과를 기대하지만 그 기능은 다른 것이 아닌가 한다. 넋부르기에 사용하는 쌀은 죽음에 직면했지만 아직 죽지 않은 단계에서 되살아나게 하는 기능이 있다고 한다면, 사자 밥은 죽은 자를 되살아나게 한다는 의미보다는 영혼이 방황하지 않도록 죽은 자의 시신에 머물러있게 하기 위한 것으로 생각할 수 있다. 종래 죽은 자의 영혼을 신체에 되돌리는 것은 재생시키기 위한 것으로 해석했던 것이 지배적이었다. 넋을 부르는 것은 정식으로 장송의례를 거행하고 넋을 정화시켜서 영혼이 방황하지 않도록 하기 위한 사고에서 생긴 것이 아닌가 한다. 즉 쌀이 소생의 힘이라고 하기 보다는 대접한다는 의미를 포함해서 죽은 영혼이 저승으로 가지 않고 이승에 남아 방황하게 되면 인간에게 재난을 주는 탈(타타리)의 원인이 되기 때문에 영혼을 시신에 머물게하는 것이 사자밥의 기능이 아닌가 한다.

장례식이 끝나면 영혼이 인간세계에서 방황하지 말고 저승으로 가게 하는 것이 매우 중요하다고 생각했던 것 같다. 그래서 장례 후의 행사에는 영혼이 되돌아오지 못하게 하는 풍습을 찾아 볼 수 있다.

---

175) 武田明, 『日本人の死靈観 四国民俗誌』, 三一書房, 1987, p.23.

예를 들어, 출관의 경우, 현관이 아닌 창문(縁側)으로 관을 내는 풍습이나 관이 나가면 죽은 자가 생전에 사용했던 밥그릇을 깨뜨리는 것도 이승에 미련을 버리고 되돌아오지 않기를 바라는 사고로 볼 수 있다. 사람들이 출입하는 현관과 죽은 자가 출입하는 입구를 달리하기 위한 것으로 해석할 수 있지만 죽은 자가 다시 되돌아오지 못하도록 하기 위한 의미로 해석하는 것이 보다 타당할 것이다.

한국의 무속의례 사령제(오구굿)의 경우 죽은 자가 생전에 사용하던 쌀 독을 큰소리가 나도록 깨는 풍습이 남아있다. 이와같은 상징적인 행위는 죽은 자가 먹을 쌀은 없으니 더 이상 이승에 미련을 가지지 말고 저승으로 가라는 염원이 담겨있다고 할 수 있다. 쌀은 한국이나 일본 할 것없이 생명의 근원으로 취급하고 있음을 알수 있고 가구라와 장례식에서 사용되는 이유도 이와 같은 의미가 내포되어 있음을 짐작할 수 있다.

4-3 천(布)과 선줄(善の綱)

가구라에는 〈오비춤(帶舞)〉과 〈누노춤(布舞)〉이라는 종목이 있다. 천을 사용하는 춤이다. 다카치호 가구라에서는 여성의 기모노의 허리띠(오비)를 어깨띠로 사용하기도 한다. 오모토가구라나 비추가구라에 〈누노춤〉이 있다.

누노(布)나 오비(帶)가 가구라에서 사용되는 이유는 무엇일까. 장

송의례에서 누노나 오비는 시신을 묶을 때 사용된다. 장송의례에서 시신을 오비로 묶는 것은 관이 옹기인 경우에 시신을 옹기에 넣기 쉽게 하기 위한 실용적인 측면도 있지만, 그보다 죽은 자의 영혼이 다른 곳으로 가지 못하게 하기 위한 방편으로 사용된다. 그 외에도 누노가 장례식에 사용되는 것은 지역차가 있지만 관을 덮듯 둘둘 만다. 선줄(善の綱)이라고 하여 상여를 메고 매장지로 갈 때(野邊送り) 유족들(여성)이 천을 잡고 상여의 뒤를 따른다. 또는 상여 앞에서 상여를 끄는 형태로 무명천을 잡고 가는 경우도 있다. 선줄은 본래 불교에서 부처님이 인도한다는 의미지만 관을 둘둘만 천을 유족들이 잡고 무덤까지 이동하는 것은 관 속의 영혼이 다른 곳으로 가지 못하게 시신에 머물도록 하는 의미로 보여진다.

무명천(누노)과 오비는 가구라나 장례식에서 두 가지 기능을 생각할 수 있다. 하나는 묶는 기능이다. 죽은 자의 시신을 끈으로 묶는 데 사용된다. 또 하나는 유족들이 그 끈을 잡는다는 것은 죽은 자의 영혼이 다른곳으로 이탈하지 못하게 하기 위한 방편이라고 할 수 있다. 다카치호 가구라의 춤꾼은 여성의 기모노 오비로 어깨띠로 사용하는 것도 동일한 기능이 있다고 여기기 때문이라고 할 수 있다.

빙고 가구라의 고진춤에서 보듯 무명천을 들고 춤을 추기도 하고 오모토 가구라에서 무명천을 가구라전(神樂殿)의 천정에 오모토신의 신체인 짚으로 만든 뱀(藁蛇)와 함께 걸쳐놓는다. 이것은 신이 왕림하는 길(ミチ)의 의미로 파악되기도 한다. 한국의 굿에 사용되는 무명천도 신령을 인도하는 길이라는 의미와 상통한다.

이와 함께 무명천과 유사한 기능을 가진 돗자리(莫蓙: 筵)가 있다. 돗자리는 가구라의 어원과도 깊은 관련이 있지만 이즈모(出雲)의 사타신노(佐太神能)에 돗자리 춤이 있는데 돗자리 새로 갈기라는 의식이 있다. 오모토 가구라에서도 돗자리를 들고 마치 줄넘기를 하듯 춤을 추는 동작이 있다. 돗자리는 제의에 신령들이 강림하는 장소, 즉 신의 자리로서 본래는 무명천과 같은 의미였을 것이다.

이처럼 돗자리가 장송의례에 상용되었다는 사례는 다카오카(高岡功)의 사례보고[176]에서 살펴볼 수 있다. 니가타현 이와부네군 산보쿠마치 야마쿠마다(新潟縣岩船郡山北町山熊田)라고 하는 부락에 과거 옛식의 장례법이 있었다고 한다. 병자가 숨을 거두었더라도 아직 죽은 자로서 취급하지 않고 이불 위에 다다미 1장 정도 크기의 돗자리를 덮는다. 그리고 요 위에 돗자리 1장을 두 번 접어 깔고 그 위에 병자를 일으켜 세워 양손을 앞으로 모으게 하고 손목을 새끼줄로 묶는다. 발목과 허벅지에도 마찬가지로 새끼줄로 묶고 옷을 입힌다. 그리고 그 주위에 또 1장의 돗자리로 완전히 덮는다. 이러한 형태는 원추형 혹은 삼각형의 텐트와 같다. 옷자락을 새끼줄로 묶고 칼이나 낫을 꽂아놓는다. 그리고 난 후에 이웃에 부고를 알린다. 부고를 받은 마을사람들이 모여든다. 밤에는 염불계(念佛講)의 노인들이 와서 염불을 하며 한편에서는 장례식의 준비를 한다. 온 마을 사람들이 총출동하여 장례식 준비를 하는데 돗자리로 둘러싸인 시신은 다음날 정오 무렵까지

---

176) 高岡功, 「'病人'をムシロで囲い'仏'にする話—岩船郡山北町山熊田—」, 『高志路』通卷二二八号, 新潟県民俗学会, 1973.

그대로 둔다. 그 후 시신을 씻기고(湯灌) 백색 옷을 입혀 관에 넣어 묘지로 향한다. 출상의 관에는 선줄(善の綱)이라는 10척 정도의 흰색 무명천으로 묶어 유족들이 선줄을 잡고 묘지로 향한다. 그중에는 짐 꾼의 역할이 있어 죽은 자가 생전에 사용했던 도구를 넣은 상자를 흰 색 무명천으로 싼다. 등불, 꽃바구니(花篭), 깃발, 천개(天蓋), 용두 (竜頭) 순으로 뒤따른다. 참가자는 왼쪽 어깨에 이로(イ ㅁ)라고 하는 3척 정도의 흰색 띠를 두른다.

돗자리로 시신을 싸는 것은 실용적인 기능 이외에 죽은 자의 영혼 이 신체에서 이탈되지 않도록하는 기능이 있다. 오모토 가구라의 돗 자리 춤에서도 춤꾼이 돗자리로 머리 위로 올리거나 몸 전체를 두르 는 듯한 춤동작을 볼 수 있는데 장송의례에서의 돗자리의 기능과의 관련성을 엿볼 수 있다.

5. 맺음말

일본전국에 분포되어 있는 가구라를 이즈모계 가구라(出雲系神 樂), 이세계 가구라(伊勢系神樂), 무녀 가구라(巫女神樂), 사자 가구 라(獅子神樂)등으로 분류한 것은 혼다(本田安次)이다. 지역 명칭과 담당자 명칭, 주요 절차등 그 분류의 기준이 일정하지 않아 다소 혼란 스러워 보이긴 하지만 가구라의 특징을 잘 보여주는 분류라고 할 수 있다. 이러한 모든 가구라에서 공통된 특징 중의 하나는 토리모노라고 하는 소도구를 손에 들고 추는 춤이다.

가구라에서 사용되는 소도구로서 대표적인 것은 방울이나 사카키 나뭇잎을 비롯하여 칼, 창 등의 무기류가 많다. 방울이나 사카키 나뭇잎은 신령의 깃드는 것(요리시로)으로 볼 수 있다. 반면 칼이나 창 등과 같은 무기류가 소도구로 사용되는 것은 어떤 의미가 있는 것인가. 나례희에서 방패와 칼을 든 네 개의 눈을 가진 방상씨(方相氏)가 재난이나 악령을 쫓아내는 역할에서 무기류의 용도를 찾아볼 수 있다. 또 『영해집(令集解)』에 천황이 죽었을 때에는 빈소에서 제관(禰義)이 칼을 차고 창을 들었으며 또 다른 제관(余此)은 허리에 칼을 찬 채로 술과 음식을 바쳤다고 한다[177]. 제관이 휴대한 칼과 창이 무기의 일종임에는 틀림이 없다. 왜 빈소에 무기를 휴대하였는가. 일본 천황가의 세 개의 보물(三種の神器)에도 검이 포함되어있지만 빈소에서의 칼과 창은 진혼의 도구였음을 알 수 있다. 검과 칼, 창 등 무기류는 인간에게 피해를 주는 나쁜 기운(악령)을 쫓아내기 위한 도구였던 것이다.

사람이 죽으면 그 영혼은 인간계에서 떠나 영혼계로 이동한다는 믿음이 있었다. 하지만 죽음 직후 영혼은 아직 불안전한 존재로 영혼계의 다양한 귀신들이 모여든다고 믿어왔던 것이다. 모여든 잡귀 잡신 중에는 피해를 가져다주는 존재로 여겨왔으며 이를 쫓아내지 않으면 죽은 자의 영혼은 영혼계에 안정할 수 없다고 믿어왔던 것이다.

---

177) 凡そ天皇崩ずるの時は、比自支和気等、殯所に到りて其の事に供奉す。仍って其の民二人を取り、名づけて禰義・余此と称するなり。禰義は刀を負ひ並びに戈を持つ。余此は酒食を捧げ、並びに刀を佩いて、並びに内に入りで供養するなり。唯禰義等の申す辞は輒く人に知らしめず。

이와 같은 사고는 시신의 물리적인 더러움을 동반하는 것도 하나의 이유가 될 것이다. 불안정한 사령(死靈)을 저승으로 천도하여 사령의 안정시키는 의식이 장송의례라고 할 수 있다. 장례식이 끝난 후에도 삼년상, 칠년상, 십삼년상 등과 같은 안전장치를 준비하였다. 이러한 안전장치의 효과를 높이기 위해 다양한 행사가 이루어지며 예능적인 놀이가 동반되는 것이다. 사령이나 신령도 인간과 마찬가지로 인간이 즐기는 노래나 춤을 좋아한다고 여겼다. 오늘날 일본에서는 장례식장에 예능이 거행되는 것은 거의 볼 수 없게 되었지만 과거에는 장례식 때 다양한 예능이 동반되었다는 사례들은 쉽게 찾아 볼 수 있다.

죽은 자에 대해서 거행하는 가구라에 장제 가구라와 영제 가구라로 분리해서 정리해보았다. 사후 3년, 5년 만에 행해지는 영제 가구라는 말할 것도 없고 죽은 직후 즉 매장 전에 거행하는 장제 가구라도 죽은 자를 재생시키기 목적으로 거행되지는 않았다. 이상에서 살펴본 결과 가구라의 목적인 진혼은 다마후리(タマフリ)가 아니라 다마시즈메(タマシズメ) 즉, 재생이 아닌 진압의 의미임을 확인 할 수 있다.

8장

가미미치(神道), 변신의 경계성

1. 머리말

문화인류학에 있어서 경계에 대한 개념은 크게 두 가지로 나누어진다[178]. 첫째는 국가와 국가의 경계, 마을과 마을의 경계, 집안과 집밖의 경계 등과 같이 물리적인 경계 개념이다. 또 하나는 인생이나 사회의 변혁기에 있어서 통과의례로서의 경계 개념이다. 즉 소년기에서 장년기, 장년기에서 노년기 등을 하나의 카테고리를 정하고 그 두 영역 사이의 경계에 해당되는 시기에 성인식이나 장례식과 같은 통과의례를 행하는 것이다. 전자가 공간적인 경계 개념이라면, 후자는 시간적인 경계 개념이다.

이러한 경계 개념은 두 영역의 인위적인 분리를 의미한다. 연속체인 자연적 현상을 인위적으로 구분하려는 곳에 경계가 생기는 것이다. 역으로 말하자면 안과 밖은 본래부터 존재하는 것이 아니라 인위적으로 구획하여 경계를 지어 구분하는 것에 지나지 않는다. 이 장에서는 연기, 즉 넓은 의미에서의 '변신'을 경계 개념으로 파악하여 일본의 전통예능을 '리미넬러티'라고 하는 경계 개념으로 그 특성을 파

---

178) 마을의 경계에 거대한 인형이나 짚신을 설치하여 악령의 침입을 막거나 사람들의 왕래가 많은 네거리에 세워놓은 행신(行神: 道祖神), 길의신(塞の神), 경계신(境), 고갯길 신(坂), 석 신(石の神) 등이 일찍부터 주목받아 왔다. 柳田国男, 「石神問答」, 『定本柳田国男集』第12卷, 筑摩書房, 1963.
　 A・반헤넵은 다종다양한 의례를 분리의례, 경계의례, 종합의례로 분리하여 체계를 세웠다. V・W・터너는 반헤넵의 이론을 발전시켜 경계의례에 주목하여 코뮤니터스이론을 제시하고 있다. 본고는 V・W・터너가 제창한 리미넬러티 (경계성)를 도입하여 사회적인 측면이 아니라 개인적인 측면에서 경계의 개념을 천착하고자 한다. A・반헤넵, 『通過儀礼』(綾部恒雄・綾部裕子역), 弘文堂, 1977, V・W・터너(冨倉光雄역), 『儀礼の過程』, 新思索社, 1976, (梶原景昭 訳),『象徴と社会』, 紀伊国屋書店, 1981, (山田恒人・永田靖역), 「枠組み、フロー、内省ー共同体のリミナリティとしての儀礼と演劇」, 『ポストモダン文化のパフォーマンス』, 1989.

악하는 데 목적이 있다.

문화인류학의 발달과 함께 연극에 대한 개념도 크게 확장되었다. 기존의 연극 개념은 주로 무대에서 두 가지 이상의 상반된 존재 사이의 갈등구조로 정의해 왔다. 극(劇)을 한자로 풀이할 때 호랑이(虎)와 산돼지(猪)가 싸우는(刀) 형상을 본 뜬 형성문자라고 일컫는다. 두 맹수의 격렬한 결투 즉 갈등구조를 통한 정의이다. 이에 반해서 문화인류학의 입장에서는 연극을 보다 확장된 개념으로 받아들인다. 즉, 아시아 아프리카 등 여러 민족의 축제에서 인간이 인간 이 외(신령, 악령)의 보이지 않는 존재를 보이는 존재로 변신(연기)하는 구조를 연극의 광의 개념으로 정의한다. 소위 연극인류학의 기초개념이다.

연기(변신)를 배우가 연극이라는 틀 속에서 어떤 특정한 등장인물의 역할을 행위로서 표현하는 것이라고 정의한다면, 무대 위에서 연기하는 신체는 어떠한 존재인가. 자연인으로서 아이덴티티를 지닌 배우 개인의 신체인가. 아니면 연극이라는 테두리 속 존재로서 극중 역할로 분장한 변신된 신체인가.

연기하는 개인으로서의 배우와 역할로 변신한 신체가 구분되는 것은 아니다. 어디까지나 이론적인 구분에 지나지 않는다.

자연주의적인 연기 시스템을 체계화하고, 배우가 역할에 몰입하고 역할로 완전히 들어가는 것을 강조한 스타니슬라브스키도 무대 위에서 배우는 결코 자신을 잃어 버려서는 안 된다고 했다. 언제나 한 사람의 예술가로서 그 자신의 아이덴티티를 유지하면서 연기를 해야 한다는 것이다. 무대 위에서 자신을 유지하지 못하고 완전히 몰입되어 무아지경이 되어버린다면, 연기 본연의 기능을 상실하게 되고, 역할을 진실로 살리는 것과는 거리가 멀어지며, 과장되고 거짓된 연기가 될 수 있다는 것을 경계하고 있다.

한편, 일본의 노와 중국의 경극에 자극을 받아 서사극의 이론을 정립하고 이화효과를 제창한 브레히트도 극적 환상을 완전히 차단하는 것까지는 이르지 못하였다. 실제로는 있을 수 없지만, 배우가 역할 속으로 완전히 들어 갈 수 있는 것인가. 아니면 철저하게 자기 동일성을 가지고 역할과의 거리를 유지할 수 있는가는 이론적으로는 분리 가능할지라도 실제로는 거의 있을 수 없다고 해도 과언은 아니다. 완전 몰입은 거의 정신적 착란 상태에 가까우며, 완전 분리된 연기는 변신이라는 본래 취지에서 벗어난다고 할 수 있다. 이러한 현상은 배우의 심리적인 것과 밀접한 관련이 있기 때문에 측정한다는 것 역시 거의 불가능하다. 이러한 논리는 관객 입장에서도 마찬가지이다. 객석에서 배우의 연기를 관람하고 있는 관객은 등장인물의 역할에 감정 동화되는 순간을 상정할 수는 있다. 하지만 관객의 개인적인 차이는 있을 수 있다고 하더라도 일정한 거리를 유지하면서 객관적으로 배우를 보고 있다는 것을 고려하지 않으면 안 된다. 배우가 감정몰입 할 때 역할 속으로 완전히 몰입하는가 아니면 일정한 거리를 유지하는가는 관객이 배우의 신체를 보는 것인가, 아니면 연극이라는 구조물 속에서 변신한 역할의 신체를 보는 것인가의 문제와 일맥상통한다. 이 같이 배우가 연극 속에서 일정한 역할로 변신(연기)한다는 것은 배우와 역할의 양극 점의 중간상태, 즉 경계로 상정할 수 있다. 이러한 현상은 관객의 입장에서도 마찬가지인데 이를 도식으로 나타내면 다음과 같다.

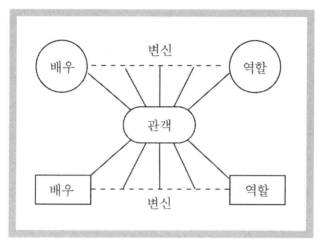

변신(연기)의 구조

○속의 '배우'는 배우 개인으로서의 신체이고, ○속의 '역할'은 배우가 분장해서 연기하는 역할의 신체로 가정한다. 그 사이의 점선은 배우로부터 역할로의 변신의 과정, 즉 배우와 배우가 변신한 인물(역할) 사이의 경계라고 할 수 있다. 그리고 □에 둘러져 있는 것은 관객에게 비친 신체이다. 결국은 배우가 분장하고 연기 하려고 하는 것은 ○와 □의 배우와 역할 사이의 중간 점선 부분에 해당된다고 하겠다. ○와 □로 구분한 것은 배우가 연기하는 것을 반드시 관객이 보는 것과 일치하지 않음을 상정할 수 있기 때문이다. 배우는 배우 자신과 역할 인물 사이에서 양쪽 신체의 경계영역을 연기하며, 관객 또한 그러

한 경계영역을 보고 있다고 하겠다. 이와 같이 연기 즉 변신의 구조를 경계의 개념으로 파악할 수 있다. 위 도식을 염두에 두면서 일본의 예능에 있어서 가미미치(カミミチ)에 초점을 맞추어 언급하고자 한다.

결론부터 말하자면 일본의 전통예능에 있어서 배우들은 배우 자신도 아니고 등장인물에 완전히 몰입된 상태의 역할을 연기하는 것도 아니다. 즉 배우 자신도 아니며 역할도 아닌 그 중간을 연기한다고 할 수 있다. 또한 관객도 배우와 역할사이의 그 중간을 본다고 할 수 있다. 연기 및 변신의 구조를 일본 예능에 있어서, 특히 일본 예능의 모태라고 할 수 있는 축제, 특히 가구라(神樂)를 통해서 보이지 않는 존재를 어떻게 인식하고 표현하고 있는가를 살펴보고자 한다.

2. 가미미치(カミミチ)의 개념

일본 예능에서 미치유키(道行)는 특별한 의의를 지닌다. 미치유키는 제의적 의례 속에서 영신·송신의 행렬, 길놀이(練り歩き)를 비롯하여 노가쿠(能樂)의 하시가카리(橋掛かり), 가부키(歌舞伎)의 하나미치(花道) 등과도 연관성을 찾을 수 있다.

미치유키라는 용어는 일찍부터 나타나는데 일본의 『만요슈(万葉集)』에

若可家禮婆 道行乃良士 未比波世武 之多敵乃使 於比弖登保良世(九
○五)179)

라는 구절이 잇다. 어린나이에 죽어 황천길로 가는 길을 헤매고 있을
때 황천의 사자에게 부탁하여 죽은 아이의 영혼을 등에 업고 무사히
통과하게 해달라는 부모의 심정을 노래한 만가의 한 구절이다.

여기에서 죽음에 대한 관념은 지옥과 극락이라는 불교적인 내세관
이 아니라 죽으면 저승으로 간다는 한국 무속의 저승관과 유사성을
보인다. 젊어서 죽은 이가 저 세상에 아직 도달하지 않고 있음을 상정
한다. 여기에서 미치유키(道行)는 이승과 저승을 연결하는 경계이며
저승으로의 이동을 의미한다.

미치유키로서 잘 알려진 것은 조루리(淨瑠璃))의 신주모노(心中物
語: 동반자살 이야기)의 미치유키이다. 미치유키의 꽃이라고 불리는
소네자키신주(曾根崎心中)의 미치유키 장면이다.

이 세상의 미련, 밤의 미련, 죽음으로 향하는 이 몸은 아다시가 들녘
(あだしが原)의 길가에 맺힌 이슬 (서리) 같네. 한걸음 한걸음마다 이
슬은 사라지네. 꿈 속의 꿈과 같이 허무하구나. 새벽 이슬처럼 일곱 번
의 종소리가 들리면 이 세상에 없을 텐데. 지금 여섯 번째 종소리. 마
지막 남은 종소리와 같은 인생. 멀리서 들리는 종소리에 놀라니 열반
의 기쁨으로 여기라 재촉하네. 풀도 나무도 하늘도 미련이 남아 있는

179) 『万葉集』二, 日本古典文学大系, 岩波書店, 1959.

데 종소리만이 무심하구나. 하염없이 흐르는 물소리. 북두칠성이 은하수에 비치누나. 우메다의 다리로, 까막까치의 다리로 맺은 인연 언제까지나……180)

지카마츠 몬자에몬(近松門左衛門)의 소네자키신주(曾根崎心中)의 미치유키는 오하츠(お初)와 도쿠베(德兵衛)가 이 세상에서 이루지 못한 사랑을 저세상에서 이루자며 정사(情死)하는 내용이다. 그중에서도 특히 마지막 장면 즉 도쿠베와 오하츠가 서로 손을 잡고 새벽녘에 소네자끼 숲으로 죽음을 향해 가는 미치유키는 명장면 중의 명장면으로 꼽히고 있다. 새벽을 알리는 종소리가 죽음을 재촉하는 가운데 애절한 두 사람의 사랑이 미치유키 장면을 통해서 연인의 감정이 절정에 달한다. 오사카 신지의 오하츠가 머물고 있는 유곽(茶屋)로부터 우메다 다리(梅田橋)를 건너 소네자키(曾根崎)의 숲으로 향하는 것이다. 저 세상으로의 미치유키이다.

위 두 종류의 미치유키는 모두 죽음과 관련되어 있지만 그 상황은 다르다. 『만요슈』의 만가의 경우에는 죽은 영혼이 이승에서 저승으로의 이동을 나타내는 미치유키인 반면, 소네자키신주의 미치유키는 오하츠와 도쿠베가 아직 죽지 않은 상황에서 삶에서 죽음으로 향하는

---

180) 此の世のなごり。夜もなごり。死に行く身をたとふれば あだしが原の道の霜。一足づゝに消えて行く。夢の夢こそあはれなれ。あれ数ふれば曉の。七つの時が六つ鳴りて殘る一つが今生の。鐘のひゞきのきゝをさめ。寂滅爲樂とひゞくなり。鐘ばかりかは。草も木も空もなごりと見上ぐれば。雲心なき水のおと北斗はさえて影うつる星の妹背の天の河。梅田の橋を鵲の橋と契りていつまでも。……『近松淨瑠璃集』上, (重友毅 校注)日本古典文學大系 49, 岩波書店, 1958.

272

과정을 표현한 미치유키이다. 즉 미치유키가 끝나는 곳에 죽음이 기다리고 있는 것으로 설정되어 있다.

이같이 양자의 상황이 다르지만 아이의 죽은 영혼이 황천에 아직 도착하지 않은 중간과정이라는 점, 그리고 두 사람의 연인이 소네자키 숲, 즉 죽음의 도달점까지 다다르지 않은 중간 단계로 설정되어 있다는 점에서 공통점을 찾을 수 있다. 물론 이러한 미치유키가 전형적인 것이라고는 할 수 없지만, 미치유키가 공간적인 이동뿐만 아니라 추상적인 이동도 포함되어 있으며, 또 어떤 한 지점에서 다른 지점에 이르기까지의 중간상태로 어느 쪽에도 소속되지 않은 소위 '불확실한'의 경계 영역인 것이다.

일본의 창조신화에 등장하는 '이자나기, 이자나미(伊奘諾尊·伊奘冉尊)'의 신화에서도 미치유키를 찾아 볼 수 있다. 이자나기와 이자나미는 부부 신으로 일본열도를 창조하고 여러 신들을 낳는다. 불의 신(迦具土神)을 낳을 때 음부에 화상을 입어 이자나미는 죽게 된다. 이자나미는 죽어서 황천신이 된다. 죽은 아내를 잊지 못한 이자나기는 이자나미가 있는 황천을 방문한다. 이자나미는 어두운 동굴 속에서 이자나기를 맞이한다. 그러나 절대로 자기 모습을 엿보아서는 안 된다고 다짐을 한다. 하지만 아내를 보고 싶은 마음에 금기를 어기고 엿보게 된다. 죽은 이자나미의 모습이 너무나 흉측한 것을 보고 이자나기는 무서워 도망친다. 이자나미는 자기의 흉측한 모습을 보아 버린 남편 이자나기를 여러 괴물들과 함께 뒤를 쫓는다. 도망가는 도중 황천과 이 세상의 경계지역인 요모츠히라사카(黄泉比良坂)라는 황천

입구의 문에 도착한다. 쫓기던 이자나기는 황천입구를 바위로 막고 도망쳐 나온다. 요모츠히라사카는 두말할 나위 없이 이승과 황천의 경계에 해당된다. 일본 문헌상에 나타나는 최초의 미치유키이다. 황천에서 이승으로 도망치는 미치유키는 공포와 불안이 동반되고 있음을 잘 나타내 준다. 신화에 등장하는 미치유키의 불안정성은 이후 일본 문학의 미치유키로 계승되었다.

일본 고전문학에 등장하는 미치유키는 주인공이 어떤 지점에서 다른 지점으로 여행의 행로가 노정기(路程記) 형식으로 전개된다. 특히 7, 5조 등의 운율로 전개되는 근세의 미치유키는 일본문학의 한 특징으로 자리매김하고 있다.

문학의 미치유키와는 달리 민속예능에서 길놀이와 같은 이동을 나타내는 미치유키도 있다. 행도(行道) 혹은 오네리(お練)라고 하는 것이 그것이다. 『일본서기(日本書紀)』에 등장하는 기악의 미치유키가 어떠하였는지 확인할 수 없지만, 『교훈초(敎訓抄)』[181]에는 행도(行道)에 따라가는 미치유키의 소리(道行音聲), 미치유키 박자(道行拍子)라는 용어가 보인다. 개복청에서 무대까지 행렬로 이동 할 때 연주되는 음악을 말한다. 아악(혹은 부가쿠(舞樂))의 '보살(菩薩)'이라는 곡목에도 대보살 미치유키(大菩薩道行), 대미치유키(大道行)라는 말이 보인다. 가구라에 있어서 영신 송신 때에 행해지는 행렬도 미치유키라고 일컬어지고 있음을 알 수 있다. 이 같이 미치유키는 길을 가는 과정의 특수한 형식을 의미 하고, 각 시대, 각 분야에 따라서 의미의

---

181) 「敎訓抄」(植木行宣 校注), 『古代中世芸術論』, 日本思想大系23, 岩波書店, 1973.

변화를 엿볼 수 있다.

도리고에(鳥越文蔵)는 기악이나 부가쿠(舞樂) 등의 예능의 행위인 미치유키를 '제1의 미치유키', 헤이게모 노가타리(平家物語), 조루리(淨瑠璃) 등의 문학 속에 등장하는 미치유키를 '제2미치유키'로 분류하였다[182]. 미치유키를 포함해서 길(道), 다리(橋), 하시가카리(橋がかり), 하나미치(花道), 교도(行道), 길놀이(練り歩き: 네리아루키), 행렬 등은 서로 다른 것이 아니라 같은 발상으로 생겨난 변형이라고 볼 수 있다. 여기에서는 그것들을 내포한 개념용어로서 가미미치(神道)[183]를 사용하기로 한다.

가미미치(神의 길)는 시발점과 도착점 사이의 경계 영역으로서 해석할 수 있다. 경계는 이세상과 저세상, 신의 세계와 인간의 세계, 성스러운 세계와 속세의 세계, 비 일상의 세계와 일상의 세계, 연극의 세계와 일상의 세계 등 다양한 개념을 낳는다. 그리고 역으로 생각해 볼 수도 있다. 즉 두 개의 다른 공간의 경계로서 가미미치를 상정할 수 있는 것이다. 그러면 일본 민속에서 경계로서의 가미미치가 어떠한 형태로 표상화되어 있는가를 살펴보겠다.

<hr />

182) 鳥越文蔵,「芸能における道行」,『国語科通信』十四, 1989.

183) 영신, 송신의 행렬, 행도(行道) 등은 미치유키와 중복되는 용어이기도 한지만, 다리, 노가쿠의 하시가카리(橋がかり), 가부키의 하나미치(花道), 제단에 장식하는 실, 줄 등을 가미미치에 포함된 개념용어로서 사용한다.
    宮家準,『修験道儀礼の研究』春秋社, 1985. pp.322-323.

3. 무속의례의 가미미치

도후쿠 지방에 분포하고 있는 무녀는 성격상, 이타코(イタコ)형과 고미소(ゴミソ)형으로 나눌 수 있다[184]. 이타코형 무녀의 성무과정은 어릴 때부터 맹인이 되어 기존의 무녀에게 제자로 들어가 수업을 쌓고, 내림(입무의례)를 통하여 정식으로 무녀가 된다. 그 후 신어머니로부터 독립하여 소위 '쇼바이장사)'를 시작하게 된다. 그런데 이러한 이타코형은 한국의 학습무형 무당과 그 궤를 같이한다고 볼 수 있다.

그것에 비해 고미소(ゴミソ)형은 정신적인 병(무병, 신병)이 계기다 되어 무녀가 되는 경우를 말한다. 신령이 몸에 씌어 신령의 의지를 전달하는 무녀으로서 '강신무'라고 할 수 있다. 이타코형 무녀와 고미소형의 무녀는 같은 무녀라 하더라도 그 성무과정으로부터 그들이 집행하는 의례에 이를 때까지 차이를 보인다. 여기에서는 무속 의례에서 가미미치가 어떻게 표현되고 있는가에 한해서 언급하고자 한다.

---

184) 石川純一郎은 입무동기에서 직업무, 영감무로 분류하고 있다. 양자에 대해서는 남부지방(아오모리현, 아끼타현, 이와테현)에서는 이닷꼬와 가미사마, 츠가루(津軽)지방에서는 이타코와 고미소로 불리고 있다. 이타코는 죽은 자의 공수(탁선;구치요세)가 중심이 되며, 신에 의한 탁선과 주술성은 서로 다른 양상을 보이고 있다. 石川純一郎, 「口寄せの伝承－八戸市周辺の場合－」, 『国学院大学日本文化研究所紀要』第三十四輯, 1974. pp.73-74.

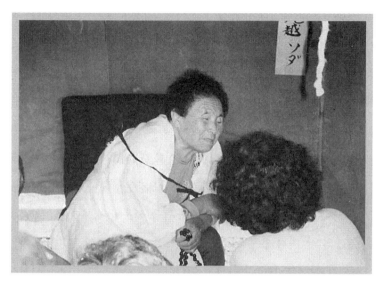
이타코(무녀)의 구치요세(공수)

이타코의 영적 행위(구치요세: 口寄せ)로서 야마다테(山立て)라는 것이 있다. 이타코가 거행하는 의례는 몇 종류가 있지만, 가장 중요한 역할은 공수(託宣)을 통하여 영혼(死靈)의 의사를 유족에게 들려주는 호도케오로시(佛降ろし)이다. 그중에서도 특히 이타코가 출장 가서 마을의 개인 집에서 집행하는 호도케오로시의 예를 들어 설명하고자 한다.

호도케오로시가 행해지는 타테모토(宿)에 설치된 제단을 야마다테 라고 말한다. 야마다테는[185] 나무통(桶: 오다고)에 쌀 한 말을 깔아

---

185) 桜井徳太郎, 『日本のシャマニズム 上巻』, 吉川弘文館, 1974.
　　高松敬吉, 『巫俗と他界観の民俗学的研究』, 法政大学出版局, 1993.

놓고 나무통의 중앙에는 복숭아 가지를 세운다. 복숭아 가지에는 붉은 종이와 흰 종이 두 장씩 만들어 붙여 늘어뜨린다. 영혼은 종이의 그늘진 부분에 좌정했다가 무당의 입을 빌려 말을 하게 된다고 한다. 즉 붉은 종이와 흰 종이의 그늘진 부분이 죽은 영혼이 머무르는 장소가 된다.

야마다테는 지방에 따라서는 '하시오카게루(ハシヲカゲル)'라고 하여 수건을 복숭아 가지에 거는 경우도 있다. 영혼이 남성의 경우에는 흰 수건, 여성의 경우에는 붉은 수건을 사용한다. 수건을 거는 것은 영혼이 잘 내려 올 수 있도록 하는 장치이다. 또 다른 지역에서는 하시오카게루(다리를 걸치다)를 어린아이가 죽은 경우, 젊은 사람이 죽은 경우, 갑자기 죽게 된 경우 등, 보통의 죽음과는 다른 비정상적인 죽음을 당한 경우에 한해서 설치 한다. 실과 수건은 영혼 이 저 세상으로부터 이 세상에 건너오기 위해 다리(橋掛かり) 역할을 하는 것이다. 특히 미혼인 사람이 죽은 경우 하나오로시(花降ろし)라고 하여 제단(야마다테)에 준비된 그릇(컵)에 물을 넣어 꽃을 띄운다. 그 그릇 위에 젓가락을 걸쳐놓고 저 세상에서 이 세상으로 내려오는 다리라고 한다.

한국의 무녀에 의한 의례에서는 물을 넣은 항아리에 표주박을 띄워 죽은 영혼이 저 세상으로 건너가는 배가 되도록 하는 것과 유사하다. 또 '길닦음'에서 흰 무명천의 양끝을 끌어당겨 묶고 그 위에는 저 세상으로 건너 갈 수 있는 필요한 돈(여비, 노잣돈), 사자의 신체가 되는 인형의 종이 오리기, 사진 등을 싣고서 뒤흔들고, 맨 마지막에는 무녀가 신체로 무명천을 가른다. 무명천이 두 개로 나누어 진 것은 사자가 이 세상의 인연을 끊는 것을 상징화한 것이라고도 하지만, 저 세상의 길을 열어 주는 것으로 해석하기도 한다.

야마다테는 죽은 영혼을 이 세상에 불러서 내려 오는 길이라고 생각되지만, 한국의 그것에는 죽은 영혼이 저 세상과 왕래 할 수 있는 다리 또는 길이라고 여긴다. 그 방향은 달라도 죽은 영혼이 건너는 길이라는 점에서 유사성을 찾을 수 있다.

야마다테의 다리는 양쪽 세계를 잇는 가미미치이면서 동시에 양 세계의 경계이기도 하다. 야마다테는 고미소형의 무녀에 의한 호토케오로시에는 발견할 수 없다. 이타코의 호토케오로시 경우에도 무녀의 집에서 행해질 때는 야먀다테를 하지 않는다. 이타코가 마을로 출장 가서 다테모토에서 행할 때만 야마다테가 필요하다고 한다. 이것은 신령이 내려오는 가미미치의 설치를 통하여 신령의 존재를 확인 할 필요가 있기 때문이라고 할 수 있다. 즉 강신이 중요하게 여겨지는 고미소형의 의례와는 달리 학습에 의한 이타코의 의례에서는 가미미치라고 하는 신령을 인식하게 하는 장치가 필요했던 것으로 보인다.

현재는 중지되어버렸지만 오키나와 구다카지마(沖縄久高島)의 이자이호[186]라는 입무의례에 나나츠바시(七つ橋)라는 다리를 건너는 행사가 있었다. 13년마다 축년(丑年) 음력 11월 15일부터 4일간 행해

---

186) 이자이호에 대해서는 본서의 앞장 무속의 신들림에서 자세히 언급하였다.
　　鳥越憲三郎, 『琉球宗教史の研究』 角川書店, 1960, p.244.
　　桜井満編, 『神の島の祭り イザイホー』, 雄山閣, 1979.
　　三隅治雄, 『祭りと神々の世界』, 日本放送出版協会, 1979.
　　桜井満 編, 『久高島の祭りと伝承』, 桜楓社, 1991.

져 온 이자이호는 30세부터 70세까지 섬 출신의 모든 여성이 참가한다. 처음으로 이자이호에 참가하는 30세부터 41세까지의 여성(난추)은 아샤기라고 하는 건물에 들어가 3일간 묵으면서 무녀가 되는 의식을 거행한다. '나나츠바시'라고 하는 다리는 아샤기라고 하는 건물의 입구에 설치되어 있다.

나나츠바시는 폭이 7, 8cm, 길이 1m 정도의 사다리로 모래 속에 묻혀있다. 실제로 나나츠바시라고 하는 다리에서 떨어진다는 것은 불가능한 일이지만, 다리에서 떨어지면 피를 토하며 죽는다고 전해지고 있다. 나나츠바시를 건너 아샤기에 들어갔다가 나오면 신의 딸로 자격이 부여되는 것이다. 나나츠바시를 건넌다는 것은 속세로부터 신성한 신의 세계로의 이동을 의미하며, 그 다리를 건너 일정한 기간 동안 머무른 후에 나오면 일반 여성에서 신의 여성(무녀)으로 변신하게 된다. 그리고 다리에서 떨어지면 죽는다고 하는 이야기는 다리는 어느 쪽에도 소속되지 않는 '불확정적인' 경계의 영역임을 보여주고 있다.

나나츠바시 와 구조적으로 유사한 것이 (아이치현 기타시다라군 愛知縣北設樂郡)일대의 하나마츠리(花祭り)의 '무묘의 다리(無明の橋)'이다. 1856년을 마지막으로 전승이 단절 되었지만 오가구라(大神樂)의 시라야마 행사(白山行事)가 있었다고 한다. 그 후 1990년대에 들어와서 복원 재현된 바 있다. 시라야마는 사방 2간 이상, 높이 3간 이상으로 되어있는 가설 건물로 상록수의 나무로 둘러져 있다. 시라야마에 들어가는 입구에 '무묘의 다리' 혹은 '교몬의 다리(経文の橋)'라는 다리가 놓여 있다. 무묘의 다리를 건너 시라야마(白山)[187]에 들

어가는 것을 극락정토에 들어간다고 한다. 속세와 극락정토의 경계에 설치되어 있는 다리를 건너감으로써 속세의 더럽혀진 몸이 정화된 몸으로 변신이 된다는 것이다.

도야마현(富山縣)의 아시쿠라사(芦峅寺)의 의사재생의례(擬死再生儀禮)[188]라는 '누노하시다이간죠(布橋大灌頂)'의 무명다리도 극락정토로 들어가는 입구에 설치된 가미미치이며 속세와 극락정토의 양 세계에 걸쳐 설정된 '경계'임은 말할 것도 없다.

4. 가구라의 가미미치

가구라에서 가미미치는 어떠한 형태를 보이고 있는가. 미야자키현 다카치호 미타이 아사가베(宮崎縣高千穗町三田井浅部)에서 전승되고 있는 다카치호 가구라, 그리고 시나네현 오다무라(島根縣小田村)의 오오모토 가구라(大元神樂), 그리고 아이치현 기타시다라군 도에이초 츠키(愛知縣北設樂郡東栄町月)의 하나마츠리(花祭り)의 가미미치에 대해서 언급하기로 한다.

다카치호 가구라는 1996년 정월1일부터 2일에 걸쳐 철야로 거행되었다. 현재 일본은 태양력을 사용하고 있지만, 이곳 가구라의 일정만

---

187) 早川孝太郎, 『早川孝太郎全集』 I · II, 未来社, 1971.

188) 五來重, 「布橋大灌頂と白山行事」, 『白山 · 立山と北陸修驗道』 山岳宗教史研究叢書10, 名著出版社, 1977.

은 아직 태음력을 지키고 있다. 일본 설날임에도 불구하고 과거의 태음력 11월 11일에 해당되는 날에 가구라가 거행된 것이다. 축제는 마을 단위의 축제이지만 장소는 개인 집에서 거행된다. 가구라가 거행되는 개인집을 가구라야도라고 한다. 가구라야도가 준비되면 산기슭에 있는 신사(神社)에 가서 신맞이(마이이레: 舞いれ)의 의식이 시작된다.

일본의 전통가옥은 후수마(襖)라는 벽장지를 들어내면 여러 개의 방이 하나의 공간으로 되도록 되어있다. 가구라의 춤이 진행되는 공간은 역시 신단(제단 혹은 불단)이 있는 방이다. 그리고 그 양쪽 방의 벽장지를 걷어내어 분장실(준비실)과 구경꾼들의 객석이 된다. 가구라야도의 구조를 보면 다음과 같다. 물론 집 구조에 따라 다소 변화가 있지만, 아사가베에서 행해졌던 야구라야도의 구조이다.

시메(注連)라고 하면 일반적으로 금줄을 말하지만, 여기에서는 특별히 신이 강림하는 표식을 말한다. 가구라는 실내에서 행해지는데 그 정면 앞마당에 소토지메(外注連)를 설치한다. 바깥쪽에 설치하기 때문에 바깥금줄(소토지메)이라고 한다. 소토지메는 신의 강림 처로서 야마(山)라고도 한다. 중앙에는 단을 만들어 위쪽에 가마니(가마게 라고 한다)를 올려놓고(왕겨가 들어있다) 아래쪽에는 짚으로 만든 용을 두 마리 만들어 서로 엉키게 설치한다. 가마니에는 청색, 백색으로 된 봉폐를 두 개, 적색 백색으로 된 봉폐 한 개씩 꽂는다. 즉 세 개의 봉폐는 각각 천조대신(天照), 가스가(春日), 하치만(八幡)신을 청하는 봉폐라고 일컬어지고 있다.

가구라의 제단을 향한 쪽을 제외한 세 방향에는 상록수 나뭇가지로 담장을 쳤다. 이 야마라고 하는 장식물에는 끝에 잎이 달린 대나무 장대 세 개를 세운다. 가운데의 가장 큰 대나무에는 부륜(浮き輪)이라는 장식물을 위쪽과 아래쪽에 단다. 위쪽에는 대나무 33개를 둘러서 만들고 아래쪽에는 28개의 대나무로 둥글게 만든다. 33은 삼십삼천을, 28은 이십팔 숙을 상징한다고 한다. 그리고 양쪽에 두 개 대나무 장대에도 부륜을 하나씩 달고 봉폐를 12개를 달아 일 년 열두 달을 상징한다. 잎이 달린 대나무장대 끝에는 색지(청색, 백색, 보라색, 적색)로 된 종이에 신의 이름과 가구라가 행해지는 연월일을 적어 매단다.

미야자끼현(宮崎縣)의 다카치호 가구라(高千穂神樂)

우치지메(內注連)는 가구라의 주 무대라고 할 수 있는 건물 안에 설치한다. 방안의 네 구석에 상록수(사카키)를 세우고 천정쪽에 새끼줄(금줄)을 치고 금줄에 종이장식을 단다. 종이장식은 백색의 종이를 토리이(신사입구문), 태양, 달, 사슴, 말, 등의 모습으로 오린 것이다. 한 가운데의 천정에는 구모(雲)라는 천개(天蓋)를 단다. 쿠모에는 용의 그림이 그려져 있다. 가구라의 마지막에 구모를 흔들면 위에서 종잇조각이 흩날리도록 되어있다. 가구라의 춤이 행해지는 안쪽 공간을 고니와(神庭: 신의 정원)라고 한다.

제단에는 신을 위한 여러 제물들이 놓여 있는데 술, 쌀, 생선, 야채류, 떡 등이다. 야채나 생선 류는 익히지 않고 날 것을 사용한다. 그리고 맨 앞쪽에는 가구라에 사용할 가면들이 진열되어 있다. 가면은 평상시 신사에 보관되어 있는데 가구라가 행해지기 전에 신사에 가서 가면을 모셔온다. 이를 신맞이(神迎え)라고 한다.

신맞이는 오후 3시경에 마을 뒷산에 위치하는 신사(氏神社)에서 제사장(구우지), 춤꾼(우지코)들이 모여 제사를 지내고 가면을 꺼내 가마상자(미코시)에 넣어 이를 두 사람이 짊어 메고 이동하는 것이다. 물론 가면을 신사에서 꺼내기 전에 신도 식의 제사가 거행된다.

신사에서 제사가 끝나면 모두들 술과 떡을 나누어 먹고 행렬을 지어 가구라가 행해질 가구라야도(민간집)로 이동한다. 선두에는 흰 옷을 입고 봉을 든 수십 명이 앞장을 서고 다음에 사루타히코(猿田彦: 코가 큰 가면을 쓴 신, 일본 건국신화에 등장하는 길 안내의 신)를 선두로 신의 행렬이 마을 구석구석까지 돌면서 가구라야도로 향한다.

마을사람들은 가면이 든 가마 밑을 통과한다. 가마 밑을 통과하면 1년 동안 질병이 없이 복을 받는다고 믿고 있는 것이다. 가구라가 행해질 집(가구라야도)에 도착하면 행렬은 소토지메를 세번 돌고 안 쪽으로 들어간다. 가면은 제단에 안치하고 일행은 제단을 향해 신도 식 제사를 지내고, 제사장은 그날 행해질 가구라에 대하여 각각의 역할과 주의사항을 이야기한다. 식사를 한 후 본격적인 가구라가 시작된다.

소토지메와 우치지메사이에는 미치노시메(道の注連), 미도리노이토(みどりの糸)라고 불리는 삼베실을 꼬아 만든 4개의 밧줄로 연결되어 있다. 밧줄에는 부채와 태양, 해 등을 상징하는 종이가 끼워져 있다. 신이 강림하는 통로인 셈이다. 가구라가 끝날 무렵 '온시바(御柴)' 혹은 '시바코진(柴荒神)' 이라는 절차에서 소토지메에 설치해 놓은 신목을 마을 사람들이 힘을 합쳐 둘러메고 시바코진이라는 신을 태워서 소토지메를 한 바퀴 돌고 미도리노이토라는 밧줄을 타고 가구라야도 안으로 들어온다. 미도리노이토가 신의 통로임을 보여주는 좋은 사례라고 할 수 있다.

다카치호 가구라 뿐만 아니라 다른 제의 때 부르는 신가(神歌)에서도 가미미치가 신이 강림하는 통로임을 알 수 있다.

• 천 갈래의 길 중에서 가장 길다운 길은 신들의 통로길
• 신의 길 백 가지 천 가지의 길 중에서 길다운 길에 신이 강림하네.
• 황신(荒神)이 강림하시는 길 비단길을 밟고 내리소서.
• 신의 길은 천 갈래 백 갈래 길 중의 길은 신들이 다니는 길

• 길은 일곱으로 갈라졌지만 가운데의 길 중의 길은 신의 강림길[189]

　가미미치를 통해서 신이 제장(神庭·舞殿)에 강림하면, 그 공간은 신의 공간으로 변한다. 또한 이렇게 신이 강림하는 가미미치는 인간의 세계와 신의 세계의 경계영역에 위치하고 있는 것이다.

　시마네현의 오치군 사쿠라에초 오다(島根縣邑智郡桜江町小田)의 오모토 가구라(大元神樂)의 신의 형상은 뱀으로 공민관 뒤쪽의 신 목에 모셔져 있다. 오모토 가구라의 강신 의식을 끝낸 후 신의 형상인 짚으로 만든 뱀을 모시고 가구라가 거행되는 제장(가구라야도)으로 이동한다. 신목에서 가구라야도까지 가까운 길이 있음에도 불구하고 먼 길을 둘러서 이동하는 것이다. 이러한 길놀이는 신의 강림을 표상화한 행위라고 할 수 있다.

　가구라는 마을의 신사인 하치만궁(八幡宮)에서 거행된다. 가구라 야도는 신사내부로 동쪽기둥을 모토야마(本山), 서쪽기둥을 하야마(端山)라고 하여 짚으로 만든 가마니(섬)를 묶어놓고 그기에 몇 개의 봉폐를 꽂아 장식한다. 양쪽의 야마(산)라고 하는 기둥에는 흰 천이 가로질러져 있다. 또 천정에는 천개(天蓋－텐가이)라는 장식물이 매어져 있다. '텐가이' 라고 하는 거리절차에서 천개에 연결되어 있는

---

189) • 千早ぶる千道ある中に中なる道は神の通り道(鈴木昭英「越後八海山行者の憑祈祷"引座"について」)
　　• 神の道千道百道その中の中なる道に神はまします(小手川善次郎『高千穂神樂』)
　　• 荒神様のまします道にあやはえて錦をはえてとくと踏ましゃる(高千穂神樂)
　　• 神道はちみち百綱道七ツ中なる道が神のかよみち(早川孝太郎『花祭』)
　　• 道は七ツにわられ給ふさいたる道は中段の道中なる道は神の道(花祭)

줄을 풀어 늦추었다가 당겼다가 하면서 천개가 마치 춤을 추듯이 상하 좌우로 흔든다. 이렇게 흔들거리면서 춤추는 모습도 역시 신의 강림으로 상징된다. 천개에 연결된 줄을 타고 신이 강림하는 것으로 여긴다. 이 줄도 신의 강림하는 길인 것이다.

오쿠미가와(奧三河) 지역(시즈오카현, 아이치현, 나가노 현의 경계 지역)에 전승되고 있는 하나마츠리에서도 오모토 가구라의 천개와 유사한 가미미치를 찾아볼 수 있다. 천정의 중앙에 천개(혹은 백개(白蓋)라고도 함)의 줄은 신좌(간자: 神座) 앞에 세워진 대나무에 연결되어 있다. 이 줄을 여기서는 가미미치(神道), 즉 신의 길이라고 불린다.

하나마츠리(花祭り)의 간자와타리(神座渡り)

가미미치를 통해서 신이 강림하는 것으로 여기는 것이다. 또 본 가구라를 시작하기 전에 하나타유(花太夫: 가구라 집행의 대표자)를 비롯하여 신관(묘도: ﾐｮｳﾄﾞ), 춤꾼들이 신단(神棚: 가미다나)이 있는 방(神部屋: 간베야)에서 신 강림의 행사가 거행된다. 이러한 신 강림 행사가 끝이 나면 신단에 설치되었던 여러 제물들과 장식물을 하나씩 들고 신단이 있는 방을 세 바퀴 돌고 행렬을 지어서 신좌로 이동한다. 이것을 '간자와타리(神座渡り)'라고 한다.

커다란 봉폐를 든 하나타유를 선두로 신칼, 신창, 오색 봉폐를 비롯한 각종 제의 도구를 들고 이동하는 것이다. 신방(神部屋)과 신좌(神座)는 같은 건물에 위치하지만, 행렬을 지어 이동하는 것이다. 신의 이동을 의미하는 가미미치임을 알 수 있다. 즉 보이지 않는 신을 이동이라는 행위를 통해서 신의 존재를 인식하고 신의 이동을 표상화하고 있는 것이다.

과거에는 개인 집에서 거행되었지만 현재는 주택구조의 변화 등으로 인해 마을회관(공민관)과 같은 공공건물에서 행해지는 경우가 많다. 신방(神部屋)이 신에게 제를 올리는 인간의 공간이라고 한다면, 신좌(神座)는 신이 강림하는 신의 공간으로 설정되어 있다. 신방과 신좌사이의 이동 길은 신의 강림길이며, 인간 세계와 신의 세계를 연결하는 경계로 설정지울 수 있다.

288

텐즈시마이(天津司舞)의 오나리미치(お成り道)

신의 강림을 나타내는 가미미치는 가구라에만 국한되는 것은 아니다. 다양한 일본 민속예능에는 이러한 길놀이 형식을 갖춘 가미미치를 찾아볼 수 있다. 그러한 사례를 들자면 끝이 없지만 마지막으로 인형춤을 보이는 텐즈시마이(天津司舞)[190]를 살펴보기로 한다.

모내기제사(田植神事)라고 일컬어지는 인형의 춤을 보이는 텐즈시마이에도 가미미치의 중요성을 찾아 볼 수 있다. 야마나시현 고후시

---

190) 텐즈시마이(天津司舞)에 관한 보고자료는 『天津司舞』(財団法人観光資源保護財団, 1976)가 있다. 山梨県甲府市小瀬町所在의天津司舞는4月10日에 가까운 일요일에 거행된다. 天津司神社에서 諏訪神社까지 행렬을 지어 이동한다. 신사의 경내에 높이 1.5미터정도로 둥글게 막을 친 무대를 만든다. 인형조정자는 막안으로 들어가 인형을 높이 들어 조종한다. 인형은 1.3미터정도로 막대기의 끝에 달려있다. 인형은 전체9개로 구성되어 있다. 西角井正大, 『伝統芸能シリーズ 4, 民俗芸能』, 1990, pp.338-339.

고세마치(山梨縣甲府市小瀬町)에 전승되고 있는 덴즈시마이는 나무 막대기 끝에 인형을 매달아 '배(御船)'라는 무대 위에서 춤을 추게 하는 인형놀이이다.

인형이 보관되어 있는 덴즈시신사(天津司神社)에서 아홉 개의 인형을 조립하여 오카라쿠리라는 의식을 거행한다. 그리고 난 후 인형을 한사람이 한 개씩 머리 위로 높이 들고 수백 미터 떨어진 스와 신사(諏訪神社)의 무대(御船)로 행렬을 지어 이동한다. 봉폐를 든 신관(神官)을 선두로 대북과 피리(笛)의 음악과 함께 사사라(악기의 일종)인형(ササラ人形), 북인형(太鼓人形), 피리인형(笛人形), 소북인형(鼓人形), 카시마사마(鹿島樣), 공주님(姬樣), 귀신(鬼樣)의 순서로 행렬을 이룬다. 인형에 의상을 입히고 인형의 얼굴은 붉은 천으로 둘렀다. 스와 신사의 무대까지 오나리미치(お成り道)라는 길놀이가 시작되는 것이다.

필자가 참관한 1994년도의 오나리미치는 이미 아스팔트도로였으며 주위는 공원으로 조성되어 있었다. 보고서에 의하면 이전에는 좁은 논두렁길이었다고 한다. 이 길도 최단거리의 길이 아니고 우회길이라고 한다. 스와신사 경내에 설치된 무대에서 인형놀이가 끝나면 다시 같은 순번으로 행렬을 이루어 덴즈시 신사로 되돌아오는 것이다. 여기에서 주목할 만한 점은 인형을 보관하고 있는 덴즈시 신사와 인형놀이를 하는 스와 신사는 상당한 거리를 두고 위치하고 있으며, 오나리미치라고 하는 좁은 길을 일부러 우회해서 이동한다는 것이다. 이러한 '우회적인 이동'에는 역사적인 배경을 지적하기도 하지만, 이는 역시 '가미미치'의 기능임에 틀림없다.

5. 맺음말

지금까지 길놀이 즉 가미미치(神道)의 형태를 몇 가지 사례를 들어 살펴보았지만, 각지에서 행해지는 신사 예능(神事芸能)을 보다 세밀하게 조사해 보면 보다 많은 사례를 찾아볼 수 있을 것이다. 특히 후류(風流)로 분류되는 예능은 길놀이가 중심이 되고 있으며 길이 후류의 주 무대이기도 하다.

이같이 일본의 민속예능은 다양한 형태로 가미미치와 관련되어 있다. 민속예능이 신앙과 깊은 관련이 있음은 말할 필요도 없지만, 가미미치의 기능은 결국 보이지 않는 신을 표상적으로 나타내는 데에 있다고 하겠다. 일본의 원시신앙에서는 신상이 존재하지 않았다. 현재 남아 있는 일본의 신상은 대부분 불교의 불상도입 이후에 나타난 것이다. 신상이 없는 일본의 민간신앙에서는 신령의 존재를 확인하고 인식하기 위해서 신의 모습 대신에 신의 이동통로 즉, 가미미치를 통해 신의 존재를 확인했다고 할 수 있다.

가미미치는 신상 자체는 아니지만 신을 확인하고 인식하는 하나의 수단이다. 또한 일본은 신상 대신에 많은 가면이 남아있다. 일본의 가면은 제작 면에 있어서 또한 수적인 면에 있어서 세계적으로 독보적이라고 해도 과언이 아니다. 대륙에서 전래된 기악면, 부가쿠면(舞樂

面)을 비롯하여, 노면(能面), 교겐면(狂言面), 그리고 지방의 가구라면(神樂面) 등 가면을 얼굴에 쓰고 연희하는 연희가면 이외에 부엌이나 집의 기둥, 신사의 기둥에 걸어놓는 벽사 가면 등을 합하면 그 수는 헤아릴 수 없을 정도이다. 즉, 가면을 통하여 신의 존재를 느끼고 또 한편으로는 길놀이 즉 가미미치를 통해서 신의 존재를 확인했다고 할 수 있다.

신의 모습을 나타내는 대표적인 행위는 신들림(神がかり), 혹은 신의 가면을 쓰는 것에 있다고 한다면 가미미치는 신의 존재를 인식하는 직접적인 방법이라기보다는 신의 출현의 과정을 보여주는 간접적인 장치라고 할 수 있다. 다시 말하면 가미미치는 가면을 쓰는 행위과정에 해당된다고 할 수 있다.

노(能)의 오키나(翁: 일본 노가쿠(能樂)에 있어서 맨 먼저 행해지는 곡목으로 신성시되고 있다)는 다른 곡목과는 달리 특별하게 취급된다. '오키나(翁)'는 먼저 '오키나 와타리(翁渡り)'라고 하여 오키나 가면이 든 상자를 들고 나오는 역할(面箱)을 선두로 오키나(翁), 센자이(千歳), 삼바소(三番叟), 악사(囃子方), 시테카타(シテ方), 고겐(後見), 교겐배우(狂言方)의 순으로 하시가가리(橋がかり: 분장실과 본무대 사이에 놓인, 난간이 있는 다리 모양의 통로)를 통하여 등장한다. 이러한 점에서 민속예능의 가미미치를 계승하고 있음을 알 수 있다. 또한 오키나는 관객이 보고 있는 무대 위에서 가면을 착용한다. 즉, 가면을 착용하는 행위과정을 보여주는 것이다. 노가쿠의 오키나 이외의 곡목은 전부 분장실(鏡の間)에서 가면을 쓰고 등장하며 또한

귀신가면으로 바뀔 때에도 천으로 가린다든가 대도구 안에서 관객이 보이지 않는 곳에서 가면을 쓰는 것과는 대조적이다. 그런 측면에서 오키나는 작품의 곡목이라기보다는 노가쿠를 시작하기 전의 의식적인 행사라고 할 수 있다.

신의 가면을 쓰는 것을 신으로의 변신 혹은 신이 되는것이다 라고 생각한다면 가면을 쓰기 전의 얼굴은 배우로서의 개인이며 가면을 쓴다는 것은 신(역할)이 된다고 할 수 있다. 가면을 쓰는 과정의 단계는 인간도 아니고, 신도 아닌 경계선 영역에 속하는 순간이라고 할 수 있다. 연극인류학자 리챠드 셰크너는 노(能) 가면을 착용하는 양식에 주목하고 노(能)에 있어서 배우가 등장인물의 역할로 변신할 때, 그 변신이 불안정하다는 것을 인식하는 것이 노의 재미를 배가시킨다고 언급하고 있다.

노(能)의 주인공 (시테: シテ)이 쓰는 가면은 배우의 얼굴을 감추기에는 너무나 작다. 특히 젊은 여성의 섬세한 백색 가면을 쓴 뒤쪽에 남자배우의 두꺼운 턱이 노출된다. 노(能)가 극단적인 양식성을 갖춘 연극임을 고려할 때 이중 노출은 우연이 아님은 틀림없다. 어떠한 이유로 배우의 턱 일부분을 노출하여 가면과 의상이 제공하는 환상을 잘라버리는가. 변신의 불안정성을 인식하는 것이야 말로 오히려 노의 재미를 증폭시키는 것이 아니겠는가[191].

---

191) This same performative principle applies to Noh drama and is visible there in the masak that is too small for the actor`s face—too small, that is, if the mask is intended to cover the whole face(as it the in Ramlila). in Noh, below the delicate white mask of the young female the

노(能)의 모든 가면이 배우의 얼굴을 감추기에 작다고 단정할 수는 없다. 하지만 셰크너가 지적한 와카온나(젊은 여인의 가면)나, 특히 의식성이 강한 신성가면으로 여겨지는 오키나(翁)·삼바소(三番叟)의 경우에 한정한다면 주목할 만한 지적이라고 할 수 있다.

가미미치가 신의 모습을 보여주는 것이 아니라 신 강림의 과정을 보여준다고 하는 기능은 관객의 앞에서 가면을 착용하는 등의 수법과 마찬가지로 이중적이고 '불안정한 경계(리미넬러티)'의 세계를 보여주고 있다.

노(能)의 오키나(翁) 이외에도 경계적, 이중적 구조는 일본 예능에서 쉽게 찾아볼 수 있다. 가면극의 등장인물은 가면을 쓰고 등장하는 것이 일반적으로 생각되지만, 노(能)의 경우 동일한 무대에 가면을 쓴 배우와 가면을 쓰지 않은 배우가 동시에 등장하는 것도 연극의 세계와 일상의 세계를 동시에 보여주는, 즉 경계적인 영역을 보여주는 좋은 사례라고 할 수 있다.

이러한 경계성은 가부키(歌舞伎)에서도 찾아볼 수 있다. 가부키 배우는 화려한 화장과 의상을 입고 하나미치(花道)에 등장하면, 객석에서는 배우의 이름을 부르며 환성을 지른다. 또한 배우가 중요한 장면에서 과장된 동장을 순간적으로 멈추는 '미에(見榮)' 때, 혹은 배우의

---

spectator sees the thick, dark jowls of the mature male performer. The extreme formality of Noh leaves no doubt that this double exposure is no accident. Why is part of the main actor`s face left showing—thereby undercutting the very illusion the mask and costume create? Is not the delight of Noh increased by the knowledge of the incomplete transformation achieved? Richard Schechner, 『Between theater and anthropology』, University of pennsylvania press, 1985. pp6-8.

연기가 뛰어날 때 이러한 소리를 지른다. 일종의 추임새와 같은 역할을 한다. 관객이 소리치는 것은 배우가 연기하고 있는 등장인물이 아니고 배우의 야고(屋号 ; 배우의 집안의 호칭)이다. 즉 가부키 관객은 연극의 등장인물의 역할을 보고 있기보다는 배우가 행하고 있는 연기를 보는 경향이 있다. 즉, 가부키(歌舞伎)의 내용에 몰입되기 보다는 배우가 얼마나 역할을 잘 연기하고 있는가에 관심을 보이고 있는 것이다. 다시 말하면 배우와 역할의 중간 즉 경계를 보고 있음을 알 수 있다.

분라쿠(文樂)의 영향이지만 가부키의 무대 한쪽에서 창하는 조루리타유(淨瑠璃太夫)와 사미센(三味線) 연주자가 모습을 노출하면서 연주하는 데가타리(出語り)도 이러한 경계라고 하는 양식성을 보여주는 좋은 예라고 할 수 있다. 분라쿠(文樂·人形淨瑠璃)에서도 창자와 사미센 연주자가 모습을 드러내고 있으며, 인형의 중심 조종자(主遣い)는 검은 두건을 쓰지 않고 관객에게 얼굴을 보여준다. 이와 같은 양식적인 장치들은 극의 세계와 일상의 세계를 동시에 보여주는 것으로 경계가 관극에 있어서 중요한 위치를 차지하고 있음을 확인할 수 있다.

변신이라는 것은 각양각색의 다양한 형태로서 나타나지만, 그 변신의 결과보다는 변신의 과정을 보여주는 것에 일본 예능의 본질이 있다고 하겠다. 군지(郡司正勝)가 일본 예능의 특징을 '취향의 미학'192)이라고 언급한 것과 부합된다. 즉 표현되는 결과 보다는 그 발상의 동

---

192) 郡司正勝, 『かぶきの美学』, 演劇出版社, 1972.

기에 중점을 두고 작품 자체의 가치보다는 장면의 발상이 어떻게 살아남을까에 가치에 두고 있음을 지적한 바 있다. 그는 또 「미치유키의 발상(道の発想)」이라는 논문에서 미치유키(道行)는 반드시 광란(狂乱)이 따른다고 하였다.

미치유키(道行) 뿐만 아니라 민속행사 중에서 가미가카리(神がかり) 혹은 그것에 준하는 행사에는 반드시 가미미치가 동반되고 있음을 알 수 있다. 신 내림(神がかり)은 신령(神霊)이 가미미치를 통해서 강림한다고 가정한다면 신 내림에 가미미치가 동반하는 것은 당연한 현상이라고 할 수 있다.

신체적인 변신과 정신적인 변신을 불문하고 변신에는 가미미치가 동반되며, 변신(연기)의 구조는 가미미치의 경계성과 상통하고 있음을 확인할 수 있다. 서두에 언급한 변신 및 연기의 구조 즉, 배우 신체로부터 역할 신체로 변신하는 과정(정도)이 가미미치의 경계성과 무관하지 않다는 사실은 일본 민속예능에 잠재되어 있는 일반원리가 작용하고 있음을 확인할 수 있다.

니이노 유키마츠리(新野雪祭り)의 오쿠다리(御下り)

교토 기온마츠리(京都 祇園祭り)(사진제공: 최경국)

도쿄 오지덴가쿠(東京 王子田樂)

니이노 유키마츠리(新野雪祭り)

9장

일본 민속예능의
'모도키'론의 확장

1. 머리말

    일본의 국문학자이자 민속학자인 오리구치(折口信夫)에 의해 개념화된 모도키론은 마레비토론과 함께 일본예능사에서 중요한 위치를 차지한다.

    모도키는 모도쿠의 명사형으로 '비난하다', '비꼬다', '반대로 하다', '흉내 내다', '해석하다'등 다양한 의미로 사용되었으며 시대에 따라 의미가 변하기도 했다. 헤이안 시대(794-1185)에는 신분 귀천에 관계없이 규범을 지키는 자가 규범에서 벗어난 행위를 하는 자에 대하여 모욕하는 용어로 사용되었다[193]. 그리고 규범을 준수한다는 것은 '세상을 본뜨다'라는 뜻으로 모도쿠의 대상은 지켜야 할 법규나 관습에 반하는 것이었다[194]. 즉 모도키는 본래 비난하다, 비판하다의 의미로서 '저오(抵牾)'라는 문자로 쓰였다.

    에도 시대에 들어오면 흉내내다 라는 뜻의 '비의(比擬)'라는 문자가 등장한다. 여기에 대해서 아라이(新井恒易)는 '모도키의 개념이 변화하게 된 것은 무로마치시대(1336-1573)로 부터 모도키의 예능에도 많이 반영되고 있다'[195]라고 언급한 바 있다.

    『日本國語大辞典』에는 "모도키 하는 사람, 노교겡, 가구라 그 외 예능에서 주역을 모방하거나 조롱하는 골계적인 연기를 하는 인물이

---

193) 石井一躬,「もどきの理念—源氏物語を中心として—」,『儀礼文化』第一一号, 1988.4, p.44.

194) 石井一躬,「儀礼的性格を獲得—西浦田樂にみるもどき」,『儀礼文化ニュース』,(特集 もどきについて考える)第六六号, 1992. 7. 1.

195) 新井恒易,『中世芸能の研究』新読書社, 1970. p.126.

등장하는 곡목, 또는 그러한 연기"라고 정의내리고 있다. 혼다(本田安次)는 『演劇百科大事典』의 모도키 항목에서 "모도키는 본래 제사를 지낼 때 무당의 신들림을 통한 신탁(공수)은 아무나 알아들을 수 있는 것이 아니었다. 전문적으로 신탁을 해석하고 일반인에게 전해주는 '사니와審神者)'가 모도키의 본래의 뜻이다"라고 하였다. 이처럼 시대적으로 다양한 의미로 사용된 모도키가 현재는 주로 '모방하다'라는 의미로 사용된다.

그러면 일본어 모도키라는 용어는 민속예능에서 어떻게 사용되는가. 모도키라는 용어의 개념을 크게 세 가지로 나누어 정리하고자 한다. 첫째는 본체(규범)에 대항하여 그것을 모방하다, 비판하다는 의미로 사용되는 예능의 한 곡목으로서의 모도키이다. 둘째는 '홋토코'와 같은 어릿광대 역으로서의 모도키이다. 셋째는 '옆(와키)에서 설명하는 자'로서의 모도키이다. 민속예능에는 이상의 세가지 성격이 혼재된 형태로 나타난다. 다시 말해서 본체에 대해서 모방하고 흉내내는 것은 비판의 의미가 내포되어 있으며 한편 본체를 보다 구체적으로 설명해 주는 기능도 지니고 있다.

이 장에서는 일본의 민속예능에서 볼 수 있는 모도키의 사례를 정리하고 모도키와 유사성을 보이고 있는 궁중의 부가쿠(舞樂)의 쓰가이마이(番舞)와의 관계를 논하고자 한다. 모도키와 부가쿠의 쓰가이마이와의 관련성을 본격적으로 언급한 것은 하시모토(橋本裕之)이다. 오노마이(王の舞)는 코가 큰 붉은 가면과 봉황 투구(鳥甲)를 쓰고 춤을 추는 것이 일반적이지만, 푸른 왕이 등장하는 것은 붉은 왕의 모

도키로 부가쿠의 적과 청(녹)의 대비를 왕의 춤(王の舞)에서 찾아볼 수 있다[196]고 지적하였다.

민속예능에 보이는 모도키의 사례를 들기 전에 먼저 모도키를 개념화한 오리구치(折口信夫)는 어떻게 파악하고 있는지를 확인할 필요가 있다. 모도키에 대해서 오리구치의 논문에서도 다양한 의미로 사용하고 있음을 찾아볼 수 있다[197]. 오리구치가 모도키에 대한 최초의 언급은 인형(偶人)을 흉내내는 골계적인 부분이었다. 1924년에 발표한 「敍事詩의撒布」라는 논문에서 우카레비토 즉, 떠돌이 유랑인이 연행하는 인형의 예능, 특히 하치만(八幡)계통의 세이노(靑農)라는 인형은 궁중의 미가구라(御神樂)에 등장하는 사이노오(才の男)와 같은 존재로 인형이 인간으로 대체하게 되었다고 했다. 그리고 가구라(神樂)에서 인형의 동작을 반복함으로써 신의 뜻을 밝히고자 한 것이다. 또 인형은 사이노(才の男)를 사용하지 않던 시대에는 고풍의 인형을 흉내내는 것이었는지도 모른다. 상대방의 일거수일투족을 흉내내고 조롱하는 어릿광대 역을 모도키(牾)라고 하며, 제의극의 골계적인 부분이 되었던 것이다. 사이노의 행위는 모도키 역의 출발점이다. 궁중의 미가구라는 하치만(八幡)계통의 영향을 받은 것으로 여러 측면에서 설명 역으로 등장한다. 그래서 오라구치는 사이노오(才の男)를 세이노(靑農)와 함께 인형으로 보는 것이 타당하다[198]라고 하면서 모도키

---

196) 橋本裕之,「赤と靑―「もどき」をともなう王の舞―」,『国立歴史民俗博物館研究報告』第六二集, 1995. 1.

197) 西村亨編,『折口信夫事典』大修館書店, 1988.「折口芸能学の全容」,『芸能』, 1993.9, 有山大五・石内徹・馬渡憲三郎 編,『迢空・折口信夫事典』, 勉誠出版, 2000.

가 인형을 흉내내는 측면과 골계적인 요소가 있음을 강조하고 있다. 또 일본의 제의에 등장하는 신령에는 대신(大神)과 소신(小神)이 있음을 지적하고, 대신은 신(神)으로, 소신은 정령(精靈)으로 구분하였다. 정령은 본래 신에게 거역하는 존재였으며, 신에게 복종하는 존재로 변화하는 과정에서 신과 정령의 문답(대화)이 연극화하면서 일본 희극의 표현법이 되었던 것이다[199]라고 언급한다. 모도키론을 더욱 진전시켜 정령이 신의 행위를 흉내내는 것 그리고 인간을 흉내내고 반대하고 풍자하는 하는 것이 교겡이면서 모도키는 일본문학의 근원이며 예술의 시작이라고 강조한다. 그리고 일본 예능에 보이는 많은 부연출 방식은 모도키에 그 연원이 있다[200]고 하였다.

　이와 같이 모도키의 모습을 일본예능의 다방면에서 찾아볼 수 있으며 특히 일본문학 혹은 일본예술의 근원으로 파악할 수 있다. 하지만 모도키와 유사한 현상으로 부가쿠의 쓰가이마이 형식에 대한 언급은 거의 찾아볼 수 없다. 즉, 부가쿠의 곡목 중에는 아마(安摩)와 니노마이(二の舞)가 있다. 둘 다 좌방무에 속하지만 니노마이가 아마의 모도키라는 것은 잘 알려진 사실이다. 하지만 이에 대한 언급은 전혀 없다[201]. 모도키가 흉내내다, 해설하다, 비판하다라는 의미라고 했을 때

---

198) 『折口信夫全集』第一巻, 中央公論社, 1954. p.114 所収, 「叙事詩の撒布」, 『日光』, 1924, 10.

199) 『折口信夫全集』第一八巻, 中央公論社, 1955, p.438.

200) 「鬼の話」, 『折口信夫全集』第一〇巻 p.10 「能樂における「わき」の意義」『折口信夫全集』第三巻 p.241, 「翁の発生」, 『折口信夫全集』第二巻.

201) 舞樂((雅樂)은 도래인계의 예능이기 때문에 일본예능의 원류를 일본자국내에서 찾으려고 하는 내셔날리즘적인 발상일까? 村井紀『反折口信夫論』(作品社, 2004)에도 부가쿠에 대한 언급은 찾아볼 수 없다.

흉내내기의 원본이나 해설 혹은 비판의 대상이 존재하지 않으면 안 된다. 즉 원본에 대한 흉내이며 해설이며 비판이기 때문이다. 모도키는 그러한 원본에 대한 대립적인 개념이라고 할 수 있다.

일본의 헤이안 시대에 성행한 아악(雅樂)은 좌방악과 우방악이 교대로 연행되는 쓰가이마이(番舞) 체제가 형성되었지만 이러한 체제가 성립되기까지의 배경에는 우타가키(歌垣)나 스모(相撲) 등과 같이 두 편으로 나누어 경쟁하는 구조가 존재하였음을 주목할 필요가 있다. 원본에 대해 골계적이고 열등한 존재인 모도키에 대한 연구는 좌를 우월하고 우를 열등하다고 하는 민속적인 현상을 고려하지 않으면 안 된다. 또한 중국의 정치체제(좌우) 등의 영향이 있었음도 간과할 수 없다. 이러한 역사적 배경을 무시할 수 없지만, 먼저 일본 민속예능에 나타나는 모도키 현상을 개관하고 한국의 무속의례에 나타나는 모도키적인 요소와 비교 검토하고자 한다. 그 배경에는 원본과 모도키의 양립구조를 가장 확연히 보여주는 부가쿠의 쓰가이마이 체제가 있음을 염두에 두면서 논하고자 한다.

2. 흉내내는 모도키

2-1 니이노 유키마츠리(新野雪祭リ)

모도키가 등장하는 예능으로서 오리구치가 일찍이 주목한 것이 니이노의 '유키마츠리'이다. 유키마츠리는 눈축제라는 말로 나가노현 아난초 니이노(長野縣 阿南町 新野)의 이즈신사(伊豆神社)에서 1월 14일 밤부터 15일 아침까지 거행되는 풍년을 기원하는 축제이다. 눈은 풍작의 상징으로 축제에 반드시 필요로 하기 때문에 눈축제(유키마츠리)라고 오리구치가 붙인 명칭이다. 이 축제는 신사 본당에서의 제사의식과 덴가쿠춤이 거행된 후 마당놀이가 시작된다.

마당놀이(庭の舞)로서 가장 먼저 등장하는 것이 '사이호'이다. 사이호는 '幸法' 혹은 '道祖法'로 표기하기도 한다. 생산을 담당하는 신으로 풍년을 가져다주는 주술적인 행위에서 '幸法'의 문자로 쓰이기도 하고[202] 또 사이호의 행위 중에는 새해를 맞이하기 위해 집 앞에 세워두었던 청솔가지를 모아 불을 피우고 그 불에 떡을 굽기도 한다. 그리고 '홋초'라는 남근 모양의 막대를 들고 여성들에게 문지르는 동작은 도조신(道祖神)의 불 축제 예능을 상징적으로 나타낸 것에서 '道祖法'라고 표기하게 된 것이다[203].

---

202) 池田弥三郎「雪祭りと芸能史」『池田弥三郎著作集』第三巻 角川書店 1979.11.

203) 新井恒易「新野 伊豆神社の芸能」『中世芸能の研究』新読書社 1970, 桜井弘人「新野の雪祭について―サイホウを中心として―」『飯田市美術博物館研究紀要』第五号 1995.3.

사이호의 가면은 굵은 주름에 웃는 얼굴을 한 노인 가면이다. 머리에는 붉은 수건을 둘러쓰고 그 위에 짚으로 만든 뾰족한 관을 썼다. '훗초'라는 남근 모양의 막대기를 허리에 차고 마름모형의 부채를 왼손에 들고 소나무 가지를 오른손에 들었다. 개복청(庁屋)에서 마당까지 과장스런 발걸음으로 아홉 번 왕복한다. 이때 말사(末社)와 북잽이, 화로, 그리고 신사의 정면을 향하여 절을 한다. 동작도 발을 앞으로 끌어올리듯이 하고 소나무가지와 마름모 부채를 교차시키는 등의 행위를 한다. 다섯 번째 나올 때에는 덴가쿠(田樂)꾼들을 데리고 나온다. 덴가쿠꾼들은 '사사라'라는 악기를 들고 연주하면서 마당을 한바퀴 돈다. 이때 사이호는 마당 한구석에 불을 피워놓은 곳으로 가서 불로 정화를 하고 머리에 쓴 관과 칼을 칭송하고 장작불─大松明: 대형 횃불로 축제가 시작하기 전에 불을 붙여 밤새도록 타게 한다─에 쬐는 동작을 한다. 그리고 훗초라는 남근 막대로 구경꾼으로 모인 여자들에게 문지른다. 그러면 여인들은 부끄러운 듯 소리치며 도망치기도 한다.

사이호가 퇴장하면 다음에 등장하는 것이 모도키(茂쫖喜)이다. 모도키는 눈썹이 양끝으로 치켜 올라간 젊은 얼굴의 가면을 쓴다. 복장은 사이호와 대동소이하지만 동작은 사이호와 대조적이다. 사이호는 덴가쿠꾼들의 동쪽 그룹(본좌)를 데리고 나오고 모도키는 서쪽 그룹(신좌)를 데리고 나온다. 사이호는 일반적으로 연장자가 담당하지만 모도키는 젊은이가 맡는다[204]. 특히 18세 청년이 맡은 모도키의 행동

---

204)「お滝入り」라고 하는 얼음덮힌 폭포물에 가서 목욕을 하는데 돌아올때에 모도키역인 젊은 청년은

에서는 긴장하고 흥분하고 있음을 볼 수 있다고. 전쟁시 역할을 담당할 사람이 부족하였기 때문에 모도키역을 젊은이가 맡게 되었다[205]고 하지만, 사이호는 예부터 제관(神主)만이 담당하는 역이었다서 하는[206] 것으로 보아 사이호와 모도키의 담당자는 정해져 있던 것으로 보인다.

다음에 논할 니시우레 덴가쿠(西浦田樂)에서는 몇 종류의 모도키 종목이 있지만, 니이노 유키마츠리에서는 사이호의 모도키 밖에 존재하지 않는다. 사이호와 모도키의 특징을 표로 나타내면 다음과 같다.

사이호와 모도키의 특징비교

구분	사이호	모도키
가면	부드러운 노인가면, 눈 끝이 처진 인자한 모습	분노하는 젊은이 가면, 눈 끝이 올라가고 입이 튀어나와 있다.
걸음걸이	발뒤꿈치로 걷는다. 앞을 차듯이 발을 들어 올리며 조용한 걸음걸이다.	발끝으로 걷는다. 뒤로 차는 듯이 발을 들어 올리고 활달한 걸음걸이다.
발로 차기	소북을 발로 찬다.	대북을 찬다. 피리잽이와 북잽이를 데리고 나와 스스로 피리를 불어보고 대북을 발로 찬다.
덴가쿠 그룹	동(본좌)그룹을 데리고 등장(다섯 번째)	서(신좌)그룹을 데리고 등장(여섯 번째)
출입	아홉 번 반복	여섯 번 반복(현재 일곱 번)
피리불기	피리 부는 자세가 바르다.	거꾸로 피리 부는 자세
북치기	바르게 북을 친다.	북을 치는 흉내만 내고 소리는 나지 않는다.
동작의 순서	마당불, 횃불, 떡굽기, 불을 헌납	횃불, 마당불의 순으로 역순이다.
발밟는 동작	발등을 보인다.	발바닥을 보인다.

사이호역을 담당한 선배(연령상으로)에게 여러 가지 춤에 대한 어드바이스를 받는 것으로 보아 어느 정도 역할담당은 정해져 있는 것 같다.

205) 小寺融吉「新野の雪祭」『柳田国男古希祝賀記念論集』刊行年度不明 p.42.

206) 阿南町町誌編纂委員会『阿南町誌』下卷, 1987, p.1,183.

사이호의 가면은 눈 끝이 내려간 것에 비해 모도키는 눈 끝이 올라가 있으며, 또 사이호는 웃는 늙은이의 모습인데 모도키는 분노하고 있는 젊은이의 얼굴을 하고 있다. 특히 모도키 가면의 입은 앞으로 튀어나와 있는데 일본의 가구라에서 흔히 볼 수 있는 횻토코와 같이 입이 둥글게 그려져 있다. 발동작에서도 사이호는 발뒤꿈치로 걷는데 사이호는 발끝으로 걷는다. 또 사이호는 발등을 보이는 동작을 하는데 모도키는 발 밑바닥을 보인다. 발을 뒤로 차올리는 듯 한 사이호의 발 움직임은 대체로 조용한 춤이지만, 모도키는 앞으로 차올리는 듯 한 발동작으로 움직임 자체가 매우 힘차고 과장되어있다. 이와 같은 대조적인 움직임은 부가쿠의 좌방, 우방의 춤의 대조적인 특징과 유사성을 보인다. 사이호가 개복청에서 나와 아홉 번 왕복 하는 데 비해 모도키는 여섯 번(현재는 일곱 번) 반복한다. 반주음악에 있어서도 피리를 잡는 방법이 다르다. 모도키의 피리잡는 법은 사이호와 달리 거꾸로 잡는다. 북치기도 사이호는 정식으로 북을 치지만 모도키는 흉내만 내고 소리는 내지 않는다.

이와 같이 모도키는 사이호에 비해서 모자라고 비하된 모습으로 연출된다. 이것은 부가쿠의 좌우 개념과 통하며 좌는 존귀하고 우는 비천하다는 개념과 통한다. 사이호는 주술적인 성격이 강한데 발을 앞으로 끌어올리는 형태나 소나무와 부채를 서로 교차시킬 때 눈과 팔의 동작에서 부가쿠의 흔적을 엿볼 수 있다[207]. 부가쿠의 흔적이라는 것은 발동작이나 소도구 사용의 유사성뿐만 아니라 사이호와 모도키

---

207) 阿南町町誌編纂委員会, 앞의 글, p.1,183.

는 부가쿠의 좌방무와 우방무를 연상케 하기 때문이다. 부가쿠의 특징을 언급할 때 다시 논하겠지만 부가쿠의 쓰가이마이야 말로 모도키 발생근원이라 할 수 있다.

2-2 니시우레 덴가쿠(西浦田樂)

앞에서 언급한 니이노(新野)의 인근지역인 시즈오카현 이와타군 미사쿠보초(静岡縣磐田郡水窪町)에 전승되고 있는 덴가쿠이다. 니이노 유키마츠리는 니시우레 덴가쿠를 보고 가면을 훔쳐가서 시작되었다는 전설이 전해지기도 한다. 덴가쿠는 농경행사에서 비롯되었지만 전문적인 예능인(田樂法師)들이 나타나 '사사라'라고 하는 악기를 들고 흔들면서 추는 춤이다. 여기에 '사사라'라고 하는 악기는 한국 국악기인 박과 같은 원리의 악기이다. 얇은 나뭇조각을 여러 개 붙여 흔들면 나뭇조각들이 부딪혀 소리가 난다. 여기서는 덴가쿠라고 불리지만 일반 연중 마을축제로 이해하면 될 것이다.

관음당(觀音堂)이라고 하는 작은 사찰 앞마당에서 저녁 무렵부터 다음날 아침까지 밤새 진행된다. 행사의 담당역할은 집집마다 정해져 있어 대대로 세습화 되어있다. 축제를 담당하는 사람을 노슈(能衆)라고 한다. 이 지역은 일곱 개의 부락으로 되어 있는데 상, 중, 하의 세 그룹으로 나누어진다. 축제 준비는 음력 1월 1일부터 시작되지만 본 축제는 음력 1월 18일로 정해져 있다. 관음당의 앞마당에 악당(樂堂)

을 설치한다. 악당은 조립식의 가설 건물로 악사들이 연주하는 악사석이다. 악당 앞의 마당공간이 주 무대가 된다. 곡목으로는 지노(地能) 33곡, 하네노 12곡으로 구성된다. 윤달이 든 해는 하네노는 13곡이 된다. 니시우레 덴가쿠는 노가쿠가 완성되기 이전의 형태를 유지하고 있다고 하여 학계의 관심이 모아진 예능이기도 하다.

여기에 모도키라는 곡목이 있다. 모도키는 지가타메(地固め)와 모도키역(モドキの手), 츠루기(검)와 모도키역, 다카아시(高足)와 모도키가 그것이다.

2-2-1 지가타메(地固)와 모도키

약 2-3미터 정도의 창을 든 상조(上組)그룹의 대표격인 노토(能頭)가 등장한다. 이마에는 수건을 두르고 적색과 흰색으로 된 어깨띠를 두른다. 허리에는 방울과 부채를 꽂았다. 긴 창을 왼쪽 어깨에 매고 막사(幕屋)에서 악당 앞의 마당으로 나온다. 창을 메고 마당의 구석구석 왼쪽으로 세 번 돈다. 네 번째는 대형 횃불의 반대편에서 중앙으로 나오면서 창을 지면에 세운다. 왼손에 창을 들고 전후로 세 번 뛴다. 다음에 왼쪽 마당구석에서 악당의 악사를 향해 창을 세운다. 왼손으로 창을 들고 오른손에는 부채를 펴들고 흔들면서 앞으로 나와 오른쪽 발로 세 번 밟는다. 그리고 왼쪽발로 같은 동작을 반복한다. 악당의 중앙과 사방에서 같은 동작을 반복한다. 오방(동서남북중앙)을 향한 헨바이(反閇)이다. 오방을 향해 창으로 지면을 치는 동작은 재난을 불러일으키는 정령들을 진압하는 의미라고 일컬어지고 있다. 마지막에는 창을 양손에 들고 수평으로 눈높이만큼 들어올려 한번 뛰고 세발 밟고, 다시 뛰는 동작을 세 번 반복한다. 네 번째는 중앙으로 나와서 창을 돌리면서 빠른 걸음으로 막사로 들어간다.

여기에 대해서 모도키는 지가타메와 같은 동작을 반복한다. 같은 동작이라고 하지만 완전히 일치하는 것은 아니다. 조금씩 동작이 어긋남으로써 웃음을 유발한다. 창의 길이도 5척으로 지가타메의 9척보다 짧다. 어깨띠도 적백색의 천이 아니라 새끼줄을 사용하며 양 어깨에 걸치는 것이 아니라 한쪽에만 걸친다. 동작은 지가타메보다 조금 빠르다.

2-2-2 검(츠루기)와 모도키

검의 역할은 지가타메의 복장, 동작과 유사하다. 창 대신에 칼을 사용한다. 왼쪽 어깨에 검을 메고 오른손에 편 부채를 들고 막사에서 나온다. 음악에 맞추어 오른손을 흔들면서 뛰는 동작을 세 번 반복한다. 오른손을 펴서 앞으로 뛰는 동작을 세 번 반복한다. 마당 가운데에서 옆으로 눕힌 대형 횃불이 있는 곳으로 나아가 양손에 검을 들고 횃불의 좌우 중앙으로 삼 삼 구도로 내리치고 악당을 향해 인사를 하고 막사로 들어간다. 지가타메가 주로 지면을 찍는 동작이 많은 데 대해서 검의 역할은 하늘을 찌르는 동작이 많다. 처음에 검집에 든 검을 들고 춤을 추다가 나중에는 검을 빼어 들고 춤을 춘다.

모도키 동작은 검의 역할과 거의 같지만 홍백의 어깨띠 대신에 새 끼줄을 사용한다. 그리고 철검 대신에 목검을 사용한다. 오른손에 목 검을 들고 왼손에는 펼친 부채를 들고 등장하여 뛰는 동작은 칼의 역 과 동일하다. 춤의 마지막에는 대형 횃불을 향해 목검을 크게 휘두르 는 동작을 한다. 이 때 지가타메와 칼의 역은 춤추는 장소를 정화시키 는 의미가 있다. 이어서 연행되는 다카아시(高足)는 덴가쿠의 곡예적 인 곡목이다.

2-2-3 다카아시(高足)와 모도키

장대다리인 다카아시를 다케우마(竹馬)라고도 한다. 두 사람이 장 대다리에 올라 펄쩍 펄쩍 뛰는 춤이다. 홍백의 어깨띠를 두르고 꽃 갓 을 쓴다. 오른손에는 편 부채를 들고 왼쪽어깨에 장대다리를 메고 막 사에서 나온다. 악당 앞까지 나와 사방을 세 번 돌고 옆으로 누운 대 형 횃불을 향해 두 사람이 나란히 서서 장대다리를 왼손으로 잡아 세 우고 지가타메와 같이 헨바이-反閇: 헨베라고도 한다. 발을 크게 들 어 지면을 밟는 동작이다-를 밟는다. 이번에는 장대다리를 오른손으 로 들고 헨바이를 밟는다. 장대다리를 들고 땅에 끌면서 그 해의 좋은 방향-음양오행에 의해 방향도 해마다 길하고 흉한 방향이 정해진다 고 여긴다-으로 향하여 장대다리를 앞으로 내어 '츠루츠루'라고 하면서 달린다. 그러다가 악당 옆으로 와서 사방을 향해 장대다리를 타고 뛰어 다닌다. 넘어지지 않고 잘 타면 구경꾼들은 박수를 치면서 환호를 지른다. 다카아시가 끝이 나면 장대다리를 횃불을 향해 밀어냈다가 어깨에 짊어지고 퇴장한다.

모도키는 꽃 갓도 쓰지 않고 홍백의 어깨띠 대신에 금줄의 새끼를 사용한다. 그리고 장대다리도 앞의 것에 비해서 짧다. 모도키의 동작은 다카아시와 같이 헨바이를 밟거나 지면에 끄는 동작을 한다. 하지만 장대다리 타기가 잘 안되니까 서로 바꾸어 타보기도 한고 거꾸로 들고 타보기도 한다. 마지막에는 그 해의 좋은 방향을 향해 츠루츠루, 악당을 향해 츠루츠루, 막사를 향해 츠루츠루 하고 소리치고 장대다리를 앞으로 밀면서 퇴장한다.

이러한 다카아시는 곡예적인 산악백희의 모습을 엿볼 수 있는 곡목이다. 다카아시와 모도키는 효고현 가토군 야시로초 가미가모가와(兵庫縣加東郡社町大字上鴨川)의 스미요시 신사(住吉神社)의 축제에서도 행해지고 있다. 먼저 사무라이 애보시(侍烏帽子)라고 하는 갓을 쓴 청년이 나와 장대다리를 들고 막사(舞堂)의 오른쪽 입구에서 마당으로 나온다. 장대다리는 직경 80㎝, 길이 1.5m 정도의 통나무에 하단 66㎝ 부분에 횡목을 끼워 넣은 것이다. 장대다리의 윗부분을 잡고 아랫부분을 앞으로 내밀어 지면에 닿게 하여 신전 정면을 향해 끈다. 세 번을 반복하고 이번에는 장대다리를 거꾸로 잡고 같은 동작을 세 번 반복한다. 장대다리를 수직으로 세워 잡고 횡목에 양발을 올려 펄쩍펄쩍 뛴다. 장대다리를 타고 뛰는 것은 약 10여초 정도이지만 막사에서는 대북을 치면서 장대다리 타기를 독려한다. 다카아시가 끝이 나면 이번에는 다른 청년이 나와서 같은 동작을 하지만 장대다리 타기가 앞사람만큼 능숙하지 못하다. 즉 다카아시의 모도키인 것이다. 장대다리 타기는 많은 연습이 필요하기 때문에 현재는 간략화되었거나 생략하는 경우도 있다고 한다[208].

2-3 오구니신사 부가쿠(小國神社の舞樂)

흉내내는 모도키로서 부가쿠의 니노마이(二の舞)가 있다. 부가쿠는 나라시대(710-794) 대륙으로부터 유입되어 귀족들의 의식 음악으로 정착되었다. 부가쿠는 현재 궁내청 악부에서 전승되고 있지만, 지방에 전파되어 지방의 신사나 사찰의 의식음악으로 사용되고 있다. 여기에 제시하는 시즈오카현 오구니 신사의 축제 때 행해지는 부가쿠는 다소 변형된 형태로 전승되고 있다[209].

시즈오카현의 오구니 신사(小國神社), 아마노미야(天宮神社), 야마나 신사(山名神社) 세 곳에서 십이단부가쿠(十二段舞樂)가 전승되고 있다. 야마나시 신사에서 거행되는 부가쿠는 다른 두 곳의 부가쿠와 다소 차이를 보인다. 야마나 신사에서는 학춤, 용춤, 사마귀춤 등 동물 춤이 많아 부가쿠라고 단정하기 어렵지만 가릉빈(迦陵頻)과 같은

---

208) 新井恒易『続中世芸能の研究—田樂を中心として』新読書社, 1974. p.202.
209) 山路興造「伎樂・舞樂の地方伝播」『民俗芸能研究』創刊号, 1985.

춤 명칭이 남아 있어 부가쿠로 분류하여 전해지고 있다.

시즈오카현 지역에서 가장 규모가 큰 신사(一宮)인 오구니 신사의 십이단 부가쿠는 렌부(連舞), 시키코우(色香), 나비춤(蝶の舞), 새춤 (鳥の舞), 태평악(大平樂), 신마쿠(新まく), 아마(安摩), 니노마이(二 の舞), 료오(陵王), 바토(抜頭), 나소리(納蘇利), 사자(獅子)의 열두 곡목으로 구성되어 있다. 아마노미야 신사의 부가쿠는 엔부(延舞), 시 키코우(色香), 테이코초(胡蝶), 초우나(鳥名), 태평악(太平樂), 신마카 ((新鞨鞨), 아마(安摩), 니노마이(二の舞), 료오(陵王). 바토(抜頭), 나 소리(納曾利), 사자(獅子)의 열두 곡이다.

오구니 신사의 부가쿠는 적색 계통의 의상을 입고 추는 좌방무이 고, 아마노 신사의 부가쿠는 청색 계통을 주로 하는 우방무로 여기는 인식이 일찍부터 있었다고 한다. 즉 두 신사의 부가쿠를 좌방, 우방의 개념으로 나눈 것은 밀교의 2대법문인 금강계와 태장계의 상징으로 여기고 있다[210]. 오구니 신사와 아마노미야 신사의 부가쿠를 좌방 우 방으로 인식하고 있기 때문인지 부가쿠의 각 곡목에는 좌방무, 우방 무의 쓰가이마이(番舞) 체제로 되어 있지 않다.

오히려 에도 사토가구라(江戸里神樂)의 원류라고 일컬어지는 사이 타마현의 와시노미야 신사(鷲宮神社)의 하지류 십이단가구라(土師流 十二段神樂)와 같이 열두 곡목으로 구성된 것에 주목할 필요가 있다. 여기에서는 오구니 신사의 아마와 모도키인 니노마이(二の舞)에 대해 서만 언급하기로 한다.

---

210) 森町史編さん委員会 編『森町史』資料編 五 1996. pp.460-461.

오구니 신사의 십이단 부가쿠-니노마이)(小國神社 十二段舞樂-二の舞)

부가쿠의 아마(安摩)와 니노마이(二の舞)는 다른 쓰가이마이와는
달리 둘 다 좌방무에 속한다. 아마는 천에 그려진 기형적인 가면을 쓰
고 오른손에 홀기를 들고 노래하면서 등장한다. 좌우 발을 끌면서 등
장하여 춤을 춘다. 아마는 보통 2명이 춤을 추지만 오구니 신사의 십
이단 부가쿠는 일인무이다. 일반적으로 좌방무가 끝나고 춤꾼이 분장
실로 퇴장한 후 등장하지만 니노마이는 아마의 춤이 끝나기도 전에
무대 구석에 나와 아마의 춤을 엿보며 기다리고 있다. 아마가 퇴장하
기를 기다렸다는 듯이 웃는 얼굴(笑面)의 영감과 퉁퉁부은 얼굴(腫
面)의 할미는 아마가 들고 춤추던 홀기를 달라고 부탁한다. 하지만 아
마는 이를 거절하고 퇴장해 버린다. 아마가 퇴장하면 영감은 홀기 대

신에 막대기를 들고 할미는 홀기를 들고 아마춤을 흉내낸다. 흉내는 내지만 잘 되지 않아 골계적으로 되어 버리는 니노마이에는 츠루미라고 하는 남녀가 포옹하는 장면이 있다. 영감은 왼쪽으로 돌고 할미는 오른쪽으로 세 바퀴 돌고 영감이 할미를 업거나 서로 껴안는 행위를 보이고 영감이 먼저 퇴장하고 할미는 무대를 한바퀴 더 돌고 입구에서 배를 쓸어내리는 행동을 한 후 퇴장한다[211]. 아마와 니노마이는 현재 두 곡으로 편성되어 있지만 1920년대까지는 한 곡목으로 취급하였다고 한다[212].

일상 회화에서도 '니노마이를 춘다(二の舞を舞う)'라는 말이 있다.

---

211) 鈴木太郎左衛門『一宮舞樂指南書』1685.
　　七番あんま 志やくを持出
　　一舞躰中迄出、御前壱へん、樂屋へ弐へん.
　　舞、従是ひやうしなし、御前へ壱へん、樂屋壱へん、
　　又御前壱へん舞、次四つきやうど而本座へ
　　かあり、次くり手、辰巳へ仕、牛寅へ同、未申へ仕、戌
　　亥へ同、御前へむき、西中へまき手、東へまきで、
　　西中へくり手、東中へ同、御前へくりで、樂屋
　　同、樂屋を向東中へまきで、西へ同、次立足、御
　　神前を向、西飛西より東見、中へ飛御前向、東へ行、
　　東より西見、中よりがく屋をむき、東より西をみ、中出、
　　がく屋を向、西より東をみ、次樂屋へ壱へん、御前へ
　　壱へん、又樂屋へ壱へん、跡へ行、二の出を待、橋而入ル

　　八番二之舞 父祖母出
　　一ぢいハさきに出、あんまをおかみ、志な／＼有、
　　ちいハ、左へめぐり、うばは右へめぐり、三へん廻り、
　　東中而つるみ合、志な／＼有、次二へん廻り、御
　　前を向、祖母をうぶふ、志な／＼有、次二へん廻り、
　　父ハさきに入、祖母跡より入、橋にて東向、腹を
　　なで、西へ向腹をさすり、志な／＼おふし

212) 永田衡吉,「十二座神樂の源流について－小国神社の舞樂と鷲宮の神樂－」,『民俗芸術』第
　　一巻第一号, 第二号 1928. 2, p.68.

즉 남의 흉내를 내거나 비슷한 행위를 할 때에 쓰이는 일상용어가 니노마이에서 왔음은 말할 나위 없다.

흉내내기의 모도키로서 후쿠이현 뉴군 시미즈초 오오모리(福井縣丹生郡淸水町大字大森)의 가모카미나리신사(賀茂雷神社)에 전하는 덴가쿠에도 모도키가 등장한다. 보고에 의하면 모도키는 역할 명으로 어떠한 특징을 지니고 있는지는 확실하지 않지만 사사라 역할과 모도키역할이 가마니위에 판자를 놓고 그 위에 여장한 10-12세의 소년이 춤을 추었다고 한다.

니시우레 덴가쿠(西浦田樂), 니이노 유키마츠리(新野雪祭), 가미가모가와(上鴨川)의 스미요시 신사(住吉神社)의 덴가쿠(田樂), 오구니신사(小國神社)의 십이단부가쿠(十二段舞樂)의 니노마이(二の舞)등은 전형적인 흉내내는 모도키의 모습을 보이고 있다. 물론 흉내 내기만이 아니라 비약하기도 하고 비아냥거리기도 하면서 강조하기도 한다. 흉내 내는 모도키야 말로 부연출의 기초가 되고 있으며 예능 발생의 원동력이라고 할 수 있다.

3. 어릿광대로서의 모도키

흉내내는 모도키에 대해서 언급하였지만 모도키의 또 다른 특징 중 하나는 어릿광대로서의 모도키이다. 모도키는 저항자, 반대자의 속성을 지니고 있다. 어릿광대 역으로서의 모도키는 비판하고 저항하는 속성을 함께 지니고 있지만 내용적으로는 전혀 관여하지 않는다. 어

318

릿광대로서의 모도키가 등장하는 대표적인 민속예능은 관동지방의
사토 가구라(里神樂)이다. 에도의 사토가구라에 등장하는 어릿광대
를 총칭해서 모도키라고 부르기도 한다213).

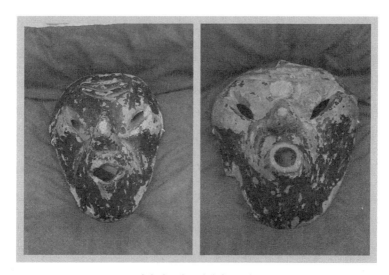

하나 마츠리(구니시게모도키)

엄숙하게 진행되는 신들의 춤이거나 신에게 바치는 춤을 추는 데
비해서 사토 가구라에는 장난치면서 어딘가 모자란 듯한 바보 역으로
어릿광대(道化役)가 등장한다. 노(能)에서 말하는 일종의 아이교겡
(間狂言)이다. 가면의 외형상 특성을 따서 개구리, 달마, 시오부키(塩
吹), 횻토코, 오와라이(大笑)등으로 불리기도 한다. 여성은 모두 오까
메로 부른다. 신들의 심부름꾼이나 술잔치에 술이나 안주를 나르는

213) 本田安次, 『民俗芸能の研究』, 明治書院, 1973. p.654.

등 준비를 하는 역할도 모도키가 한다. 또 놀라거나 무서워 벌벌 떠는
행동을 강조함으로써 웃음을 자아내게 하는 희극적인 인물이다. 교겡
의 다로카자(太郎冠者)처럼 특별한 개성을 지닌 인물이 아니다[214].
하나 마츠리(花祭)로 유명한 훗토(古戸)의 덴가쿠에 구니시게 모도키
(國重モドキ)가 존재했었다고 한다. 하야카와(早川孝太郎)의 기록[215]
에 의하면, 구니시게 모도키는 앞서 연행된 소덴가쿠(惣田樂)의 모도
키이다. 소덴가쿠는 원숭이 가면을 쓴 두 사람이 떡방아 찧어 신전(관
음)에 받치고 나머지를 관계자들에게 배분한다. 떡치기가 끝면 '묘도'
라고 하는 피리(적) 부는 역이 참가하여 아홉 명이 춤을 춘다. 여기에
이어서 구니시게 모도키가 등장한다. 입이 뾰족하게 튀어나온 가면을
쓰고 나와 각각 소형의 북과 피리(적)를 등 뒤에 숨기고 나와 주위를
한 바퀴 돈다. 여기에 조사관역인 '고테토리'가 나와 문답을 한다. 구
니시게 두 명은 길을 두 곳으로 나누겠다고 약속을 한다. 처음에는 잘
안되었지만 숨겨둔 북과 피리의 음악에 맞추니 길을 두 개로 나눌 수
가 있었다. 구니시게와 고테토리의 문답에는 웃음을 유발하게 하는
내용이 있지만 보고서에 의하면 소덴가쿠의 모도키라고 하지만 무엇
을 비판하고 무엇을 흉내내었는지에 대해서는 알 수가 없다. 하지만
훗토꼬와 닮은 가면을 쓰고 바보스러운 행동을 한 것으로 보아 어릿
광대로서의 모도키였음을 알 수 있다.

관동지방에 널리 분포하고 있는 사토 가구라의 원류는 와시노미야

---

214) 本田安次, 앞의 글, p.656.
215) 早川孝太郎, 『早川孝太郎全集』第二卷 未来社, 1972. p.270.

신사(鷲宮神社)를 중심으로 활동한 하지류(土師流: 鷲宮神社)의 사토 가구라와 사가미하라(相模原)를 중심으로 한 사가미류 가구라(相模流神樂)가 있다. 에도의 사토 가구라는 일정한 신사에 소속되지 않고 교겡이나 가부키와 같이 전문 가구라시(社中)로 신사로부터 요청을 받아 연행한다216).

여기에서는 사가미하라 가구라의 종가로 알려져 있는 가메야마 집안(亀山家)을 중심으로 연행된 사토 가구라의 모도키에 대해서 언급하기로 한다. 사가미하라 신대 가구라(神代神樂)의 모도키에 대해서는 하시모토의 연구가 있다217).

사가미하라(相模原)의 신대 가구라(神代神樂)는 『고서기』나 『일본서기』에 등장하는 신화를 소재로 한 것으로 39개의 곡목이 있었다218)고 한다. 그중에서 '호히의 상사(菩比の上使)'라고 하는 곡목이 있다. 이 곡은 천손강림의 전 단계로서 하늘에서 파견된 호히노 미고토(菩日の命)에 관한 이야기이다.

지상신인 오나무치노 미고토가 통치하고 있는 곳에 하늘국(아마츠쿠니: 天津國)에서 보낸 사자의 자격으로 호히가 찾아와 하늘국의 칙서를 전한다. 지상국(나카츠쿠니: 中津國)은 하늘국의 영토이기 때문에 조속히 반환하라는 내용이다. 지상국의 왕은 매우 화가 나서 사자

216) 本田安次, 『東京都民俗芸能誌』上巻, 錦正社, 1984. p.86.

217) 橋本裕之, 「「もどき」の視線-道化から見た神代神樂-」, 相模原市教育委員会編, 『神樂と芝居-相模原及び周辺の神樂師と芸能-』, 相模原市教育委員会, 1989. pp.60-61.

218) 斎藤修平, 「里神樂研究序説-芸態研究をめざして１-」, 『埼玉県立民俗文化センター研究紀要』第二号, 埼玉県立民俗文化センター, 1985. 10.

를 돌려보내려고 하지 않는다. 하나의 책략으로 연회석을 마련하여 사자에게 술을 마시게 한다. 술이 취한 호히에게 춤을 추도록 권한다. 춤을 추고 난 후 그 자리에 쓰러지자 지상국의 왕은 그를 살해한다. 여기에서 지상국의 왕의 종자로서 두 명의 모도키가 등장한다. 모도키는 국토의 반환을 요구하는 사자를 맞아들이고 지상국 왕의 명에 따라 연회준비를 하고 사자에게 술을 따라주기도 하며 여흥으로서 예능을 보여주기도 한다.

모도키는 연회석을 준비하는 역이기도 하고 재미있게 예능을 보여주는 예능인이기도 하다. 하지만 신화의 내용에는 직접 관여하지 않는다. 엄숙하고 긴장된 분위기를 모도키가 부드럽게 이끌기도 하는 진행자역이다.

모도키가 등장하는 또 하나의 곡목은 '천손강림(天孫降臨)'이다. 일본의 건국신인 천조대신(아마테라스 오미가미)의 손자인 니니기노 미고토(瓊瓊杵命、邇邇芸命)가 지상으로 강림하는 내용이다. 모도키 두 명이 등장하여 천손강림의 길을 청소하는 역을 맡기도 한다. 무대의 정면에 앉아 있는 사루타히코(猿田彦)에게 와서 천손강림에 방해가 되니 쫓아내려고 싸움을 건다. 하지만 승부에 져서 오히려 쫓겨난다. 하늘국의 신들이 나타나면 사루타히코는 길 안내역을 맡겠다고 서약을 한다. 니니기노 미고토는 기뻐서 아메노우즈메노 미고토(天鈿女命·天宇受賣命)와 사루타히코를 결혼하게 하고 연회를 베푼다. 모도키는 다시 등장하여 연회석의 준비를 하기도 하고 신들에게 술을 따르기도 한다.

'호히의 상사'와 마찬가지로 모도키는 연회석을 준비하고 술을 따르는 스텝과 같은 역할을 담당한다. 또 연회를 준비하고 예능을 보이는 등 극중극의 배우로서 역할을 한다. 하지만 사루타히코에게 싸움을 걸지만 결국은 패하고 마는데 신화의 내용에는 전혀 영향을 끼치지 않는다. 스토리를 진행하는 사회자의 역할로 등장인물들에게 말을 건네기도 하고 극중으로 끼어들기도 한다. 골계적인 동작으로 웃음을 유발하고, 신들의 엄숙한 분위기를 웃음이 넘치는 화기애애한 분위기를 연출하는 역할을 하기도 한다.

4. 와키로서의 모도키

와키는 일반적으로 노가쿠(能樂)에서 주인공 시테의 상대역을 말한다. 와키(脇)는 주로 승려나 종교인이 많고 여기에서는 신관 혹은 제관을 말한다.

아이치현(愛知縣)에 분포되어 있는 하나마츠리는 축제 행사장 한가운데 가마솥을 설치하고 물을 끓이면서 진행하는 유다테(湯立) 행사가 중심이 되는 축제이다. 음력 11월에 거행하기 때문에 시모츠키 가구라(霜月神樂)라고 한다. 축제의 후반이 되면 가면을 쓴 신들이 등장한다. 오키나(삼바소: 三番叟), 무녀, 도깨비 등이 나와서 네기(祢宜) 혹은 묘도라고 불리는 제관 역할인 와키와 문답을 한다. 문답하는 와키역을 모도키라고 한다.

하나마츠리는 도깨비(오니)가 등장하는 것으로 유명한데 구경꾼들에게도 매우 인기 있는 부분이다. 여러 도깨비 중에서 가장 큰 가면을 쓰고 도끼를 들고 등장하는 도깨비가 사카키오니(榊鬼)이다. 사카키란 동백과에 속하는 상록수이지만 일본신도의 제사 때에 반드시 사용하는 신목의 일종이다. 사카키를 등에 달고 나오기 때문에 사카키오니라고 한다. 사카키오니가 등장하면 모도키역인 네기(제관)가 말을 걸어 다음과 같이 문답을 한다.

모도키: (사카키의 가지를 들고 사카키오니를 치면서) 야, 야 이렇게
　　　　신성한 신전에 와서 시끄럽게 구는 녀석은 무엇하는 놈이냐.
사카키오니: (험상궂게 화난 몸짓을 하고) 나에게 하는 얘기냐
모도키: 그래 너 말고 누가 있느냐
사카키오니: 아다고야마라고 하는 산에 사는 대천구, 히에산에 사는
　　　　소천구, 산악 여기저기를 황폐화시키는 황천구야말로 나를 두
　　　　고 하는 말이지
모도키: 그대는 몇 만 살이나 되었는고
사카키오니: 팔만 살이 되는데, 그대는 몇 만 살을 살았나?
모도키: 왕은 구선신은 십선, 십이만 살을 살았던 부처님이다.
사카키오니: (놀라서 몸을 움츠리며) 그러면 사만 살이나 졌구나.
모도키: (사카키나무가지로 도깨비의 어깨에 대며) 그러면 이것을 끌
　　　　어당겨 이기면 선물을 주지. 여기에서 동쪽으로 가면 구레이
　　　　산이라고 하는 산이 있는데 끌고 돌아가.

사카키오니: (오른손에 든 도끼를 내 밀면서 왼손을 뻗어 사카키 나무
　　　　 가지를 훑는다. 이 사카키라고 하는 것은 산신은 삼천궁에 한
　　　　 개, 천개 천개는 만개, 천 가지 백가지도 아까운 사카키이지지
　　　　 만 허락해주면 이것을 훑어 드리지(후략)[219]

　모도키와 사카키오니(榊鬼)의 문답이 끝이 나면 사카키오니는 청,
황, 적, 백, 흑, 반고, 천왕이라고 소리지르면서 헨바이를 밟는다. 모
도키에게 저지당한 도깨비는 출신을 밝히고 사카키의 유래에 대해서
이야기한다. 사카키오니가 주인공(시테)이라면 모도키는 시테를 인
도하는 와키라고 할 수 있다.
　'오키나(翁)'라는 곡목에서도 하나마츠리에 찾아온 오키나의 발길
을 저지하고 일본 전국(66주)의 신들과 악사들(북,피리), 구경꾼들에
게 인사를 하게 하고 태어나서 성장한 과정이나 용모 등의 자기소개
를 한다. 또 무카이가타(向方)지역의 오기요메 마츠리(お潔め祭り)는
현재 가면을 쓴 신이 등장하는 경우가 없어졌지만 과거에는 가면이
있었다고 한다. 그중에서 '가이도 쿠다리(街道下り)'라고 하는 곡목
에서 영감과 할미가 등장하는 장면이 있었다. 영감과 할미가 나와 유
다테를 한 바퀴 돌면 모도키가 저지하며,

　모도키: 이 지역을 통과하는 부부는 도대체 어떤 놈들이냐.

---

219) 후토 하나마츠리(古戸花祭り)의 사가키오니(榊鬼)와 모도키의 문답. 伊藤重吉…伊藤貝造 共
　　 述,『花祭─解説並に舞子─』, 1952.

하나 마츠리(花祭り)─오키나(翁)

영감: 동쪽은 동해도 남쪽은 남해도 서국 시코쿠 북룡도를 여행하는 네기다.

모도키: 네기도 좋지만 의관은 갖추고 있는가. 의관을 갖추지 않으면 이 지역에서는 네기 라고 할 수 없지[220].

모도키 역이 영감과 할미가 등장하는 것을 멈추게 하여 에보시(갓)과 의복 방울 등이 없으면 네기(신관)가 될 수 없다고 한다. 영감은 네기의 의관을 빌려 입고 네기의 모습을 갖춘다. 하지만 의관이라고 하더라도 정상적인 의관이 아니기 때문에 매우 골계적인 모습이 된다. 모도키(太夫)는 인사를 하고 일년 열두 달에 맞추어 방아찧기 노래를

---

220) 本田安次, 『霜月神樂の研究』, 明善堂書店, 1954. p.482.

부르면서 떡방아를 찧는다. 여기에서 모도키라고 하는 것은 등장하는 도깨비(鬼)나 영감 할미에게 말을 걸어 그 정체를 밝히는 역할을 말한다.

하나마츠리(花祭り)에서 불의 네기(火の稱宜)와 모도키의 문답에는 "이세 와타라이군의 이스즈강에서 만났던 네기"라고 자기소개를 하고 하나마츠리를 구경하러 왔다고 밝힌다. 도깨비나 네기, 영감 등과 문답을 하는 모도키는 주인공(시테) 역이 출신을 밝히고 등장하게 된 이유를 털어놓게 하는 사회자(와키) 역인 것이다. 사회자 역할을 왜 모도키라고 했을까. 아직 그 이유는 밝혀지지 않고 있다. 하지만 모도키가 조연 혹은 해설자로서의 역할임은 분명하다. 야마부시 가구라(山伏神樂), 반가쿠(番樂)에서는 북잽이가 상대 역할(와키)을 담당한다. 한국의 가면극에서 영감과 미얄에게 말을 건네기도 하고 길을 가르쳐 주는 악사(장고잽이)의 역할과 유사하다.

이상에서 일본의 민속예능에 나타난 모도키의 양상을 살펴보았다. 한국의 무속의례에 모도키에 해당하는 용어는 없지만 모도키의 역할은 존재한다. 동해안 별신굿에 나타난 모도키의 역할을 살펴보기로 한다. 무녀에 의한 굿이 있은 후에 연이어 남무(화랭이)에 의해 굿의 이해를 돕고 그러면서 웃음을 자아내게 하는 즉흥적인 촌극으로 풀어내는 것이야말로 무녀 굿에 대한 '모도키'라고 할 수 있다.

5. 한국 무속의례와 모도키

동해안 일대에서 행해지는 마을 굿으로 동해안 별신굿이 있다. 동해안 별신굿에 대해서는 이미 많은 보고서와 논문이 있으므로 자세하게 언급하지 않기로 한다. 단, 별신굿을 진행하는 담당자들 즉 무녀(여성)와 남무(화랭이)의 역할분담에 대해서만 논하기로 한다. 무녀들에 의한 정식의례가 행해지고 난 이후에 남무에 의해 웃음을 동반한 촌극이 연출된다.

세존굿은 다른 지역에서는 제석굿이라고도 한다. 생산신 혹은 수복신의 성격을 지닌 신에 대한 굿이다. 굿 절차는 무녀에 의한 신의 유래담(본풀이)을 창하는 것으로 이루어진다. 세존은 석가세존으로 불교적인 신명으로 되어있기 때문에 중굿(시준굿)이라고도 한다. 또 신화의 여주인공이 당금애기이기 때문에 당금애기타령, 혹은 당금애기노래라고도 한다. 세존 굿은 남무(화랭이)의 장고반주만 있으며 다른 징, 제금 등의 악기는 사용하지 않는다. 무녀는 장삼을 입고 고깔을 쓰고 바라를 손에 들고 춤을 춘다. 김태곤 채록본221)에 의한 개요를 참조하면 다음과 같다.

서천서역국(인도)의 오십삼불이 조선에 건너와 금강산에 절을 짓고 매일 아침저녁으로 공양을 한다. 그런데 공양미가 모자라 탁발을 하러 당금애기집에 찾아간다. 당금애기집에 찾아온 중이 세존인 것이다. 당

---

221) 金泰坤, 『韓国巫歌集 四』, 集文堂, 1980.

금애기 집에는 양친과 아홉 오빠들이 있는데 모두 공사(일)하러 출타 중이고 당금애기가 하녀 둘과 집을 지키고 있다. 스님은 당금애기의 미모에 반한다. 당금애기는 아버지, 어머니, 오빠들이 먹는 쌀독에서 쌀을 퍼 주자, 스님은 당금애기가 먹는 쌀이 아니면 안 된다며 트집을 잡는다. 할 수 없이 당금애기가 먹는 쌀을 퍼주자 스님은 밑 빠진 자루를 내민다. 넣은 쌀이 모두 마당에 흩어진다. 당금애기는 빗자루로 쓸어 쌀을 담아주려고 하자 스님은 뒷산에 가서 싸리나무로 젓가락을 만들어 쌀 한 톨 한 톨을 주어 담지 않으면 안 된다고 한다. 할 수 없이 젓가락으로 쌀을 주워 담는다. 그러는 사이에 날이 저물게 되자 스님은 하룻밤 묵어가게 해달라고 부탁한다.

처음에는 거절했지만 막무가내로 부탁하는 스님의 말을 거역할 수 없어 하는 수없이 스님을 묵게 한다. 방을 내주지만 스님은 또 꼭 당금애기의 침실에서 하룻밤 묵게 해 달라고 하여 당금애기의 침실에 병풍을 둘러치고 한방에서 잠을 자게 된다. 야밤이 되어 병풍을 넘어와 결국 스님과 당금애기는 정을 통하게 된다. 그날 밤 당금애기는 어깨에 달과 해가 돋고 구슬 세 개가 치마폭에 떨어지고 별 세 개가 입으로 들어오는 꿈을 꾼다. 스님은 아들 삼형제를 낳을 것이라고 하고는 간곳 없이 사라진다. 당금애기가 울고 있자 스님이 다시 나타나 세 개의 박씨를 주면서 아들이 아버지를 찾거든 이 박씨를 심으라는 이야기를 하고는 홀연히 사라진다.

공사를 마치고 돌아온 양친과 아홉 오빠들은 부모의 허락도 없이 처녀가 임신을 했다고 당금애기를 죽이려고 한다. 하지만 벼락이 치고 돌비가 내리는 등 이변이 일어나 결국 집에서 쫓아내어 돌함 속에 가둔다. 딸이 죽은 것으로 알고 어머니가 돌함에 가보니 학 세 마리가 태어난 세 명의 아들을 보호하고 있는 것이 아닌가. 당금애기와 아기들을 데리고 집으로 돌아와서 키운다. 아기들은 잘 자라지만 애비 없는 자식이라고 놀림을 당하게 되자 아버지를 찾게 된다. 당금애기는 전에 스님이 준 박씨를 심어 아들 삼형제를 그 박씨 넝쿨 따라 아비를 찾아가게 한다. 강원도 금강산에 있는 암자에서 아버지를 만난다. 아버지인 스님은 아들 삼형제에게 자기 자식임을 확인하기 위해서 어려운 문제를 낸다. 생선을 회를 쳐서 먹고 난 후 그 생선을 산 채로 토해내지 않으면 안 된다. 죽은 지 삼년 된 소의 뼈로 소를 다시 되살려내어 그 소를 거꾸로 타고 오지 않으면 안 된다. 한지로 버선을 만들어 신고 물위를 걸어도 종이버선이 젖으면 내 아들이 아니다. 또 짚으로 닭과 북과 북채를 만들어 북을 쳐서 닭울음 소리를 내게 하지 않으면 안 된다고 하는 등의 난제를 제시한다.

아들 삼형제는 이러한 문제들을 모두 해결하여 자식임을 확인받는다. 마지막으로 은색 물동이에 물을 넣고 스님과 세 아들이 피를 내니 피가 물동이에 휘감기면서 하나가 되는 것을 보고 자식으로 인정한다. 아비는 자식에게 이름을 지어준다. 장남은 태산, 둘째는 평택, 셋째는 한강이라는 이름이다. 태산은 태백산의 문수보살로, 평택은 골매기 서낭으로, 한강은 용왕이 되고 어머니인 당금애기는 인간의 운명을 관장하는 생산신이 된다. 이 세상의 모든 행복은 석가세존의 공덕이라고 칭송한다.

위의 내용은 제석 본풀이라고 하는 신의 내력담으로써 무녀가 중타령 등의 민요를 곁들여가면서 굿을 진행한다. 이러한 굿이 끝나고 나면 중놀이라고 해서 무녀가 깊은 산속에서 세속으로 내려오는 중의 모습을 마임으로 표현한다. 중이 낮잠을 자고 일어나 세수를 하고 이빨을 닦고 짚신을 삼는 등의 행위를 한다. 이러한 마임과 같은 동작은 주무(무녀)가 사설에 이어 진행한다.

무녀에 의한 세존굿이 끝이 나면 이번에는 남무에 의한 중잡이놀이가 벌어진다. 별신굿의 제관 중의 한사람을 머리에 고깔을 씌우고 굿판 한가운데 앉힌다. 앉힌 제관은 중잡이 놀이의 중이 된다. 그 옆에는 미리 준비된 과일, 국자, 밥주걱 등이 든 자루가 놓여있다. 중이 마을에 내려와 이러한 살림도구를 훔쳤다고 중(제관)을 치죄한다. 마지막으로 자루에서 꺼낸 각종 도구나 과일들은 석가세존이 인간에게 내려주는 보물들이라고 이야기하고 촌극은 끝이 난다.

즉, 당금애기의 정조를 빼앗은 도둑 세존을 희화화한 촌극이라고 할 수 있다. 신화적인 이야기를 알기 쉽게 촌극으로 재해석한 것이다. 즉 이러한 남무들에 의해 진행되는 중잡이 놀이는 세존굿의 '모도키'라고 할 수 있다.

황해도 지역의 제석굿에 이어 연행되는 '시승공부놀이'라는 것이 있다. 시승은 세존 혹은 사승(師僧)으로 제석신을 가리킨다. 시승공부놀이는 제석신이 젊었을 당시 공부하는 모습을 흉내내는 놀이인 것이다. 제석굿을 한 무녀가 중(제석 시승)으로 분신하고 조무(장고잡이)가 제자(상좌) 역할을 한다. 시승공부놀이는 삼단 형식으로 구성되어 있다. 중은 불가에서 엄격하게 근신해야함에도 불구하고 탁발을 한답시고 속세에 나아가 여인에게 임신을 시키는 이야기이다. 밭에서 일하고 있는 여인을 유혹하여 정을 통하는 내용을 표현한다. 제자인 상좌가 나무라면 중은 적당히 변명을 한다. 그리고 검은 소가 밭을 갈고 있으면 지장보살이 풀베기를 하는 농업에 관한 이야기를 한다. 마지막에는 서천서역에서 가져온 불사약을 판다. 주인(굿을 의뢰한 사람)은 부인의 손을 잡고 한바탕 논다. 불가에 몸을 담고 있는 스님에게 금지된 이성 관계를 노골적으로 표현된다. 앞에서 언급한 동해안 별신굿의 중도둑잡이놀이와 마찬가지로 스님이 속계에서 노는 모습을 풍자하고 있다.

세존굿에서는 중놀이와 중도둑잡이놀이와 같이 모도키의 특성이 확연하지 않으며 전반부의 무녀의 굿과 내용상 관련성도 희박하다. 또한 천왕굿에 이어 행해지는 원놀음, 손님굿에 이어지는 말놀이, 심청굿에 연행되는 맹인놀이 등은 무녀에 의해 진행되는 굿을 재해석하고 웃음과 함께 알기 쉽게 놀이 형식으로 보여준다는 데 있어서 모도키의 성격을 유지하고 있음을 확인할 수 있다.

천왕굿은 통치기능을 담당하는 천왕신[222]을 모시는 굿이지만 세존굿과 같이 유래담이 없기 때문에 천왕의 성격이 분명하지 않다. 소규모의 굿일 때에는 잡귀를 풀어먹이는 배송정도로 끝낸다. 별신굿과 같은 마을 굿에서는 원놀음과 같은 촌극이 동반되는 것이다. 원놀음 혹은 천왕곤반고디기놀이, 관원놀이라고도 불리는데 사또가 파견되

---

222) 李杜鉉, 「韓国巫俗演戯研究」, 『学術院論文集(人文・社会科学篇)』第四〇集, 2001.

면 지방의 향리들과의 첫 대면, 기생점고 및 성적모의를 재미있게 연출한다. 내용상으로는 천왕굿과 직접관련이 없는 듯이 보이지만 마을 사람들의 입장에서 보면 신맞이를 신관사또 맞이로 전환[223]하였다고 볼 수 있다. 원놀음의 구조를 분석한 박진태는 신임사또와 향리(도리 강관), 좌수, 육방의 지방 하급관리의 대립은 군현제에 기초한 중앙집 권체제 속에서 중앙에서 파견된 세력과 지방토착 세력 간의 대립으로 파악하고 이것은 성과 속, 신과 인간의 대립으로 나타나고 있다고 하였다. 그리고 기생점고와 성적모의는 양자의 화합을 의미하는 것으로 해석하였다[224].

무녀에 의해 진행되는 천왕굿이 끝난 후 남무들에 의해 연행되는 원놀음을 천왕 굿의 모도키로 단정하기는 다소 주저되는 부분이지만 천왕(하늘의 신)과 지신(地神)의 대립을 신관사또와 지방토착 하급관 리의 대립으로 해석이 가능하다면 천왕 굿의 모도키로서 원놀음이 위치하고 있음을 확인할 수 있다.

말놀이는 손님굿(별상거리)가 끝나고 난 후에 연행되는 촌극이다. 말놀이는 본래 별신굿에서가 아니고 천연두신을 배송하는 질병치료 의례에서 거행되던 마을 굿의 한 절차로 자리 하게 되면서 변형 결합 되었다고 할 수 있다[225]. 손님굿은 무녀에 의한 손님(별상신)의 유래 담을 읊는 것에서 시작한다.

223) 朴鎭泰, 『河回別神グッ仮面戯の形成と構造研究』, 高麗大学校大学院 博士学位論文, 1988. p.13

224) 朴鎭泰, 앞의 글. p.13.

225) 李均玉, 『東海岸地域の巫劇研究』, 図書出版バクイゾン, 1998, p.117.

중국의 강남 대원국에서 조선국으로 건너온다. 압록강에서 강을 건널 때 뱃사공에게 건네주기를 부탁하지만 뱃사공은 거절한다. 그러자 손님은 뱃사공의 자식들을 모두 죽이려고 한다. 뱃사공의 아내의 기원으로 막내아들만 겨우 목숨을 건질 수 있게 된다. 손님신을 무시해서는 안된다는 신의 위력을 강조하는 장면이기도 하다. 조선으로 건너온 손님들(복수)은 김장자라고 하는 유복한 집을 방문하지만 무시당하고 쫓겨난다. 손님들은 김장자의 하인으로 일하고 있는 빈곤한 노고할매 집으로 찾아간다. 노고할매는 가난한 살림이지만 정성껏 대접을 한다. 김장자에게는 재난을 노고할매에게는 복을 준다. 조선을 둘러보고 돌아갈 때 보니 손님을 무시했던 김장자는 천연두병에 걸려 거지가 되어 있는데 노고할매는 유복한 생활을 하고 있는 것이다. 이 내용은 일본의 소민쇼라이(蘇民將來)의 이야기와 매우 유사성을 보인다.

손님(천녀두신)의 내용을 무녀가 창한 후에 마지막에는 말과 말지기(남무)를 불러낸다. 남무들에 의해 손님들을 본국으로 돌려보내는 말놀이가 연행된다. 말지기역을 하는 남무는 짚으로 만든 말의 장신구을 일일이 열거하고 마지막으로 말을 데리고 나간다[226]. 최근에는 천연두가 없어졌기 때문에 손님굿이 생략되거나 형식적으로 치러지는 경우가 많다. 무녀들에 의한 굿이 있은 후에 남무들의 촌극이 벌어지는 것이다.

오리구치는 일본예능의 원류를 모도키의 부연출(副演出)에 있다고

---

226) 金泰坤, 앞의 글, 1980. p.20.

하였다. 이러한 현상은 일본의 모도키 뿐만 아니라 한국의 무속의례에서도 그러한 사례들을 찾을 수 있음을 확인 할 수 있다. 한일 간의 문화적 콘텍스트를 생각하자면 정식적인 제의를 재미있고 알기 쉽게 재현하는 모도키의 속성은 오히려 한국의 무속의례에서 보다 풍부하게 나타남을 발견할 수 있지 않을까.

6. 모도키와 쓰가이마이(番舞)

아악(雅樂)은 속악(산악)에 대립적인 개념으로서 바른 음악이라는 뜻이다. 일본에서는 춤을 동반하지 않는 합주를 간겐(관현)이라고 하고 춤을 동반하는 것을 부가쿠(舞樂)라고 한다. 중국에서는 종묘 등의 제사음악이나 국가나 궁중의식음악, 궁중 연례악으로 아악이 연주되었다. 당나라 시대에는 고래의 속악이나 주변국가의 음악을 받아들여 보다 복잡한 양상을 보이게 된다. 이것이 한국과 일본 베트남 등지에 전해져 오고 있다. 일본에서는 8세기 무렵에 아악료(雅樂寮)라는 음악기관이 설치되고 일본 고유음악을 포함한 외래음악을 담당하였다. 그 후 일본 고유의 음악을 담당하는 대악소(大樂所)와 외래음악을 담당하는 아악료(雅樂寮)로 분리된다. 메이지시대이후 헤이안시대의 귀족들의 성악곡이었던 사이바라(催馬樂)와 로에이(朗詠) 등을 포함하여 궁내청악부에서 연주되는 음악을 통틀어 아악이라고 부르게 된다. 아악으로 불리는 음악도 시대에 따라 변해왔다. 일본에 전래된 아악은 중국의 제사용 아악이 아니라 한나라 이후의 속악과 주변 지역의 호악(胡樂)이었다[227]. 아악이 일본의 민속예능의 성립에 많은 영향을 끼쳤다는 것은 주지의 사실이지만 민속예능의 연구에서는 그다지 주목을 받지 못한 부분이기도 하다. 동북지역에 널리 분포되어 있는 야마부시가구라(山伏神樂), 반가쿠(番樂), 노마이(能舞)에서는 거의 모든 곡목에 토리가부토(鳥兜: 닭벼슬 모양을 한 모자)를 쓰고 등장한다. 토리가부토는 부가쿠의 기본적인 복장 중의 하나인 것은 말할 나위도 없다. 그리고 민속예능의 곡목 편성에 있어서 덴가쿠의 본좌(本座)와 신좌(新座), 가구라의 오모테마이(表舞)와 우라마이(裏舞) 등의 구성은 아악의 양부제와 깊은 관련성을 지니고 있음을 간과할 수 없다. 여기에서는 아악의 편성, 즉 아악의 쓰가이마이(番舞) 체제에 대해서 간단히 언급하고자 한다. 모든 부가쿠는 처음에 연행되는 엔부(振鉾)로 시작하여 좌방무, 우방무에 속한 곡목들을 한 곡씩 교대로 춤을 추는 형식을 취한다. 처음에 좌방무를 추고 그 다음에 좌방무에 상응하는 우방무를 춘다. 좌방무에 대해서 우방무를 답무(答舞)라고도 한다.

---

227) 田辺尚雄, 「雅樂の源流」, 『日本の古典芸能 第二巻 雅樂』, 平凡社, 1970, p.9.

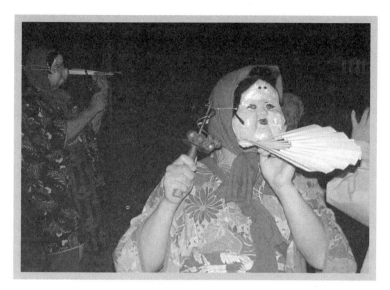

하나마츠리(花祭り)-오카메(おかめ)

아마노미야 신사 부가쿠(天宮神社 舞樂)

부가쿠를 좌우의 쓰가이마이 체제로 된 것에 대해서는 몇 가지 학설이 있다. 일본은 일찍부터 대륙문화의 영향을 받았다. 정치제도를 비롯하여 음악에서도 그 영향 하에 있었다. 아스카시대(飛鳥時代 6세기말-7세기초). 나라 시대(奈良時代)에 중국이나 한반도로부터 음악이 전래되었다. 한국(신라,백제,고구려), 중국(당), 남해(임읍국), 발해국, 서역(인도, 페르시아)등지의 악무가 전해졌으며, 음악담당기관인 아악료가 설치되었다. 헤이안 시대(平安時代)에 들어오면 궁중의식이나 연례악으로 사용되면서 악제 개편의 필요성이 대두되었다. 악제의 개편 이유에 대해서도 여러 학설이 있지만 그중에서 중국(당)의 현종이 서역에서 들어온 새로운 음악(散樂)을 매우 애호하여 악제개혁을 한 것과 무관하지 않다는 것이다. 즉 나라 시대이래로 전해 내려오던 당악을 신악 풍으로 개조한 것이 악제개혁의 동기였다[228]는 학설이다. 또 나라시대 때에 수입된 외래악은 불교음악, 당나라의 궁중전례악, 혹은 제사의식의 음악, 속악 등 여러 종류의 음악이 정리되지 않고 혼재된 상황이었기 때문에 아악료라는 기관을 설치하여 음악의 통일을 꾀하게 된 것이다 조정의 전례악, 연례악으로서 사용하게 되면서 모순과 불편을 해소하기 위한 것이 악제개편의 직접적인 동기가 되었다고 한다[229]. 아악의 개편에 의해 당악을 중심으로 한 인도악, 임읍악 등을 좌방악으로 하고, 고려(고구려)악을 중심으로 한 백제악,

228) 東儀季治,「日本音樂史考」,田辺尚雄, 岩波講座日本文学「雅樂と伎樂」, 岩波書店, 1931. 再引用.
229) 田辺尚雄,『日本音樂史』, 東京電機大学出版部, 1963. p.87.

신라악, 발해악, 도라악(度羅樂) 등을 우방으로 정하였던 것이다. 처음에는 좌방을 당악, 우방을 고려악이라고 지칭했지만, 헤이안 시대 중기 무렵에 사마이(左舞), 우마이(右舞)로 부르게 되었다.

좌우의 명칭에 대해서도 여러 설이 있지만, 나라(奈良)의 음악인이었던 고마씨(狛氏)를 교토의 좌경(左京)에 살게 하고 당악을 담당하게 하였고, 고려악을 전문으로 담당한 교토의 음악인인 오노씨(多氏)가 교토의 우경(右京)에 살았기 때문에 좌방 우방으로 불리게 되었다는 설[230]이 있다. 또 아악료의 악인과는 달리 정권의 친위대였던 근위부(近衛府)의 좌근위부, 우근위부가 음악을 담당하게 되면서 좌방, 우방으로 불리게 되었다고 하는 설이 있다. 좌우의 근위부는 본래 영외 관직이었지만, 근위부가 의장대(군악) 기능을 하면서 부가쿠를 담당하게 되었다는 설이다. 또 씨름(스모)이나 경마, 도궁 등 승부악(무)로서의 부가쿠가 좌우의 대립적인 관계에 놓이면서 좌우 양부제로 되었다는 학설 등이 있다[231].

그 가운데 한국과의 관련 학설로 조선의 궁중음악이 좌우로 편성되었던 것을 기준으로 하여 좌우양부제로 하였다는 설이다. 즉 헤이안 시대 아악료에서 외래의 악무를 취급하는 악사는 대체로 예부터 한반도에서 건너온 도래인(渡來人)들이었기 때문에 아악의 개편에 있어서 조선(고려)의 궁중제도를 모방하여 중국악을 좌방, 고려악을 우방으

---

230) 大槻如電,『新訂舞樂図説』左, 六合館, 1927. p.3, 東儀信太郎,「番舞について」, 国立劇場 第十七回雅樂公演パンフレット, 国立劇場事業部, 1974.

231) 林屋辰三郎,『中世芸能の研究』, 岩波書店, 1960. p.224.

로 한 것이다[232].

타나베(田邊尚雄) 씨의 학설이 정설이라고는 단정할 수 없지만, 한국에서 아악의 좌우편성은 어떻게 이루어졌는지 음악기관을 중심으로 살펴보기로 한다[233].

한국의 음악기관은 신라시대부터 존재하였다. 진덕여왕 5년(650)에 음성서(音聲署)가 설치되어 조가(朝賀), 연례(宴禮), 제향(祭享) 등의 음악을 관장하였다. 그 후 경덕왕(742-765) 때에는 대악감으로 개칭하였다가 혜공왕(765-789)때에 다시 음성서로 하였다. 고려시대에는 음악을 가르치고 감독하는 전악서가 있었으며, 주로 종묘의 제향악과 노래를 담당하는 아악서(雅樂署)를 비롯하여 대악서(大樂署), 관현방(管弦坊), 전악서(典樂署) 등이 있었다. 고려시대는 호국불교라고 할 정도로 불교가 성행한 시대였던 만큼 연등회, 팔관회 등 불교적인 의식에 사용되었던 불교음악과 신라시대 이래로 전래되어 온 향악, 중국에서 전해온 속악을 당악과 아악으로 분리하였다. 예종 9년(1114)에 중국의 송나라에서 새로운 악기와 악보가 들어와 예종 11년(1116)에는 대성아악이 전래되어 국가적인 제사, 연향 등의 국가적인 의식행사에 의식음악으로 사용되었다.

아악은 본래 중국 고대로부터 종묘, 사직 등 국가제사에 사용되었던 의식음악이다. 악기로서는 금, 석, 사, 죽, 포, 토, 혁, 목의 팔음악기(악기의 제작재료에 의한 분류)를 당상악(등가)과 당하악(헌가)에

---

232) 田辺尚雄,「番舞のこと」, 国立劇場第十七回雅樂公演パンフレット 国立劇場事業部 1974.
233) 張師勛(金忠鉉訳),『韓国の伝統音楽』, 韓国文化選書九, 成甲書房, 1984.

배치하여 율려에 맞추어 교대로 연주하던 음악이었다. 아악에는 악장과 춤이 동반되어 악, 가, 부의 총체적인 음악을 이상적인 음악으로 여겼던 것이다. 아악은 초창기부터 교대로 연주하는 체제가 잡혀있었음을 알 수 있다. 또 중국 전래의 음악에 동반되는 춤(정재)은 좌우로 나누어졌으며, 좌방악(左坊樂)과 우방악(右坊樂)이라고 하였다. 좌방악은 중국 전래의 음악 및 춤을 서쪽에 배치하고 우방악은 고려 재래의 음악을 동쪽에 배치하였던 것이다. 타나베가 지적한 것처럼 고려 왕조는 중국을 상좌에 놓고 좌로 하고, 자국의 음악을 한 단 아래 배치하여 우 라고 하였다. 궁중음악에 있어서도 중국 전래의 음악을 좌부(左部)라 하고 자국의 음악을 우부라고 하였던 것이다[234].

고려 말기의 혼란에서 조선 시대로 들어오면 정치제도의 개혁과 함께 음악의 국가기관도 체제를 정비하게 된다. 조선의 건국초기(태조 원년 7월)에는 제향음악을 연주하기 위한 아악서, 빈객을 접대하기 위한 연향을 담당한 전악서(典樂署), 제향음악의 노래와 춤을 담당하는 봉상사(奉常寺), 그 외 악학도감(樂學都監), 관습도감(慣習都監) 등이 있었다. 특히 봉상사의 악공들은 제랑(齋郎)과 무공(武工)으로 나누어 제랑은 다시 좌방(左房)과 우방(右房)으로 나누었다. 제랑의 좌방에 속하는 악공은 등가의 노래를 담당하고 제랑의 우방은 문무(文舞)를 담당하였다. 그리고 무공은 무무(武舞)를 담당하였다. 소속된 악공수가 제랑은 300명이 있었으며 무공은 150명이 있었다고 한다. 물론 고정된 인원수가 아니라 수시로 약간의 변동은 있었다. 제랑

---

234) 田辺尚雄, 앞의 글.

은 이조(吏曹)에서, 무공은 병조(兵曹)에서 가각 어린 소년들을 선발하여 교육하였다. 세조 3년(1419)에는 다섯 개의 음악기관은 장악서와 관습도감으로, 세조 12년(1429)에는 장악서로, 더욱이 성종(1469-1494) 때에는 장악원(掌樂院)으로 통합하게 된다. 장악원은 좌방(左坊)과 우방(右坊)으로 나누어 고려 이래의 당악은 좌방, 향악은 우방으로 하던 것을 중국계 아악을 좌방으로 하고 당악은 향악의 우방에 병합되었다. 좌방의 음악인을 악생이라고 하고, 중국계 아악을 담당하고 출신도 양인으로 하였다. 우방의 음악인을 악공이라하고 당악(중국계 속악)과 향악을 전담하였는데 천민 신분이었다. 조선시대 세종실록에 의하면 궁중의 연례(年禮) 때에는 정전을 중심으로 하여 서쪽인 왼쪽에 당악기를, 동쪽인 오른쪽에는 향악기를 배치하여 좌방 우방이라고 하였기 때문에 좌방악, 우방악이라고 불리게 되었다고 한다.

이상 한국의 아악의 역사를 음악기관을 통한 좌우체제에 대해서 살펴보았는데 일본의 좌우양부체제와 유사성을 발견할 수 있다. 하지만 한국 아악의 좌우체제는 동등한 대립의 개념보다는 상하, 귀천의 의식이 강하게 나타나고 있음을 볼 수 있다. 일본 아악의 쓰가이마이 체제가 씨름이나 우타가키(歌垣), 그리고 좌우근위부의 승부악과 같은 양립체제를 배경으로 형성되었다고 하더라도 고려의 좌방악 우방악의 편성체계와 관련이 있음을 짐작할 수 있다.

마지막으로 부가쿠의 좌방무와 우방무의 구체적인 차이점을 살펴보기로 한다.

좌방무는 적색 계통의 의상을 입고 무대 위에서 보았을 때 왼쪽에서 나와 무대의 왼쪽 앞을 일람(一﨟 즉, 수석자(首席者)로 한다. 한편 우방무는 녹색 계통의 의관을 갖추고 무대 위에서 보았을 때 오른쪽에서 나와 무대의 왼쪽 앞을 일람으로 한다. 좌방춤은 악곡의 선율에 따르지만 우방춤은 리듬에 맞추어 춘다. 다리의 움직임도 좌방은 왼쪽다리를 기준으로 하여 진퇴하며 우방은 오른쪽다리를 기준으로 하여 움직인다. 또 좌방은 발끝을 들어 발뒤꿈치를 지면에서 떼어 앞으로 내어 발끝으로 지면을 치듯이 하면서 옆으로 벌리는데 비해서, 우방은 발끝을 들어 발뒤꿈치를 세워 앞으로 낸 후에 발끝을 지면에 닿게 하여 옆으로 벌린다. 손의 위치에서도 벌린 손이 좌방은 손끝을 어깨보다 조금 높게 하지만, 우방은 손끝이 좌방에 비해서 낮다. 악곡에서도 좌방의 경우 악곡의 처음과 끝이 춤의 처음과 끝이 같지만 우방은 악곡이 먼저 시작한 후에 무대에 오른다. 좌방은 춤꾼이 무대에 올라서서 멈춘 상태에서 악곡을 연주하지만, 우방은 음악이 먼저 시작되면 춤꾼이 무대에 오른다.

이상과 같이 좌우의 춤이 매우 대조적임을 알 수 있다. 이것을 표로 나타내보면 니이노 유키마츠리의 사이호와 모도키의 특징과 매우 유사함을 알 수 있다. 즉 사이호는 발뒤꿈치로 걷고 모도키는 발끝으로 걷는다는 등의 대조는 부가쿠의 좌우방의 걷는 방식을 방불케 한다. 사이호는 모도키에 비해서 존귀한 존재로 인식하고 있는 듯이 보인다. 부가쿠의 좌우 춤에서는 존비의 관념은 희박하다 하더라도 좌방춤을 주무(主舞(樂)라고 하고 우방춤을 답무(答舞)라고 하듯이 좌를 상좌로 하고 우를 한단계 낮은 하좌의 존재로 인식하고 있음을 확인할 수 있다.

따라서 일본의 민속예능에서 모도키는 규범적인 것에 대한 흉내내기와 재해석자, 비판자, 해설자 등의 다양한 기능을 지니고 있지만 아악에서 보인 좌우의 대립개념과 좌우를 존비의 개념으로 파악한 동양의 사상적인 배경이 자리 잡고 있음을 간과할 수 없다.

부가쿠의 좌·우방무

구분	좌방무	우방무
의상	적색 계통의 의상	녹색 계통의 의상
배치	무대 위에서 보았을 때 왼쪽에서 나와 무대의 왼쪽 앞을 수석자리로 한다.	무대 위에서 보았을 때 왼쪽에서 나와 무대의 오른쪽 앞을 수석자리로 한다.
춤	악곡의 선율(멜로디)에 맞추어 춤을 춘다.	박자(리듬)에 맞추어 춤을 춘다.
발동작	왼발을 기준으로 진퇴한다. 발끝을 들어 올려 발뒤꿈치를 지면에서 떨어지게 하여 앞으로 나가고 발끝으로 지면을 차듯이 옆으로 벌린다.	오른발을 기준으로 진퇴한다. 발끝을 올려 발뒤꿈치를 세워 앞으로 나가고 발끝을 지면에 닿은 상태에서 옆으로 벌린다.
손동작	편 손끝은 어깨보다 높다.	편 손과 접은 손의 높이가 좌방무보다 낮다.
악곡	악곡의 시작과 끝이 춤의 시작과 끝이 동일하다. 춤꾼이 무대위에 오른 상태에서 악곡을 연주한다. 악곡이 끝나면 춤도 끝난다.	악곡이 시작한 후에 무대에 오른다. 악곡의 어느 부분에 춤이 시작되는지 정해져 있지 않다.
악기	생황, 용적, 필율, 대태고, 대정고,북, 갈고	고려적, 필율, 대태고, 대정고, 산노츠즈미

7. 맺음말

모도키는 마레비토와 함께 오리구치 예능사에 있어서 결코 빼놓을 수 없는 중요한 키워드 중의 하나이다. 민속예능은 다양한 모도키의 양상으로 파악할 수 있었다. 흉내내는 모도키, 해설자(와키)로서의 모도키, 어릿광대로서의 모도키로 분류하여 그 특성을 살펴보았다. 물론 이러한 특성들은 혼재된 양상으로 나타난다.

니이노의 유키마츠리에서 사이호와 모도키, 그리고 니시우레 덴가쿠의 모도키, 부가쿠로서는 오구니 신사의 아마와 니노마이는 규범에 대한 흉내내기의 특성이 강하게 나타난다. 물론 흉내내기만이 아니라 웃음과 함께 비꼬거나, 강조, 비약 등의 요소가 공존하고 있음도 확인할 수 있었다. 규범을 흉내 내려 하지만 빗나가게 함으로써 웃음을 유발하게 하는 것이다.

관동지방의 사토 가구라에 등장하는 어릿광대(홋토코)를 모도키라고 하는데 엄숙한 제의와는 대조적으로 재미있고 우스꽝스러우면서 흉내 내기와 재해석을 통하여 희극적인 면을 강조하고 있다.

어릿광대로서의 모도키는 와키(해설자, 보조역)의 역할을 대신하는 형태로 나타난다. 그리고 중부지역의 하나마츠리 등에서 보이는 제관(네기)와 같은 보조역(와키)으로서의 모도키가 있다. 와키로서의 모도키야말로 제의에서 예능으로 접근하게 하는 주요한 역할을 담당한다고 할 수 있다. 즉 사니와(審神者)로서 엄격하고 난해한 제의를 보다 알기 쉽게 해설을 하는 역할을 말한다. 이러한 제의의 구조 속에서 예능이 생성되고 삽입될 여지가 존재하는 것이다.

이러한 모도키의 모습은 한국의 굿에서도 볼 수 있다. 무당(주로 여성)이 신탁을 받는 정식적인 의례가 있고, 그 후 남무(격, 화랭이)들에 의한 골계적인 촌극이 구성된다. 남무(화랭이)들은 무당이 주관하는 굿에서는 악기를 연주하거나 무당(신격)에게 말을 걸거나 그들과의 대화를 하기도 한다. 즉 정식적인 무녀굿(제의)을 해체하여 보다 알기 쉽게 표상화 하는 기능을 하고 있는 것이다. 앞서 언급한 바와 같이 모도키는 춤추는자(시테)에 대해서 춤추게 하는 자(와키)이기도 한 것이다.

모도키의 특성으로서 흉내내기가 차지하는 비중은 매우 크지만 니이노 유키마츠리에서 사이호와 모도키에서 보이는 것처럼 양자는 서로 대립적이기도 하다. 마치 부가쿠의 쓰가이마이 체제와 유사성을 찾아볼 수 있다. 이와 같은 양자 대립적인 양상은 다른 민속예능에서도 다양한 형태로 나타나는데 하야치네 가구라(早池峰神樂)에서 가구라를 시작할 때 앞부분에 반드시 포함되어야 하는 여섯가지 종목을 식육번(式六番)이라고 한다. 이와 대조를 이루는 종목으로 뒤 식육번(裏式六番)이 있다. 식육번은 낮 행사에 연행된다고 한다면, 뒤 식육번은 밤 행사에 연행된다. 표리의 관계를 유지하고 있는 것이다.

가스카와카미야 온마츠리(春日若宮御祭り)의 덴가쿠슈(田樂衆)나 니이노 유키마츠리의 덴가쿠슈에 있어서 본좌와 신좌(혹은 동좌, 서좌)로 나누어 양 그룹이 존재하고 있다. 이와같이 두 개의 그룹이 서로 경쟁하듯이 하는 놀이전통은 우타가키(궁중에서 두 그룹으로 나누어 서로 교대로 노래로 화답하는 놀이)나 승부악(勝負樂) 등에서 부가쿠의 쓰가이마이 체제의 모습을 엿볼 수 있다.

쓰가이마이 체제는 중국의 아악에 그 원형을 찾을 수 있는데 그러한 양상은 한국의 아악에서도 볼 수 있다. 좌방악은 중국계통, 우방악은 향악계통음악으로 편성되지만 좌우의 대비는 본체(규범)에 대한 모도키의 성격과 유사함을 발견할 수 있다. 더욱이 이러한 양상은 고대의 궁중제의에서도 찾아 볼 수 있다.

궁중의 미가구라(御神樂)의 악사들은 두 그룹으로 나누어져 왼쪽을 본방(모토가타), 오른쪽을 말방(스에가타)이라고 한다. 또 오오모토 가구라(大元樂)에서 신전을 향해서 왼쪽을 모토야마(元山)라고 하고 오른쪽을 하야마(端山)라고 하여 짚으로 만든 뱀을 머리부분을 모토야마로, 꼬리부분을 하야마쪽으로 향하게 하여 천정에 걸어놓는다. 노가쿠의 의식적인 행사로서 맨 처음에 연행하는 오키나가 있다. 현재 등장인물은 세 명이지만, 오키나(翁)와 삼바소(三番叟)는 백과 흑, 늙음과 젊음이라는 대립적인 성격을 찾아볼 수 있다. 이러한 모든 현상을 부가쿠의 양부체제와 직접적으로는 관련지을 수는 없다고 하더라도 소위 '경합적인 문화현상'[235]의 한 모습으로 파악할 수 있다.

일본예능에 있어서 모도키는 다양한 요소가 첨가되어 그 기능에 있어서도 혼합된 형식으로 나탄난다. 모도키가 시대에 따라 그 용도가 달라진 것도 엄격한 신앙성이 짙은 요소와 골계적이고 소극적인 모도키를 대립시킴으로써, 다시 말하면 제의와 예능이 공존하게 된 배경

---

235) 橋本裕之, 앞의 글, 1995. 1.

을 '관계성 속의 창조'236)의 힘을 모도키에서 찾을 수 있을 것이다. 대립에서 부연(副演)으로의 프로세스를 거쳐 온 '모도키'야말로 일본 예능 뿐만 아니라 예능발생의 원류로서 보편성을 획득하는 것이다.

---

236) 山折哲雄, 「方法としての「もどき」—折口信夫の場合—」, 『日本研究』第一集 国際日本文化
　　研究センター紀要, 1989. 5.

참고문헌

〈국내문헌〉

김인회, 『韓國巫俗思想硏究』, 집문당, 1987.

김인회 외, 『韓國巫俗의 綜合的考察』, 고려대학교민족문화연구소, 1982.

김일출, 『조선민속탈놀이연구』, 한국문화사 1998.

김열규, 『한국신화와 무속연구』, 일조각, 1977.

김태곤, 『한국무속연구』, 집문당, 1981.

김태곤, 『韓國巫歌集 四』, 집문당, 1980.

김헌선, 『경기도당굿무가의 현지연구』, 집문당, 1995.

박전렬, 「일본 伎樂의 연구」, 『한국민속학』23, 민속학회, 1990.

박진태, 『동아시아 샤마니즘 演劇과 탈』, 박이정 1999.

박진태, 『탈놀이의 기원과 구조』, 새문사, 1990.

박진태, 『하회별신굿가면희의 형성과 구조연구』, 고려대학교대학원 박

　사학위논문 1988.

박진태, 『한국민속극연구』, 새문사, 1998.

박계홍, 『比較民俗學』, 형설출판사, 1990.

사진실, 『공연문화의 전통』, 태학사. 2002.

서대석, 『韓國巫歌의 硏究』, 문학사상사, 1980.

송석하, 『한국민속고』, 일신사, 1960.

신선희, 『한국 고대극장의 역사』, 열화당, 2006.

심우성, 『남사당패 연구』, 동문선, 1989.

양재연, 『國文學研究散考』, 일신사, 1976.

유동식, 『韓國巫敎의 歷史와 構造』, 연세대학교 출판부, 1975.

유동식, 『民俗宗敎와 韓國文化』, 현대사상사, 1978.

윤광봉, 『한국의 연회』, 반도출판사, 1992.

이균옥, 『동해안지역의 무극연구』, 박이정, 1998.

이두현, 「韓國巫俗演戱研究」, 『學術院論文集(人文·社會科學篇) 第40集, 2001.

이두현, 『한국가면극』, 서울대학교출판부, 1994.

이두현, 『韓國假面劇選』, 교문사, 1997.

이두현, 『韓國巫俗과 演戱』, 서울대학교출판부, 1996.

이두현, 『韓國民俗學論考』, 학연사, 1988.

이상일, 『놀이문화와 축제』, 성균관대학교출판부, 1988.

이혜구, 「山臺劇과 伎樂」, 『韓國音樂研究』, 國民音樂研究會, 1957.

전경욱, 『한국의 전통연회』, 학고재, 2004.

전경욱, 『韓國의 假面劇』, 열화당, 2007.

조동일, 『탈춤의 역사와 원리』, 홍성사, 1979.

최길성, 『韓國巫俗誌 二』, 아세아문화사, 1992.

崔吉城, 『韓國巫俗의 研究』, 아세아문화사, 1978.

최길성, 『韓國巫俗論』, 형설출판사, 1981

최정여·서대석 編著, 『東海岸巫歌』, 형설출판사, 1974.

최남선, 『朝鮮常識問答 續編』, 삼성미술문화재단, 1972.

350

현용준, 『濟州道 巫俗研究』, 집문당, 1986.

황경숙, 『한국의 벽사의례와 연희문화』, 월인, 2000.

황루시, 『무당굿놀이연구』, 이화여대 대학원 박사학위논문, 1987.

황루시, 「할미, 영감놀이의 연구」, 『梨花語文學 제5집』 이화여대어문학
　　연구소, 1982.

황루시·최길성·김수남, 『전라도씻김굿』, 열화당, 1985.

〈국외문헌〉

「明宿集」, 『金春古傳書集成』, わんや書店, 1969.

『江家次第』, 神道大系, 神道大系編纂會, 1991.

『古事記·祝詞』, 日本古典文學大系, 岩波書店, 1958.

『古語拾遺』, 岩波文庫, 岩波書店, 1985.

『金沢文庫資料全書』, 第7卷 歌謠·聲明篇, 神奈川縣立金沢文庫, 1984.

『大內裏圖考証』, 明治圖書出版株式會社, 吉川弘文館, 1952.

『令義解』, 國史大系, 吉川弘文館, 1951.

『令集解』, 國書刊行會, 1924.

『万葉集』三, 日本古典文學大系, 岩波書店, 1960.

『万葉集』二, 日本古典文學大系. 岩波書店, 1959.

『文化人類學事典』, 弘文堂, 1987.

『伴信友全集』第一, 國書刊行會, 1907.

『邦樂百科辞典, 音樂之友社, 1984.

『三國史記』, 國書刊行會, 1971.

『三國遺事』, 國書刊行會, 1971.

『先代旧事本記』, 批評社, 2001.

『神道大辞典』, 平凡社, 1937-1940.

『室町物語集』第4卷, 角川書店, 1976.

『延喜式』第3卷, 日本古典全集刊行會, 1928.

『新猿樂記・雲州消息』, 現代思潮社, 1982.

『魏志東夷傳』, 岩波文庫, 1951.

『儀式・內裏式』, 『神道大系』, (財)神道大系編纂會, 1980.

『日本美術全集』第1卷, 「原始造形縄文彌生古墳時代の美術」, 講談社, 1994.

『日本民俗大辞典』, 吉川弘文館, 1999.

『日本書紀』上, 日本古典文學大系, 岩波書店, 1967.

『日本書紀』下, 日本古典文學大系, 岩波書店, 1965.

『日本昔話通観』第2卷, 同朋舎, 1982.

『日本音樂大事典』, 平凡社, 1989.

『韓國巫俗と芸能』, 演劇博物館 編, 2002.

『後漢書倭傳』, 岩波文庫, 1985.

『捜神記』, 平凡社, 1964.

『教訓抄』, 『古代中世芸術論』, 岩波書店, 1973.

『旧約聖書』, 日本聖書協會, 1995.

『謠曲集』下, 日本古典文學大系, 岩波書店, 1963.

加藤九祚 編, 『日本のシャマニズムとその周邊』, 日本放送出版協會,

1984.

角田一郎,「道行文展開史論」,『帝京大學文學部紀要』, 1978.10.

角田一郎,「道行文研究序論」(1) (2),『広島女子大學紀要』1・5, 1966.3.
　　1970.3.

岡田精司,『古代祭祀の史的研究』, 塙書房, 1992.

岡田精司 編,『大嘗祭と新嘗』, 學生社, 1979.

江坂輝彌,『土偶』, 校倉書房, 1960.

京都國立博物館 編,『古面』, 岩波書店, 1982.

高岡功,「'病人'をムシロで囲い'佛'にする話―岩船郡山北町山熊田―」,
　　『高志路』通卷 第228號, 新潟縣民俗學會, 1973.

高木敏雄,『日本の傳説集』,「怨靈傳説―女殺し」, 武蔵野書院, 1913.

高松敬吉,『巫俗と他界観の民俗學的研究』, 法政大學出版局, 1993.

橋本裕之,「「もどき」の視線―道化から見た神代神樂―」, (相模原市教育
　　委員會 編)『神樂と芝居―相模原及び周邊の神樂師と芸能―』, 1989.

橋本裕之,「民俗芸能再考―儀禮から芸能へ, 芸能から儀禮へ」,『東アジ
　　アにおける民俗と芸能 國際シンポジウム論文集』, 1995.

橋本裕之,「赤と青―「もどき」をともなう王の舞―」,『國立歴史民俗博
　　物館研究報告』第62集, 1995.

臼田甚五郎,「道行の源流(上代)」,『國語科通信』14, 1969.

臼田甚五郎,「民俗芸能の性格とその美」,『國文學 解釈と教材の研究』第
　　14卷 第11號, 學燈社, 1969.8.

臼田甚五郎・新間進一 校注・訳,『神樂歌・催馬樂・梁塵秘抄・閑吟集』,

日本古典文學全集, 小學館, 1976.

郡司正勝, 「道行の發想」, 『かぶきの美學』, 1963.

郡司正勝, 『古典芸能 鉛と水銀』, 西沢書店, 1975.

郡司正勝, 『かぶきの美學』, 演劇出版社, 1972.

堀一郎, 『日本のシャーマニズム』, 講談社, 1971.

宮家準, 『修驗道儀禮の研究』, 春秋社, 1971.

宮家準 編, 『山の祭りと芸能』上・下, 平河出版社, 1984.

宮家準 編, 『修驗道辞典』, 東京堂出版, 1986.

宮田登, 『神の民俗誌』, 岩波新書, 1979.

宮田登, 『靈魂の民俗學』, 日本エディタースクール出版部, 1988.

吉田敦彦, 『昔話の考古學, 』中公新書, 1992.

吉田敦彦, 『繩文土偶の神話學』, 名著刊行會, 1986.

吉川周平, 「静寂が破られ, 立ち上がって走る―護法祭の神がかりの表現
と環境」, 『音のフィールドワーク―』, 「民博」音樂共同研究 編, 1996.

金田一京助, 「山の神考」, 『民族』第2卷 第3號, 1927.

金兩基, 「白い神と黒い神の道―翁源流考―」, 『祭りは神々のパフォー
マンス』(梅棹忠夫監修・守屋毅 編), 力富書房, 1987.

能勢朝次, 『能樂源流考』, 岩波書店, 1938.

大槻如電, 『新訂舞樂圖説』左, 六合館, 1927.

大島建彦, 『民俗信仰の神々』, 三彌井書店, 2003.

大島曉雄 他 編, 『日本民俗調査報告書集成 東海の民俗 静岡縣篇』, 三一
書房, 1996.

大藤時彦,「芸能と民俗學」,『芸能復興』第18號, 1958.

大林太良 編,『死と性と月と豊穣』, 評論社, 1975.

大西昇,「道行的形式に就いて」,『哲學.誌(早稲田大學)』第11號, 1941.

島根縣邑智郡桜江町教育委員會刊,『邑智郡大元神樂』, 1982.

渡邊昭五 編,『日本傳説大系』第7卷, みずうみ書房, 1982.

渡邊勝義,「平安時代の宮中祭祀について―鎭魂祭の祭日を中心として―」, 『宗教研究』第66卷 第4輯, 日本宗教學會, 1993.

渡邊勝義,『鎭魂祭の研究』, 名著出版, 1994.

渡邊伸夫,「椎葉神樂發掘」九九葬, 送と神樂,『広報しいば』, 1989.

渡邊伸夫,「椎葉神樂發掘」一二三, 願tの紐,『広報しいば』, 1991.

渡邊伸夫,「椎葉村栂尾―葬送の神樂」,『民俗と歴史』第23號, 民俗と歴史の會, 1991.

渡邊伸夫,『椎葉神樂調査報告書』第2集, 椎葉神樂記録作成委員會・椎葉村教育委員會 編, 椎葉村教育委員會, 1983.

東儀博,「浦安の舞と私」,『浦安の舞五十年』, 神社音樂協會, 1990.9.

東儀信太郎,「番舞について」, 國立劇場第17回雅樂公演パンフレット, 國立劇場事業部, 1974.

藤森裕治,『死と豊穣の民俗文化』, 吉川弘文館, 2000.

瀬川清子・植松明石 編,『日本民俗學のエッセンス』, へりかん社, 1979.

鈴木棠三,『対馬の神道』, 三一書房, 1972.

鈴木昭英,「越後八海山行者の憑祈禱"引座"について」,『論集 日本人の生活と信仰』, 大谷大學國史學會, 1979.

鈴木貞吉,「石器時代の仮面」,『考古學雜誌』,第18卷 第9號, 1928.9.

鈴木正崇,「神樂と鎭魂－荒神祭祀にみる神と人」,『芸能と鎭魂』(守屋毅
　　編), 春秋社, 1988.

鈴木正崇,「荒神神樂にみる自然と人間」,『日本民俗學』第125號, 1979.

鈴木正崇,「荒神神樂にみる現世と他界」,『祭りは神々のパフォーマンス』,
　　力富書房, 1987.

鈴木正崇・野村伸一 編,『仮面と巫俗の研究－日本と韓國 』, 第一書房,
　　1999.

柳田國男,「巫女考」,『定本柳田國男』第9卷, 筑摩書房, 1969.

柳田國男,「石神問答」,『定本柳田國男集』第12卷, 筑摩書房, 1969.

柳田國男,「祭から祭禮へ」,『定本柳田國男集』第10卷, 筑摩書房, 1969.

柳田國男,『日本の祭』, 弘文堂書房, 1942.

林屋辰三郎,『中世芸能史の研究』, 岩波書店, 1960.

網野善彦,『日本中世の非農業民と天皇』, 岩波書店, 1984.

牧田茂,「七つ橋考」,『久高島の祭りと傳承』(桜井満 編), 桜楓社, 1991.

武田明『日本人の死靈観 4國民俗誌』三一書房, 1987.

文化庁監修『日本民俗芸能事典』1976.

民俗芸能研究の會・第1民俗芸能學會 編,『課題としての民俗芸能研究』,
　　ひつじ書房, 1993.

白石光邦『祝詞の研究』至文堂, 1941.

白石昭臣『日本人と祖靈信仰』雄山閣, 1977.

白水寛子,「木曾御嶽講の御座」,『山の祭りと芸能』(宮家準 編), 平河出

版社, 1948.

福島真人,「儀禮から芸能へ―あるいは見られる身体の構築」,『身体の構築學』, ひつじ書房, 1995.

本田安次,「宮廷御神樂考」,『本田安次著作集 日本の傳統芸能』, 第1卷, 錦正社, 1993.

本田安次,「民俗芸能の研究について」,『芸能復興』, 第18號, 1958.4.

本田安次,「新野の雪祭」,『延』, 木耳社, 1969.

本田安次,『東京都民俗芸能誌』, 上卷 錦正社, 1984.

本田安次,『民俗芸能の研究』, 明治書院 1983.

本田安次,『本田安次著作集 日本の傳統芸能』, 第6卷 錦正社, 1995.

本田安次,『山伏神樂・番樂』, 財団法人齋藤法報恩會 1939.

本田安次,『霜月神樂之研究』, 明善堂書店, 1954.

本田安次,『神樂』, 木耳社, 1966.

本田安次,『翁そのほか』, 明善堂書店, 1958.

本田安次,『日本の祭と芸能』, 錦正社, 1974.

本田安次,『田樂・風流(1)』, 木耳社, 1967.

本田安次・山路興造 編,『天津司舞』, 財団法人観光資源保護財団 1976.

本田安次・山路興造,『大元神樂―傳承された神懸の古式―』, 観光資源保護財団 1977.

本田安次 編,『講座日本の民俗 8 芸能』, 有精堂出版, 1979.

本田安次 編,『芸能―講座日本の民俗』8, 有精堂, 1979.

北岸佑吉,「鴨川住吉の芸能」,『芸能』第2卷11號, 1960.

比嘉康雄,「イザイホー」,『神々の祭祀』(植松明石 編), 凱風社, 1991.

肥後和男,『古代傳承研究』, アジア圖書センター企畫部, 1985.

山口縣教育委員會,『山口縣文化財概要』, 1962.

山口縣教育委員會刊,『山口縣の文化財』, 1968.

山根堅一,『備中神代神樂』, 備中神樂保存會 1954.

山根堅一,『備中神樂』, 岡山文庫 49 日本文教出版株式會社, 1982.

山路興造 翻刻,「戸宇栃木家蔵寛文4.能本」,『日本庶民文化史料集成 第 1卷』, 三一書房, 1974.

山路興造,「伎樂・舞樂の地方傳播」,『民俗芸能研究』創刊號, 民俗芸能學 會, 1985.

山路興造,「西浦田樂」,『民俗文化研究所紀要』 第1集, 民俗文化研究所, 1964.

山路興造,「神がかりから芸能へ」,『祭りは神々のパフォーマンス』, 力 富書房, 1987.

山路興造,「播州上鴨川の翁舞」,『日本庶民文化史資料集成』第2卷 田樂・ 猿樂, 芸能史研究會, 1974.

山路興造,『天津司舞』, 財団法人観光資源保護財団, 1976.

山木九市,『備中神樂の研究』, 岡山民俗叢書 第8篇 中國民俗學會 1934.

山本修之助,『佐渡の島』, 池田屋書店, 1953.

山上伊豆母 編,『呪禱と芸能』, 講座日本の古代信仰 第5卷 學生社, 1980.

山陰民俗學會,『神樂と風流』, 島根日日新聞社, 1996.

山折哲雄 ,『神から翁へ』, 青土社, 1984.

山折哲雄,「方法としての「もどき」—折口信夫の場合—」,『日本研究』第
　1集, 國際日本文化研究センター紀要, 1989.5.

山折哲雄,『死の民俗學』, 岩波書店, 2004.

山折哲雄,『神と翁の民俗學』, 講談社, 1991.

山折哲雄,『神と佛』, 講談社, 1983.

山折哲雄,『日本の神1 神の始原』, 平凡社, 1995.

山折哲雄,『日本の神3 神の顯現』, 平凡社, 1996.

山中襄太,『方言俗語語源辞典』, 校倉書房, 1970.

山下文男,『昭和東北大凶作: 娘身売りと欠食児童』, 無明舍出版, 2001.

三隅治雄,「民俗芸能研究の歴史と現状と展望」,『民俗芸能研究』, 創刊
　號, 民俗芸能學會1985.5.

三隅治雄,『日本民俗芸能概論』, 東京堂出版, 1972.

三隅治雄,『祭りと神々の世界』, 日本放送出版協會, 1979.

森町史編さん委員會編,『森町史 資料編 5』, 1996.

三浦秀宥,「護法祭」,『美作の民俗』, 吉川弘文館, 1963.

三品彰英,『建國神話の諸問題』, 三品彰英論文集 第2卷, 平凡社, 1971.

三品彰英,『古代祭政と殼靈信仰』, 三品彰英論文集　第5卷,　平凡社,
　1983.

三品彰英,『古事記大成 神話民俗篇』, 平凡社, 1958.

三品彰英,『新羅花郎の研究 』, 三品彰英論文集 第6卷, 平凡社, 1974.

上尾市教育委員會,『上尾の神樂と神樂師』, 1999.

桑山太市,『新潟縣民俗芸能誌』, 錦正社, 1972.

上田正昭,「神樂の命脈」,『日本の古典芸能』第1卷 神樂, 平凡社, 1969.

上田正昭,『古代傳承史の研究』, 塙書房, 1991.

西角井正慶,『古代祭祀と文學』, 中央公論社, 1966.

西角井正慶,『神樂歌研究』, 畝傍書房, 1941.

西角井正慶,『神樂研究』, 壬生書院, 1943.

西角井正慶,『村遊び』, 岩崎美術社, 1966.

西角井正慶・倉林正次,「靈祭神樂考―隱岐芸能の一面―」,『國學院雜誌』, 1960.

西角井正大,『民俗芸能』傳統芸能シリーズ4, ぎょうせい, 1990.

西牟田崇生 編著,『祝詞概説』, 國書刊行會, 1987.

西田長男,『古代文學の周邊』, 南雲堂桜楓社, 1964.

徐廷範 ,『韓國のシャーマニズム』, 同朋舍出版, 1980.

西村亨 編 ,『折口信夫事典』, 大修館書店, 1988.

西郷信綱,『古事記研究』, 未來社, 1973.

西郷信綱,『古事記の世界』, 岩波書店, 1967.

石井一躬,「儀禮的性格を獲得―西浦田樂にみるもどき―」,『儀禮文化ニュース』(特集 もどきについて考える)第66號, 1992.7.

石井一躬,「もどきの理念―源氏物語を中心として―」,『儀禮文化』第11號, 1988.4.

石川純一郎,「口寄せの傳承―八戸市周邊の場合―」,『國學院大學日本文化研究所紀要』第34輯, 1974.

石塚尊俊,「備中荒神神樂の研究」,『國學院雜誌』第62卷 第10號, 1962.

360

石塚尊俊,「神樂とシャマニズム」,『日本のシャマニズムとその周邊』(加藤九祚 編), 日本放送出版協會, 1984.

石塚尊俊,『西日本諸神樂の研究』, 慶友社, 1979.

小林茂美,「韓神の芸態傳承論―園韓神祭における神宝舞からのアプローチ―」,『朱』第31號 伏見稲荷大社, 1987.6.

小林英一,「神戸市のお面掛け―近代に創始された《翁》の1演式」,『表演』第2號, (財)兵庫現代芸術劇場, 1993.3.

小林英一,「播磨のお面掛け―姫路藩の遺風を傳える'ひとり翁'―」,『表演』第3號, 1995.3.

小笠原恭子,『芸能の視座―日本芸能の發想―』, 桜楓社, 1984.

小寺融吉,「能樂が嗣いだ神樂の傳統」,『民俗芸術』第2巻2號, 1929.2.

小寺融吉,「新野の雪祭」,『柳田國男古稀祝賀記念論集』抜刷, 1948.(出版社不明)

小松和彦,『憑靈信仰論』, 講談社學術文庫, 1994.

小松和彦,『異人論―民俗社會の心性』, 青土社, 1985.

小手川善次郎,『高千穂神樂』, 小手川善次郎遺稿出版會 1976.

孫晋泰,『朝鮮民談集』, 郷土研究社, 1930.

松崎仁,「道行の2つの顔(近世)」,『國語科通信』14, 1969.11.

松本信弘,『日本神話の研究』, 東洋文庫 平凡社, 1971.

松前健,『古代傳承と宮廷祭祀』, 塙書房, 1974.

松浦康麿,「隱岐島の葬祭靈神樂について」,『島前の文化財』第2號, 隱岐島前教育委員會 1972.

松浦康麿,「隱岐に於ける葬祭靈神樂について」,『山陰研究』, 遠藤文庫
　第2册, 1955.

松浦康麿,「隱岐の神樂」,『芸能復興』第8號, 1955.

須永朝彦,『傳綺』, 國書刊行會 1996.

守屋毅 編,『芸能と鎭魂』, 春秋社, 1988.

守屋毅 編,『祭りは神々のパフォーマンス―芸能をめぐる日本と東アジ
　アー』, 力富書房, 1987.

水窪町史編さん委員會,『水窪町史』下卷, 水窪町 1983.

水窪町教育委員會,『水窪 静岡縣磐田郡水窪町民俗資料緊急調査報告書』,
　水窪町教育委員會 1968.

植松明石,『神々の祭祀』, 凱風社, 1991.

新谷尚紀,『日本人の葬儀』, 紀伊國屋書店, 1992.

新谷尚紀,『ケガレからカミへ』, 木耳社, 1987.

神道大系 神道大系編纂會 1992.

神田より子,「陸中沿岸の廻り神樂」,『民俗芸能研究』第28號, 民俗芸能學
　會 1999.3.

神田より子,「芸能傳承」,『宮古市史』民俗篇　下卷, 宮古市教育委員會
　1994.

神田より子,「下北の能舞にみられる三番叟」,『三田國文』創刊號,
　1983.1.

新井恒易,「新野 伊豆神社の芸能」,『中世芸能の研究』, 新読書社, 1970.

新井恒易,『能の研究―古猿樂の翁と能の傳承―』, 新読書社, 1966.

新井恒易,『中世芸能の研究』, 新読書社, 1970.

新井恒易,『続中世芸能の研究―田樂を中心として―』, 新読書社, 1974.

阿南町町誌編纂委員會,『阿南町誌』下卷, 1987.

岩崎敏夫,『東北民間信仰の研究』上, 名著出版, 1982.

庵原健,「つぶろさし」,『佐渡史學』第2集, 佐渡史學會, 1960.

岩田勝,「境界の"祭儀 = 芸能"としての神樂」,『芸能』, 芸能學會 1990.7.

岩田勝,「大元神樂現地公開見學記」,『邑智郡大元神樂』, 1982.

岩田勝,「身ウリ能の形成と傳播」,『山陰民俗』第36號, 山陰民俗學會, 1981.

岩田勝,「天石窟の前における鎭魂の祭儀」,『神樂』歴史民俗學論集1, 名著出版, 1990.

岩田勝,「鎭魂の神樂と神樂歌―近世前期における備後の淨土神樂と能―」,『芸能史研究』第71號, 1980.10.

岩田勝,『神樂新考』, 名著出版, 1992.

岩田勝,『神樂源流考』, 名著出版, 1983.

岩田勝 編,『神樂』歴史民俗學論集1, 名著出版, 1990.

野上豊一郎,『能 研究と發見』, 岩波書店, 1930.

野上豊一郎,『解註・謠曲全集 第6卷』, 中央公論社, 1936.

野田安平,「浦安の舞」の制定(その2),『禮典』第27號, 1993.9.

野田安平,「浦安の舞」の制定(その1)」,『禮典』第25號, 1992.6.

野村伸一,「村山智順が見た朝鮮民俗」,『自然と文化』, 2001.3.

永田衡吉,「十二座神樂の源流について―小國神社の舞樂と鷲宮の神樂

一」,『民俗芸術』第1卷 第1號, 第2號, 1928. 1, 2.

五來重,「布橋大灌頂と白山信仰」,『白山・立山と北陸修驗道』, 名著出版, 1977.

五來重,『芸能の起源』, 角川書店, 1995.

五來重,『日本人の死生観』, 角川書店, 1994.

五來重,『葬と供養』, 東方出版, 1992.

翁三番叟民俗學・思想的研究會,『私立大學學術研究高度化推進事業－日本・アジア演劇芸能共同研究－』, 早稻田大學演劇博物館, 2002.

外村南都子,「早歌における道行の研究」『中世文學の研究』(秋山虔 編), 1972.

牛尾三千夫,「大元神樂に於ける託宣の古儀」,『日本民俗學』第1號, 實業之日本社, 1953. 5.

牛尾三千夫,「大元神樂について」,『邑智郡大元神樂』, 1982.

牛尾三千夫,「備後の荒神神樂について」,『修驗道の美術・芸能・文學』II (五來重 編), 名著出版, 1981.

牛尾三千夫,「神がかりと芸能」,『芸能 講座日本の民俗8』(本田安次 編), 有精堂出版, 1979.

牛尾三千夫,『美しい村－民俗探訪記－』, 石見郷土研究懇話會, 1977.

牛尾三千夫,『神樂と神がかり』, 名著出版, 1985.

有山大五・石內徹・馬渡憲三郎 編,『迢空・折口信夫事典』, 勉誠出版, 2000.

伊藤重吉・伊藤貝造 共述,『花祭－解説並に舞子－』, 1952.

364

二上山鎭守護法祭記錄保存委員會・中央町敎育委員會 編,『兩山寺の護
　法祭』, 1980.

張師勛(金忠鉉訳),『韓國の傳統音樂』韓國文化選書9, 成甲書房, 1984.

長野縣史刊行會民俗編編纂委員會,　『長野縣下伊那郡天竜村坂部民俗誌
　稿』, 1985.3.

張籌根(松本誠一訳),『韓國の郷土信仰』, 第一書房, 1982.

赤松智成・秋葉隆,『朝鮮巫俗の研究』下巻 大阪屋號書店, 1938.

赤坂憲雄,『境界の發生』, 砂子屋書房, 1989.

田中允 編,『未刊謠曲集 續14』, 古典文庫, 1994.

田邊尚雄,「番舞のこと」國立劇場第17回雅樂公演パンフレット,　國立劇
　場事業部, 1974.

田邊尚雄,「雅樂と伎樂」岩波講座日本文學 第12巻6, 岩波書店, 1931.

田邊尚雄,「雅樂の源流」,『日本の古典芸能』第2巻 雅樂, 平凡社, 1970.

田邊尚雄,『日本音樂史』, 東京電機大學出版部, 1963.

田邊尚雄,『日本音樂槪論』, 音樂之友社, 1961.

折口信夫,「鬼の話」,『折口信夫全集』第10巻, 中央公論社, 1966.

折口信夫,「能樂における‘わき’の意義」,『折口信夫全集』第3巻, 中央公
　論社, 1966.

折口信夫,「大嘗祭の本義」,『折口信夫全集』第3巻, 中央公論社, 1966.

折口信夫,「巫女と遊女と」,『折口信夫全集』第21巻, 中央公論社, 1967.

折口信夫,「翁の發生」,『折口信夫全集』第2巻, 中央公論社, 1965.

折口信夫,「日本芸能の特殊性」,『折口信夫全集』第17巻,　中央公論社,

1967.

折口信夫,『日本芸能史六講』, 講談社學術文庫, 1991.

折口信夫,『折口信夫全集』第18卷, 中央公論社, 1955.

折口信夫,『折口信夫全集』第1卷, 中央公論社, 1954.

鮎貝房之進,『「花郞攷」・「白丁攷」・「奴婢攷」』, 國書刊行會, 1973.

井之口章次,『日本の葬式』, 筑摩叢書, 1977.

井浦芳信,「神道猿樂觀の展開と秘傳の繼承―靜嘉堂文庫藏杉立蠹本,『神
　　道猿樂傳』, の成立まで―」,『人文科學紀要』第51輯, 國文學・漢文學Ⅹ
　　Ⅴ, 東京大教養學部人文科學科 國文學硏究室・漢文學硏究室 編, 1998.

朝鮮遺跡遺物圖鑑編纂委員會,『朝鮮遺跡遺物圖鑑(5)』, 1990.

鳥越文蔵,「芸能における道行(中世)」,『國語科通信』14, 1969.11.

鳥越憲三郎,『琉球宗教史の研究』, 角川書店, 1965.

早川孝太郎,『早川孝太郎全集』第1卷・第2卷, 未來社, 1971.

趙興胤(李恵玉 編訳・小川晴久 監修),『韓國の巫: シャーマニズム 』, 彩
　　流社, 2002.

早稲田大學日本民俗學研究會,　『木沢の民俗―長野縣下伊那郡南信濃村
　　木沢―』, 1986.

佐々木宏幹,『シャーマニズム: エクスタシーと憑靈の文化』, 中央公論
　　社, 1980.

佐々木宏幹,『シャーマニズムの世界』, 講談社, 1992.

佐々木宏幹,『シャーマニズムの人類學』, 弘文堂, 1984.

佐々木宏幹・村武精一 編,『宗教人類學』, 新曜社, 1994.

竹內幸夫,『大元神樂』, 柏村印刷株式會社出版部 1995.

中山太郎,『日本巫女史』, 大岡山書店, 1930.

中村浩・三隅治雄 編,『雪祭り』, 東京堂出版, 1969.

池田彌三郎,「雪祭りと芸能史」,『 池田彌三郎著作集』第3巻, 角川書店,
　　1979.

池田彌三郎,「芸能の観客」,『芸能復興』第4號, 1953.8.

池田彌三郎,「さんばの語源を遡る」,『季刊邦樂』第7號, 1974.4.

津田左右吉,『日本文芸の研究』, 岩波書店, 1953.

傳統芸術の會 編,『民俗芸能－傳統と現代』, 1969.

倉林正次,「祭りの原形－大嘗祭の行われるまで－」, (國學院大學院友會
　　編)『大嘗祭を考える』, 桜楓社, 1990.

倉林正次,「鷲宮神社の催馬樂神樂」,『埼玉縣民俗芸能誌』, 錦正社,
　　1980.

倉林正次,『祭りの構造』, 日本放送出版協會, 1975.

天野文雄,『翁猿樂研究』, ,和泉書院, 1995.

村武精一,『祭祀空間の構造』, 東京大學出版會, 1984.

諏訪春雄,「儀禮と芸能－日韓中祭祀の構造」,『文學』Vol.56, 岩波書店,
　　1988.8.

諏訪春雄,「花道の誕生」,『文學』4 Vol.55, 岩波書店, 1987.

諏訪春雄・川村湊 編,『アジア稲作民の民俗と芸能』, 雄山閣, 1994.

秋葉隆,『朝鮮巫俗の現地研究』, 名著出版, 1950.

萩原秀三郎,『目で見る民俗神』第3巻 境と辻の神, 東京美術, 1988.

萩原秀三郎,『フォークロアの眼 1 神がかり』, 圖書刊行會, 1977.

出川清彦,「清暑堂の神宴」,『雅樂界』第48號, 小野雅樂會, 1968.10.

土橋寛,『古代歌謠と儀禮の研究』, 岩波書店, 1965.

阪倉篤義,「ワキの意味―付, オカシ・オコツリ・ワザオキ―」,『芸能史研究』第84號, 1984.1.

豊島修,「美作の護法まつりと修驗道」,『修驗道の美術・芸能・文學 II』(五來重 編著), 名著出版, 1981.

豊田國夫,『日本人の言靈思想』, 講談社, 1980.

下野敏見,「鹿児島縣の祭りと芸能」,『祭りと芸能の旅 6 九州・沖繩』, (株)ぎょうせい 1978.5.

河竹登志夫,「道行」にみる日本美の特質」,『鈴木知太郎古稀記念 國文學論攷』, 1975.

河竹繁俊,『日本演劇全史』, 岩波書店, 1959.

向山雅重,「雪祭り」, (日本民俗研究大系編集委員會 編)『日本民俗研究大系』第6卷 芸能傳承, 國學院大學, 1987.

玄容駿,『済州島巫俗の研究』第一書房, 1985.

和田清・石原道博 編訳,『後漢書倭傳・宋書倭國傳・隋書倭國傳 』, 岩波書店, 1951.

後藤淑,「君田樂ほか」,『演劇研究』第8號, 早稲田大學坪內博士記念演劇博物館, 1976.

後藤淑,「宮廷御神樂雜考」,『芸能』第18卷 第1號, 1976.1.

後藤淑,「翁と神」,『芸能論纂』, 錦正社, 1976.

後藤淑,『民間仮面史の基礎的研究』, 錦正社, 1995.

後藤淑,『中世仮面の歴史的・民俗學的研究』, 多賀出版, 1987.

後藤淑,『續能樂の起源』, 木耳社, 1981.

戸板康二,「松と老人と」,『能』第4卷 第12號, 能樂協會, 1950.12.

斉藤英喜,「宮廷神樂の神話學―園韓神祭儀の伎芸と言説をめぐって―」,
　『祭儀と言説―生成の〈現場〉へ―』, 森話社, 1999.

齋藤修平,「里神樂研究序説―芸態研究をめざして１―」,『埼玉縣立民俗
　文化センター研究紀要』第2號, 1985.

桜井弘人,「新野雪祭について―サイホウを中心として―」,『飯田市美術
　博物館 研究紀要』第5號, 1995.3.

桜井弘人,「遠山霜月祭の面―その構成のあり方と変容過程」,『遠山の霜
　月祭考』(後藤総一郎・遠山常民大學 編), 南信州新聞社出版局, 1993.

桜井徳太郎,『日本のシャマニズム』上卷, 吉川弘文館, 1974.

桜井満 編,『久高島の祭りと傳承』, 桜楓社, 1991.

桜井満 編,『神の島の祭りイザイホー』, 雄山閣, 1979.

横山正,「淨瑠璃の道行」,『淨瑠璃操芝居の研究』, 1963.

横上若太郎,「荒神かぐらとロックウ神樂」,『岡山民俗』第50號, 1962.7.

滝川政次郎,『遊女の歴史』, 至文堂, 1965.

真弓常忠,『神と祭りの世界―祭祀の本質と神道―』, 朱鷺書房, 1985.

青木保,「神が降りる」,『現代思想』vol.12－7, 1984.7

A.フアン・ヘネップ(綾部恒雄・綾部祐子　訳),　『通過儀禮』,　弘文堂,
　1977.

AD.E.イェンゼン(大林太良・牛島巖・樋口大介 訳),『殺された女神』, 弘文堂, 1977.

C.ブラッカー(秋山さと子 訳),『あずさ弓』(上・下), 岩波書店, 1979.

J.E.ハリソン(佐々木理 訳),『古代芸術と祭式』, (Ancient Art and Ritual), 筑摩書房, 1964.

V．W．ターナー(山田恒人・永田靖 訳),「枠組み, フロー, 內省―共同体のリミナリティとしての儀禮と演劇―」,『ポストモダン文化のパフォーマンス』, 國文社, 1989.

V・W・ターナー(梶原景昭 訳),『象徵と社會』, 紀伊國屋書店, 1981.

V・W・ターナー(冨倉光雄訳),『儀禮の過程』, 新思索社, 1976.

エドモンド・リーチ(青木保・宮坂敬造 訳),『文化とコミュニケーション』, 紀國屋書店, 1981.

ジャクリーヌ・ビジョー,「お伽草紙における道行文」,『文學』Vol.43, 岩波書店, 1987.6.

マイケル・ベナモウ／チャールズ・カラメロ 編(山田恒人／永田靖 訳) 國文社, 1989.

ヨハン・ホイジンガ (高橋英夫 訳),『ホモ・ルーデンス―人類文化と遊戲』, 中央公論社, 1974.

ロジェ・カイヨワ(多田道太郎・塚崎幹夫 訳),『遊びと人間』, 講談社, 1990.

Richard Schechner,『Between theater and anthropology』, University of Pennsylvania press 1985.

지은이_ 남성호

경북대학교 국문학과, 중앙대학교 연극학과 석사, 일본 와세다대학 석·박사(예술학 전공). 국립중앙극장 공연예술박물관 팀장 역임, 한국예술종합학교 강사. 논저로는 「尻振り舞考－日韓比較視点からの三番叟の一試論－」(2002), 「舞う者と舞わせる者－韓國の巫俗儀禮の男巫(ファレンイ)を中心に－」(2005), 「일본 민속예능을 통해 본 표상화 방법론 연구－모도키론을 중심으로－」(2005), 「변신의 경계성－일본 예능의 가미미치(神道)를 중심으로－」(2006), 『아시아의 무속과 춤－일본·인도－』(공저, 2007), 『일본 와세다대학 쓰보우치박사 기념 연극박물관 소장 한국문화재』(공저, 2008) 외 다수가 있다.

일본 민속예능 춤추는 神 연구

초판 1쇄 발행일 | 2010년 6월 15일

지은이 남성호
펴낸이 박영희
편집 이은혜·이선희·김미선
표지 강지영
책임편집 강지영
펴낸곳 도서출판 어문학사
 132-891 서울특별시 도봉구 쌍문동 525-13
 전화: 02-998-0094 / 편집부: 02-998-2267
 팩스: 02-998-2268
 홈페이지: www.amhbook.com
 e-mail: am@amhbook.com
 등록: 2004년 4월 6일 제7-276호
ISBN 978-89-6184-129-0 93380
정가 22,000원

인지는
저자와의
합의하에
생략함

※ 잘못 만들어진 책은 교환해 드립니다.